如何打造最强团队

马燕杰 / 编著

RUHE DAZAO ZUIQIANG TUANDUI

> 组织性越严密的公司，在激烈的市场环境中的生存能力越强。

凝聚力和竞争力是一个优秀团队的外在表现。

没有完美的个人，只有完美的团队。离开了公司平台，你什么都不是。

中国商业出版社

图书在版编目（CIP）数据

如何打造最强团队 / 马燕杰编著. -- 北京：中国商业出版社，2014.8
ISBN 978-7-5044-8725-4

Ⅰ．①如… Ⅱ．①马… Ⅲ．①企业管理—组织管理学 Ⅳ．①F272.9

中国版本图书馆CIP数据核字(2014)第200194号

责任编辑：陈鹰翔

中国商业出版社出版发行
010-63180647　　www.c_cbook.com
(100053　北京广安门内报国寺1号)
新华书店总店北京发行所经销
北京市梨园彩印厂

*

720×1000毫米　16开　20印张　200千字
2014年10月第1版　2014年10月第1次印刷
定价：39.80元

****

(本书若有印装质量问题，请与发行部联系调换)

前　言

最强团队是如何炼成的

　　狼的生存，就是在恶劣的环境中坚强地创造生存空间；狼的团体，就是在充满争斗的对手中组织强大的团队力量；狼的智慧，就是在强者之列不断竞争、超越。

　　狼以顽强的生命力，与天斗，与地斗，与人斗，在生存环境越来越恶劣的情况下，仍然傲立于世。它们以永不服输的心态，用战斗的精神，用团队合作的力量以及家族责任感……演绎了一幕幕生存剧，令人深思，使人感慨。正是这种优良的品质，使狼成为了战神。

　　在100多万年自然变迁中，狼之所以能够生存并成为兽类中最优秀的种族，就是因为奉行了至高生存法则。狼的最高生存法则是集战斗和智慧于一体，深知物竞天择、适者生存的精神与力量。狼群为彼此的存在而存在，组成强大的生命团体和力量核心，形成了个体与团队坚不可摧的生存力、竞争力和战斗力。从狼的生存法则中，我们不得不联想到人类自己。在竞争愈演愈烈的今天，如何生存，如何胜出并发展壮大，是我们每一个人都必须直面和深思的问题。狼的生存发展之道，对人类具有非常深远的启发意义。

　　千百年来，人和狼的战争一直持续着，直到有一天，我们突然发现，在寂寞的宇宙中，人类需要狼。

在草原上，鹿吃草，狼吃鹿，猎人捕杀狼，似乎已经成为一种自然规则。有一天，猎人变成牧人，于是就想方设法将狼彻底除去，让鹿能更安全地生活。时间不长，在漫漫原野里，鹿影随处可见，而狼迹罕见。

然而，危机很快出现了，没有生命威胁的鹿大量繁殖，很快吃光了原野的草，没有食物，鹿也难逃厄运。

今天，我们抛开人类与狼族的种种成见，重新审视狼族，我们发现人类对狼的误解太深了。狼的某些特性，某些生存技能，是聪明的人类还不具备的，或者是人类应该向狼族学习的。也就是说，在竞争日益激烈的今天，要想立于不败之地，要想做一个成功者，没有狼的精神是不行的。

狼道，实际上就是今天的优秀者、成功者可贵的人道，是那些敢于向命运挑战、永不服输者不可或缺的人道，也是我们在竞争中立于不败的人道！

个人要有狼道，同样道理，一个组织、一个企业也应该奉行狼道准则。狼是最具有团队精神的兽群。他们分工协作，团结一致，在协作中遵循自己的游戏规则，好像有铁一般的纪律约束着。他们善于沟通，彼此忠诚。狼族的这种品质是一个组织成败的关键。狼群最值得称道的就是它们的团队精神，协同作战，统一策略，甚至为了胜利不惜牺牲自己。狼的忠诚、交流、合作、坚韧是一个团队成员必须学习的精神，狼是教导团队成员们默契合作的无价之宝。

我们通过对狼族的了解，能学到团队竞争中所需要的全部智慧，比如合作、分工、策略、沟通、危机意识、消化能力，等等。狼的力

前言
像狼一样适者生存

量来自于团队，团队的力量可以战胜一切。在竞争中，狼的这种精神是绝对让对手佩服的，其力量是强大的。如果一个团队具有这种精神，那它将无往而不胜，它一定能开创属于自己的辉煌事业！

经济全球化进程把整个地球带入了一个绝对竞争的时代。

狼来了！我们曾经把发达国家跨国企业进军中国市场形象地称作"狼来了"。特别是加入WTO之后，我们主动"引狼入室"，在与狼的较量中，我们要奉行自己的狼道准则，自强不息，奋斗不止，与狼共舞。

市场竞争法则是优胜劣汰。竞争激烈的现代企业需要的就是狼的精神。孤胆英雄拯救企业命运的时代已经彻底结束。企业需要的不是一个英雄，而是一群英雄。

在国内企业中，华为曾经将"狼性"作为企业文化的组成部分。从华为的狼性，到海尔集团董事局主席张瑞敏对狼的推崇，以及联想总裁杨元庆强调的"如狼似虎"，类似的故事不断演绎，发展为一整套的狼道竞争策略，成为了许多企业的制胜法宝。在我国企业管理水平和人的职业化素养都需要快速提高的今天，依靠狼性准则，有利于与国外领先企业竞争。由此，狼性、狼道、狼性准则，形成狼道文化。这不能不说是一种时代的选择。

狼道文化适合现在以"竞争"、"双赢"或"共赢"为特征的商业时代。它的主旨好像是"狼"，好像蕴含着"你死我活的竞争抢夺"。这种竞争的前提假设资源是稀缺的、蛋糕是固定的——我多拿一块你就少拿一块；我全部得到，你就没有生存空间。其实，狼道文化对当代商业讲究均衡、共赢、协调、可持续发展具有重要的借鉴意义。现在是竞争的时代，理想的商业模式是大家既竞争又合作，进行

"合作性创造",共同把蛋糕做大、做强,最终实现双赢或共赢、多赢。

狼性文化,顾名思义,是一种带有野性的拼搏和竞争精神。

现代企业不仅要具有狼的团结精神,也不仅是个人要像一只狼一样的顽强,而是企业的每一个员工都能够像一只狼一样有强烈的生存意识,要有打造狼性企业的理念,创建野性拼搏精神的狼性企业文化,以"狼群杀阵"般整体配合与分工协作,用聚集效应和协同优势让羊群变狼阵,靠集体智慧和力量打造超级团队。要当好领头狼,培养良好特质,树立成功形象,并有效地执行企业的战略意图,以行动而非语言进行领导,要把精力放在关键问题上,适时发现关键点的人力资本。谋划企业狼群策略,通过竞争主动发展进攻型战略,采取"简单至上",让企业持续成长,这就必须"与狼共舞必先为狼",以变制变,持续出招,而且以速度制胜,一跃争先,懂得在竞争中取胜。这种狼的精神应贯穿在整个企业文化中,并且让每一个员工都领悟。

本书从多方面对狼道、人道进行了诠释,既是一本个人生存的智慧之书,又是一本关于团队管理之书,更是一本企业发展应奉行的准则之书,你可以从其中找到你最需要的成功精神力量。

目　录

第一章　目标求胜

　　狼群一般采取驱赶的策略，一旦狼群出现，这些动物立刻四散奔逃，这时狼群就会追赶已经盯上的目标，这些目标都是它们在观察时确定的。目标都是对手当中的老弱病残或者有某种比较明显的缺陷的，这样狼群就可以避免捕杀那些强大的对手带来危险。而且狼群一般都采取几只狼围追一个对手的策略，这就更确保了成功和自身的安全。

锁定目标紧追不舍 ………………………………… 3
准确的目标定位 …………………………………… 8
目标由小而大 ……………………………………… 12
每次只专注于一个目标 …………………………… 15
与企业的大目标相一致 …………………………… 20
执著于目标 ………………………………………… 24

第二章　尊重个性

　　狼一般很少攻击比自己强壮的动物，因为在和这样的对手战斗时，它们即使能够取胜，也会付出一些代价。狼群绝对不希望这样的场景出现，它们总是以最小的损失换取最大的利益为行动准则的。但狼群也时常袭击马群、麝牛群等这些在形体上比自己强大的动物。虽然对手比自己强壮，但狼群却很少受伤，这正是源于它们的小心谨慎、知己知彼的作战风格。

尊重个性 ·· 31
野性更有利成功 ·· 34
敢于说"不" ·· 37
沉思默想 ·· 40
牢记"适者生存，优胜劣汰" ······················ 45
保持"饥饿感" ·· 50
不满足的饥饿感 ·· 54

第三章　耐心等待机会

在袭击那些比自己强大的动物时，狼群一般都要跟踪观察好几天，等到这些食草动物们吃了足够多的食物时，它们才开始袭击，因为这时候这些动物根本跑不快，抵抗能力也下降了许多。

态度致胜 ·· 59
冷峻达观 ·· 62
强狼心态 ·· 65
学会生存 ·· 68
游戏狼生 ·· 71
生存激励 ·· 74
磨练耐性 ·· 77

第四章　善于谋略

谁是真正的丛林之王？狮子，整天怒吼不得人心，老虎，太仁义，要不怎么被狐狸骗得有点可怜呢？我们狼的家族避免了它们的种种缺陷，凭着我们敏锐的慧眼和善于计谋的大脑，加上我们的英勇顽强，我们征服的所有的动物。被封为江湖霸主，绝非浪得虚名。

运用谋略 …………………………………… 83
知己知彼 …………………………………… 85
知己知彼，百战不殆 ……………………… 88
欲擒故纵 …………………………………… 94
声东击西 …………………………………… 99
韬晦有度 …………………………………… 104
进退有道 …………………………………… 108
避实击虚，巧获胜 ………………………… 112
功成身退 …………………………………… 120

第五章　在变化中求生存

狼群在袭击羊群时，还要顾忌到牧羊犬的数量。牧羊犬相当凶猛，如果狼与之进行一对一的较量，虽然能够获胜，自己也会受伤，所以它们一般都会避免与牧羊犬进行正面交锋。在行动之前，狼群一般通过嚎叫来试探牧羊犬的数量，如果回应的狗吠声音庞大，就证明了牧羊犬数量众多。这时，狼群一般都会放弃袭击计划或者想方设法将牧羊犬引出去，然后才开始攻击羊群。

纵横天下绝对不是运气 …… 127
变与不变的思考 …… 130
以不变应万变 …… 135
在变化中求得生存与发展 …… 140
变中求胜 …… 146
顺应变化 …… 149
谋者生存 …… 151
策略是关键 …… 154

第六章 团队凝聚力

狼是世界上最具有团队精神的动物，狼为了团队的利益，为了大多数狼的利益，会毫不犹豫地牺牲自己的利益，即使是献出生命也在所不惜。

团队的力量 …… 161
团队凝聚力 …… 164
团队精神 …… 169
团结精神的重要性 …… 176
团队精神的延伸 …… 182
众人一心 …… 187
决不内耗 …… 190
自我牺牲精神 …… 193
忠诚与奉献 …… 197
团队合作 …… 205
狼族的协作精神 …… 213
沟通是团队的润滑剂 …… 219

第七章　合作共赢

　　狼群最害怕的就是人类，尤其是草原上的牧民，所以如果它们能从自然界得到足够的食物，它们一般不会白天去袭击牧民的羊群，因为，牧民手上有它们最害怕的枪，经过许多血的教训之后，狼群已经知道了枪的厉害。狼群对牧民的羊群发动袭击，一般都选在晚上，因为到了晚上，牧民手上的枪就基本上失去了作用。

合作是成功的开始 ………………………………… 225
合作就是力量 ……………………………………… 231
合作力量大 ………………………………………… 237

第八章　善于沟通

　　狼尊重每个对手，狼在每次攻击前都会去了解对手，而不会轻视对手。狼就像一个智慧的军事家，每次在攻击对手之前，它们绝不会掉以轻心，即使对手只是几只瘦弱的羊。狼群的小心谨慎，是其他动物永远都学不会的，它们为了保证自身的安全和狩猎的成功，每次捕食都要经过漫长的等待。在这漫长的等待中，它们要忍受饥饿的折磨。但狼群却从不莽撞出击，它们一定要等到完全掌握了对手的实力，在对手最意想不到的时刻才开始攻击。

狼性沟通 ·· 243
善于沟通 ·· 244
注重交流 ·· 249
沟通是成功的源泉 ·································· 252
善于沟通 ·· 255
减少冲突 ·· 258
达成共识 ·· 261

第九章　管理哲学

狼并不想做什么兽中之王，狼没有太大的野心，因为它们知道自身的实力和局限，它们对自己有充分的了解，它们从不打无准备之仗。因此它们没有不切实际的想法，它们是最脚踏实地的动物，它们所做的一切仅仅是为了生存。

管理哲学 ·· 267
管理更新 ·· 269
行动说明一切 ·· 273
没有任何借口 ·· 277
不找借口 ·· 284
强化执行，领导有方 ······························· 286
等级森严 ·· 297
组织严密 ·· 301
纪律严明 ·· 304

第一章
目标求胜

狼群一般采取驱赶的策略，一旦狼群出现，这些动物立刻四散奔逃，这时狼群就会追赶已经盯上的目标，这些目标都是它们在观察时确定的。目标都是对手当中的老弱病残或者有某种比较明显的缺陷的，这样狼群就可以避免捕杀那些强大的对手带来危险。而且狼群一般都采取几只狼围追一个对手的策略，这就更确保了成功和自身的安全。

锁定目标紧追不舍

在草原上，你经常会看到这样一个镜头：一匹狼悄无声息地挨近一群低头吃草的羚羊，警觉的羚羊发现了草丛后的危险，拔腿就跑，几乎同时狼也如出膛的子弹射向羊群……羚羊们在拼命奔跑，而狼不断地超过身边的羚羊继续往前跑，以至于有的羚羊放慢了速度甚至停了下来。几秒钟后才看到一头小羚羊被狼一口咬住脖子奄奄一息的情景。原来狼一开始就认准了这只小羚羊，放过无数看起来近在咫尺的其他羚羊，直到追上猎物。在数百万年生与死的较量中，狼已经熟稔此道：锁定一只羚羊，拼命追捕直到追到，否则就会饿死。狼性员工同样也是如此。

你看过后，一定会疑惑：为什么那只狼不去捕捉那些站在旁边的羚羊，非要盯上那只小羚羊，直到把它捕获为止呢？但是，经过细细品味后，你就会明白其中的寓意，它告诉我们："只有确定了目标，然后锁定目标，奋力冲刺，努力拼搏，才会实现这个目标！"

伟大的诗人、剧作家莎士比亚曾经说过："首先注意使志向明智而正当，既经确定之后，便应断然地追求不辍，莫因一次挫败而放弃了原先决定的目标。"这句话是多么现实啊！它告诉我们做每一件事都要先确立好自己的目标，当然这些目标都是指好的、高尚的理想，然后再向着这个目标不断奋进。与此同时，这句话也时刻告诫我们，不要因为一次小小的失败而放弃原先自己定好的目标，人生道路上的磕磕碰碰就好比逆水行舟，只要把舵掌好，就可以在惊涛骇浪中乘风破浪。

是啊，不管什么人做什么事都有一个美好的目标：农民伯伯盼望有个好收成，因此，他们起早摸黑地种庄稼；工人叔叔希望能养家糊口，因此，他们经风沐雨地工作；广大人民教师渴望能培养出一批又一批的高素质人才，因此，他们默默无闻地工作着……

目标不仅是一个理想、一个愿望，更是一种促成你成功的动力。只有向着目标努力前进，成功才会离你越来越近。不过，最重要的一点，就是要不断地创造新目标，更新旧目标。因为你原先的目标已经实现了，就必须要为自己制订一个更远大、更富有挑战性的目标，去努力，去拼搏，去取得更大的成功。

朋友，如果你还是一个差等生，一个穷人，那就记住这句话：锁定目标，奋力冲刺。那样，你才有可能会成为一个优等生、一个富人……

身在一个竞争激烈的职场中，就需要锁定一个目标，然后紧追不放，才能实现自己的理想。著名银行家克拉斯年轻时不断地变动工作，但是他始终抱有一种理想——想管理一家大银行。他曾经做过交易所的职员、木料公司的统计员、簿记员、收账员、折扣计算员等，最后才接近自己的目标。

他说："一个人可以通过不同路径达到自己的目的。如果能在一个机构里学到自己所需的一切学识和经验当然很好，但大多数情况下需要经常变化自己的工作环境。"

"如果我换工作仅仅是为了每周多赚几块钱，恐怕我的将来早为现在而牺牲了……我之所以换工作，完全是因为现在的公司和老板无

第一章 目标求胜

法再给我带来更多的教益了。"

在工作中，一个没有目标的人当然只会挑轻松的任务，他们不可能主动去挑战困难。然而对一个企业和团队来说，所有成员首先要明确几个问题：我们是谁？我们能干什么？谁是我们的客户？谁是我们的竞争对手？这样才能准确地找到自己的位置，最后取得成功。

如果没有目标，就不知道困难任务的价值和意义，就不可能想办法去克服困难；有效的执行无从谈起，更不可能获得最终的结果。

而所有的优秀员工都有一个突出的个性：做事都有明确的目标。目标是对于所期望的事情的真正决心，太多的员工无法达成他们的理想的原因就是他们从来没有真正定下工作的目标。

没有目标，什么事都不可能发生，你也不可能采取热和行动。员工在遇到困难的任务时，就会随波逐流，得过且过，做一天和尚撞一天钟，怎么会去挑战困难的工作？

要达到目的地，先得知道自己将往何处去。但是无数抑郁不乐的员工，只想过一天算一天，他们不断抱怨自己的环境，就像是一块浮木，在人生的海洋上随波逐流。找到什么样的工作，便担任什么样的职务，而且做事情能省力就省力。似乎工作的目标就是混日子。

事实上，每一个优秀的员工，都在自己的成功道路上，不断树立更高的目标，不断地去挑战困难，改变自己的环境，决不让环境成为自己成功路上的绊脚石，绝不会在环境中为自己找借口。真正的人生应该是不断去攀登更高的山，挑战自己，才能得到更大的成功和价值。"无限风光在险峰"，最美妙的风光在最险处，最大的成就在最困难的工作中。不敢向高山挑战的人，永远也感受不到那种"会当凌绝顶，一览众山小"的成就感；不敢向困难下战书的员工，永远也体

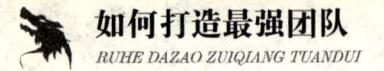

味不到战胜困难后的那种卓越感。

明确的奋斗目标，才能让人产生前进的动力。目标不仅是奋斗的方向，更是一种对自己的鞭策。目标明确了，就有了热情，有了积极性，有了使命感和成就感。拥有明确目标的员工，会感到心里踏实，注意力也会神奇地集中起来，不再被那些繁杂的事所干扰。相反，那些没有明确目标的员工，总是感到内心空虚，思维混乱，分不清主次轻重，于是犹豫不决。麦克·戴尔就是在伟大目标的激励下取得成功的例子。

在戴尔19岁时，就从德克萨斯大学退学，创建了自己的计算机公司。他退学的目的就是为了"与IBM竞争"，这是他伟大的目标。就是在这个伟大目标的激励下，他对工作过程遇到的困难，毫不畏惧，而是想尽办法来解决困难，逐渐壮大了公司，如今已经发展成为世界电脑行业的领军者之一。

而有的人没有明确的目标，做事情都是随大流，没有自己的发展方向，当然就缺乏动力，最怕碰到困难棘手的任务。在公司中缺乏目标的员工的表现，就是为了薪水而工作。

员工若只是为薪水而工作，把工作当作解决面包问题的一种手段，是缺乏远见的短视行为，最终受骗的可能就是自己。在斤斤计较薪水的同时，失去了宝贵的经验、难得的训练和能力的提高。这一切是比金钱更有价值的东西。

设定目标还必须具有长远性，一个确定的长远目标绝对不会浪费你的精力。最后你必须清楚自己到底想要什么，当你确定下来后就不要轻易改变。无论做什么事情都要付出时间和精力，如果你三天两头地更换目标，最终就会像那只掰玉米的猴子一样，一无所获。如果你的目标很多，指引你前进的力量将被分割开来，每个目标都只能获得这种力量的一小部分，从而使效力变得微弱，或根本就没有效果。长远的目标会督促你努力朝一个固定的方向前进，而不会随便被其他事情分散精力。

  设定一个可行的目标是你成功的前提。所谓可行，就是这个目标是可以通过你的努力达成的，因此制定具体目标前必须了解自己的能力。目标设定不可过高或不切实际，但目标也不能定得太低，没有挑战性就没有动力。对目标还要适时作调整：如果超出自己的期望，可以把期望提高；如果未达到自己的期望，可以把期望调低。达成了一个目标后，在制定更有挑战性的目标；失败时要坦然，认真总结教训，继续朝你的目标迈进。

🐺 准确的目标定位

狼的作风、狼性的追求就是完成自己的"目标"。在狼遇到猎物的时候，它对目标就有了一定的固定，就有了准确的目标定位，然而就该充分"展示"狼性的作风了，决不低头认输。

前进的道路是由目标指引的，准确地把握人生之舟的航向，是通向成功的第一步。

无论是在生活还是工作中，第一要紧的事就是树立目标。有了目标，工作就会充满机会；有了目标，自己才有努力的方向。

我们的周围有许多人，他们整天辛勤工作，从不偷懒，但一生只能养家糊口。从外在表现看起来，他们兢兢业业，很让人敬佩，但他们老了，却会感到自己的一生过得并不精彩。相比之下，一些并没有他们勤奋的人却取得了比他们大的成就，过上了比他们更好的生活。这让他们百思不得其解。

他们不明白，其中的秘诀就是，所有成功人士都有一个突出的特征：做事有明确的目标。成功离不开明确的目标。

人需要不断树立新的目标，无论你处于生命中的什么阶段，你都需要有所抱负、有所追求，只有这样，生命才会因你而精彩；而无所事事、浑浑噩噩，生命必萎靡衰颓，你的意志与智慧也将被消极吞噬。托尔斯泰有一句名言："人要有生活目标：一辈子的目标，一个阶段的目标，一年的目标，一个月的目标，一天的目标，一个小时的

第一章
目标求胜

目标，一分钟的目标，还得为大目标牺牲小目标。"一个人需要不断超越自我，需要不断有新的目标去充实才不至于虚度生命。无论你身处何方，无论你是贫穷还是富有，你不能丢的永远是那颗积极向上的心。因为它可以为你制造快乐、自信与胆魄。只有这样，我们才能做到：让现在承载未来。

在现代职场，一个有目标的人，毫无疑问会比一个没有目标的人更有作为；虽然目标不能完全实现，但成功的概率要大大高于那些没有人生目标的人。

1953年，美国耶鲁大学对毕业的学生进行了一次有关人生目标的研究调查。在开始的时候，研究人员向参与调查的学生们问了这样一个问题："你们有人生目标吗？"对于这个问题，只有10%的学生确认他们有目标。

然后，研究人员又问了学生的第二个问题："如果你们有目标，那么，你们是否把自己的目标写下来呢？"这次，总共只有3%的学生回答是肯定的。

20年后，耶鲁大学的研究人员在世界各地追访当年参与调查的学生，他们发现，当年白纸黑字把自己的人生目标写下来的那些人，无论从事业发展还是从生活水平上看，都远远超过那些没有这样做的同龄人。这3%的人所拥有的财富居然超过了余下的97%的人的总和。

这3%的人之所以成功，就是因为他们有明确的目标。

据有关调查数据表明：世界上有27%的人，没有人生方向、目标。这些人每天混日子，人生漫无目的，他不知道下一站在哪里；世界上有60%的人人生有方向，但是没有目标的多是那些雇佣者、上班族，他们每天上班看报、喝茶、等星期天；只有10%的人既有人生方向又有目标，他们在创造着自身价值。世界上只有3%的人不但有方向，有目标，他们还把目标具体化，每天检查目标的完成进度。所以这3%是真正的成功者。

有位名人说：有什么样的目标，就有什么样的人生。

朋友，你呢？你在哪一类人里面呢？或许你觉得自己现在的地位是多么卑微，或者从事的工作是多么的微不足道，但是只要你强烈地渴望攀登成功的巅峰，将自己摆在整个社会的宏观世界之中，认真做好人生定位，明确奋斗目标，并愿意为此付出艰辛的努力，那么，总有一天，你会看到努力之后的那份光芒，你会得到付出之后的那份收获。

人生一步步走过来，其实就是目标的一个个实现。人生目标可分为长期目标和短期目标。如果一个人没有长远目标，那么他的人生将是盲目的，一切的努力都将是无用功。但如果一个人没有短期的目标，他将不知道自己每天要做些什么，脚步不知道朝什么方向迈出。把你的人生长期的目标分解为一个个小目标，就成了每一个时期的短期目标，仿佛就像你人生中一个个小小的驿站。所有的短期目标都指向同一个方向，为长远目标做基础，这就是所有的成功者所遵循的公式。

细心的你可以观察一下，社会上80%的人一生都是在平庸中度过的，尽管他们也在辛勤劳动，终身奋斗不止，但是，他们扮演的只是社会上一些无足轻重的次要角色，其根本原因就是他们内心缺乏动力，没有明确的人生目标。社会的要求，别人的约束，使他们对待生活、工作还算尽责，却很少去想怎样才能够让自己的人生有翻天覆地的变化。就是说，这80%的人和那些成功人士唯一不同的地方在于：

眼光的高度、人生的目标。

古人告诉我们:"千里之行,始于足下"。即使有了目标,实现它也需要一个过程。成功的人是最有理想、最明智,也是最有毅力、最坚定的。"不经一番寒彻骨,哪得梅花扑鼻香"。每一个成功者懂得一切的成功都不是一蹴而就的,都需要通过艰苦卓绝的努力,不断地改进和提高自己换来的。成功的人绝不会只把事情做完为满足,他会要求自己做的更好,不断地提升自己的能力,以取得更大的成功。

每个人都应该有自己的人生目标,从现在开始就制定下人生目标,从点滴做起,落实人生目标。抛弃那种无聊地重复着自己平庸的生活,努力去挖掘自己内在的潜力,激发自己的闪光点。相信是金子不论在哪里迟早都会发光的道理,不管遇到什么艰难险阻,终究会取得成功。因为,新生活就从确定目标之日开始。

目标由小而大

没有人可以一口吃个胖子,狼深知这一点,所以,狼在追击目标的时候,常常是由小到大、一步一步实现的。它们往往会看着大的目标,因此,它们经常面对饥饿,学会了忍,为了共同的目标,它们放弃小目标,最终换来的就是大的收益。

狼群在捕鹿的时候,它们往往先找到一只有弱点的鹿攻击,然后再把受伤的鹿给放回到群队中,那么这只受伤的驯鹿渐渐失掉大量的血液、力气和反抗的意志。最后,当这只驯鹿已极为虚弱,再也不会对狼群构成严重的威胁时,狼群开始全体出击并最终捕获受伤的驯鹿。它们的耐心将会换来更大的利益、长远的胜利。

因此,要学会狼的性格,就要舍弃小目标,等待大目标的到来,这就是狼群获得更大胜利的原因。

辉煌的人生不会一蹴而成,它是由一个个并不起眼的小目标的实现堆砌起来的。让我们把目标化整为零,用一个个小的胜利赢得最后的大胜利吧。

一个人要想获得成功,首先就要选择好人生的奋斗目标——你最终想要到达的地方,然后设计好路线——第一站要到达什么地方、用多少时间,第二站要到达什么地方、用多少时间。设计好你的路线后,你只需一步一步向终点前进,终有一天你能到达终点,得到你想要的东西。

第一章
目标求胜

正如你个人分阶段的成长历程一样，目标也具有阶段性，所以个人与其目标是同一轨迹运行的。

每个人的目标可以分成多种，包括工作的、家庭的、人际关系的、健康的、经济收入的等多个方面的目标。在每一个不同方面的不同阶段都应有不同的目标。所以说目标是有阶段性的，不同时期有不同的目标。目标同时又是兼容的，每个人虽然只有一个大目标，但同时可能分解成若干个小目标，而每个目标又是有先后顺序的，顺序的不同意味着阶段的不同。所以目标的可行性体现在各阶段的可操作性上。在此，建议大家应为自己的远景目标制订一个详尽可行的发展规划书。

无论哪一种成功，都不可能是一蹴而就的，许多人之所以失败，就是因为他们没有一个精细的计划，只是一味地空想，而制订发展规划书正是解决这一问题的有效方法。

要成功就必须把大目标分解成几个阶段，然后再去分阶段实现大目标。

那么，该怎么制定自己合适的人生目标呢？

目标要是实际的。

在你确定目标时，一定要根据自己的实际来定，不要好高骛远，只要能发挥自己的长处就可以了。如果目标不切实际，与自己的自身条件相去甚远，那就不可能达到。为一个不可能达到的目标而花费精力，同浪费生命没有什么两样。在实际的目标完成之后，再去想提升目标也不晚。

目标要是明确的。

日常生活中，有些人也有自己的目标，但是他的目标很模糊，所以，在去实现目标的时候就很难去把握。这样的目标形成虚无。如果目标不明确，行动起来也就有很大的盲目性，就有可能浪费时间和耽误前程。生活中也有不少这样的人，他们各方面能力均好，就是由于确立的目标不明确，而最终导致自己一事无成。

目标要是特定的。

明确好目标之后，一定要确定这个目标是不是特定的，不要让其他不重要的目标干扰。确定目标不能太宽泛，应该确定在一个具体的点上。如同用放大镜聚集阳光使一张纸燃烧，要把焦距对准纸片才能点燃。如果不停地移动放大镜，或者对不准焦距，都不能使纸片燃烧。

目标要是专一的。

在确定好特定的目标以后，就要专一地去对待它，而不能经常变幻不定。

生活中有一些人之所以没有什么成就，原因之一就是经常确立目标，经常变换目标，所谓"常立志"者不好"立长志"者就是这样一种人。

目标要是长期的、远大的。

一个人要想获得巨大的成就，要实现自己的伟大梦想，就要确立长期的目标，要有长期作战的思想和心理准备。任何事物的发展都不是一帆风顺的，没有人能随随便便的成功，也没有一条路是平坦的。

一个人确定的目标越远大，他取得的成就就会越大。远大的目标总是与远大的理想紧密结合在一起的，那些改变了历史面貌的伟人们，无一不是确立了远大的目标，这样的目标激励着他们时刻都在为理想而奋斗，结果他们成了名垂千古的伟人。

人生拥有了方向，就会感到充实和富足。岁月更加温馨温情，生活的画卷绚丽缤纷，活出的便是清风朗月的美丽。

第一章 目标求胜

🐺 每次只专注于一个目标

狼在每次进攻前，只会专注于一个目标，因为它知道，每次只专注于一个目标比专注几个目标更容易成功。在这个竞争激烈的社会，身在职场中的每一个员工都需要有这种专注精神。

孟子云："今夫弈之为数，小数也；不专心致志，则不得也。"

中国有句古话：精诚所至，金石为开。

对于成功来说，朝秦暮楚是一个最大的敌人，它肯定会使你徒劳无功。这就意味着，你必须全心全意地投入到你所选择的事业之中去。

你一旦决定从事某项事业，选择了绝对的自由，你就必须对你选择的事业有足够的信心。然后，全身心地投入进去，不能三心二意，不能朝秦暮楚。否则，这种心态会将你干事业的激情、接受挑战的勇气和斗志在过程中逐步消耗殆尽，将你的锐气一点一点磨蚀。

对于我们大多数人来说，每个月有一份固定的薪水的确不错，它起码可以使你的生活有一定保障，不至于衣食无着。但是，日复一日、月复一月、年复一年地朝八晚六上班下班难免让人觉得有些无聊无趣。于是，我们可能就会心有旁骛，左想右思。

其实很多时候，我们都不能集中注意力，但往往只有当注意力分散导致不能有效率的完成工作甚至发生错误的时候，我们才会意识到问题的存在。容易让人分心的环境，胡思乱想和情绪因素都会导致注意力不集中。你的思路就像一只跳来跳去的猴子，训练自己集中注意力就是要驯服这只猴子。知道为什么会注意力不集中，就容易对症下药了。

不要对自己说"要专心"。如果你在想"要专心"，你的脑子就没有专心在你要做的事情上。也不要强迫自己不去想别的事情，如果你在想不要去想某事，脑子就被占据了，无法专心。告诉自己"回到这来"，让其他的事情自然而然的消失。也许你发现自己每天要把这话重复几百次，没关系，坚持住，一段时间后就会发现越来越专心了。

现实生活中，心有旁骛成功的例子是极少极少的。道理很简单，这种所谓的稳妥设想很难带来良好的业绩，同时，它也不会给以后事业的发展提供基础。每个人都或者经历过，或者一开始就明白了这个道理，所以聪明人不要放下生命之重而言其他，这是一种很愚蠢的做法，也会遭到周围人的轻视。

金娜娇，京都龙衣凤裙集团公司总经理，下辖9个实力雄厚的企业，总资产已超过亿元。她的传奇人生在于她由一名遁入空门、卧于青灯古佛之旁、皈依释家的尼姑而涉足商界。

也许正是这种独特的经历，才使她能从中国传统古典中寻找到契机；又是她那种"打破砂锅"、专注追求的精神才使她抓住了一次次的人生机遇。

1991年9月，金娜娇代表新街服装集团公司在上海举行了隆重的新闻发布会，在返往南昌的列车上，与同车厢乘客的闲聊中，她无意间得知清朝末年一位员外的夫人有一身衣裙，分别用白色和天蓝色真丝缝制，白色上衣绣了100条大小不同、形态各异的金龙，长裙上绣了100只色彩绚烂、展翅欲飞的凤凰，被称为"龙衣凤裙"。金娜娇听后欣喜若狂，一打听得知员外夫人依然健在，那套龙衣凤裙仍珍藏在身边。虚心求教一番后，金娜娇得到了"员外夫人"的详细住址。

这个意外的消息对一般人而言，顶多不过是茶余饭后的谈资罢了，有谁会想到那件旧衣服还有多大的价值呢？知道那件"龙衣凤裙"的人肯定很多很多，但究竟为什么只有金娜娇才与之有缘呢？用上帝偏爱金娜娇来解释显然没有道理。重要的在于她"懂行"，在于她对服装的潜心研究，在于她对服装新品种的渴求与专注。

金娜娇得到这条信息后心更明、眼更亮了，她马上改变返程的主意，马不停蹄地找到那位近百岁的员外夫人。作为时装专家，当金娜娇看到那套色泽艳丽、精工绣制的龙衣凤裙时，她被惊呆了。她敏锐地感觉到这种款式的服装大有潜力可掘。

于是，金娜娇毫不犹豫地以5万元的高价买下这套稀世罕见的衣裙。机会抓到了一半，开端比较顺利。金娜娇把机遇变为现实的关键在于在古老样式的基础上，专心的研发出新式服装。回到厂里，她立即选取上等丝绸面料，聘请苏绣、湘绣工人，在那套龙衣凤裙的款式上溶进现代时装的风韵。潜心研究，攻克难关，历时一年，设计试制当代的龙衣凤裙。在广交会的时装展览会上，"龙衣凤裙"一炮打响，深受国内外客商的青睐。就这样，金娜娇成功了。

她的成功是专心致志不懈追求的结果。倘若当初她只是发现商机却在研究过程中还兼做其他，没有把心思完全放在研究上，那么也绝对不会有古中风韵相结合的现代服装的问世了。

对于任何渴望成功的人而言，有一份敏锐的观察力是好的，有一份值得追求的梦想是好的，但是更为关键的是选择了就要关注，竭尽全力，心无旁骛。这也是热爱事业的表现，某种程度上还预示着成功。这就好比一对陷入爱河的情侣，必须专心一致才可能到达幸福的

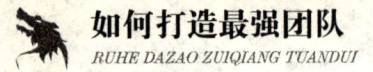

彼岸。

追求的可贵在于专注的坚持，倘若失去了这种专注，那么也算不上是追求了，追求因此贬值。

中国现代的许多画家就有这方面的特点：齐白石专注于画虾，画出的虾栩栩如生；黄胄专注于画驴，画出的驴活灵活现；徐悲鸿专注于画马，画出的马呼之欲出；李苦禅专注于画鹰，画出的鹰形神兼备。

可以看出，所有成大事的人物，都把某种明确的目标当成他们努力奋斗的主要推动力。

如果觉得不是那么有把握，你可以选择一个竞争少的专门项目，另开一条道路。但是也要符合四条原则：1.我喜欢；2.我强项；3.有发展；4.利国利民。即使我们以后确立了具体的专业，但还是可以细分的。

一生只做一件事，没有什么干不成的。也就是说，每次只专注于一个目标，直至成功，就会有很多很多的收获。

有一位来自农村的妇女，没读完小学，语言表达都不太熟练。因为她女儿在美国，所以她申请去美国从事户外工作。她到移民局提出申请时，移民官看了她的申请表，询问她的"技术特长"是什么。她说会"剪纸画"，说着她从包里拿出剪刀，轻巧地在一张彩纸上飞舞，不到3分钟，就剪出一组栩栩如生的动物图案。移民官员连声称赞，她申请赴美的事很快就办妥了。

这个故事应该能给我们一些启迪。一个人没有学历、没有工作经验，但只要有一项特长、一处与众不同的地方，就可能得到社会的承认，拥有其他人不能获得的东西。可是在我们身边，却有许多人走入误区，譬如一些大学生在校读书期间，忙着考这证那证，证书弄了一大摞；忙着做主持、当模特，业余职业换了一个又一个，但毕业之后

第一章 目标求胜

却很难找到一份合适的工作。原因是他们分散了自己的时间和精力，没有专注于某一件事情，结果是事与愿违。

有时候，一个人自诩拥有多种技能，但由于只是蜻蜓点水，钻研不透，反而不如拥有一项专长的人受青睐。如果你专注于某一件事情，尽力把它做到无可挑剔，那你可能比技能虽多但无专长的人更容易获得成功。

在这个竞争激烈的职场中，我们都会有着一些或大或小的目标，我们为了达到目标而不断地努力着。在通往目标的路上可能是山花烂漫，也可能是荆棘丛生，当我们前行在荆棘丛生的路上，则可能会让我们失去信心，退缩不前。有很多能够披荆斩棘的勇士，却会被烂漫的山花迷惑了双眼，最终不能实现目标或者延迟了实现目标的时间。看来，要实现自己的目标并非一件容易的事情，这需要我们专注于自己的目标，用自己的勇气和毅力，克服通往目标途中所遇到的种种挫折和诱惑！

一个人在有限的职业生涯中，能够专注于一个专业，朝着一个目标做精、做深，比频频换行业、打一枪换一个地方更容易做出成绩。所以，当一个人已经确立了自己的职业发展方向之后，如果不是确信自己已经不能在这个行业有所发展，或者自己的个性与职业要求出现明显偏差，一般不要轻易转行。要想成为老板眼里的好员工，就要记住：每次只专注于一个目标。

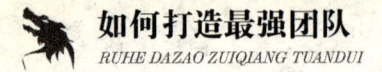

🐺 与企业的大目标相一致

默契配合是狼群成功的决定性因素，每匹狼之所以会默契配合，就在于每匹狼的目标与其狼群的目标相一致。

在现代竞争激烈的企业中，一个企业是否会站稳脚步，就在于企业目标与个人是否一致，两者一致管理效果就越好。因此，要成为一个优秀的员工，必须与企业的目标相一致。

在这个以能力为主导，而不是以身份为主导的现代市场经济竞争中，人们应首先改变旧有的人才观念，抛弃高学历情结，积极推行职业教育与学科教育平起平坐、文凭与职业资格并重并举的文化制度，做到竞争靠能力，开放靠市场，前进靠文化。力求个人目标与企业目标一致，个人目标必须服务于企业目标，脱离了企业目标去制定员工个人职业生涯目标是不现实的，也是不可取的。员工的职业选择和职业生涯目标，既是个人的需要，也是企业的需要，是员工个人利益和企业利益的有机结合。

在人与人之间实现平等，产生依赖，有共同追求的目标。团队中的每一个员工与团队的目标一致，为同一个目标而努力，整个企业、团队的效率就会提高；团队员工稳定，团队也相对稳定；团队的目标不一致，团队的建设就很难有突破性、持久性发展。为了成就共同的事业与目标，而承担共同的责任，激励和支持团队共同进步，要由衷地把自己的前途与团队的目标结合在一起，有归属感。只有团队或是企业有了发展,自己才会发展。自己要为团队的目标而尽心尽力,对团队无限忠诚,决不允许有损害团队利益的事情发生。

有一个古老的故事:从前,在一个教堂工地中,有人问三个石匠在做什么?第一个石匠说:"我在混口饭吃。"第二个石匠一边敲打石块一边说:"我在做全国最好的石匠活。"第三个石匠眼中带着幻想的光辉仰望天空说:"我在建造一所大教堂,我想成为一个优秀的石匠。"这个故事告诉我们的道理之一是:在通常情况下,员工个人的目标都会有差异的,如何使差异最小化,以达成员工和公司的目标方向一致,以最大的努力去争取市场,这就是我们日常目标管理工作中最重要的事。

从这个故事我们又悟出另一个道理:个人发展目标与整体目标一致较易产生双赢结果和有效率。第一个石匠是典型的"正当的工作,收取公平的报酬",对个人发展或整体的发展都没有一个既定的目标。而第二个石匠是大多数专业人员和经理人关心专业工作的表现。可是潜在的问题是,当公司整体目标与其个人发展曲线出现差异时,如果不及时予以调节,很容易就产生出一种离心力了,因为他只从个人的角度着眼。在这种情况下,第一和第二个石匠都不会在业绩表现评估中取得令人满意的结果。而第三个石匠却把整体目标与个人发展目标结合起来,既为建造大教堂又为成为优秀石匠,这样他与建筑商的劲是使在一处的,同时他不但有报酬,而且还可利用建教堂的机会积累经验和学习新知识,达到提升个人技能的目的,建筑商有了这样优秀的石匠,他的竞争优势就有了,可见这是双赢的局面。

因此,要想成为一个优秀的员工,个人发展目标就要与公司目标一致,这是非常重要的。只有使自己在明确工作目标后,在一个相对合适的平台下会有机会最大效率地将自己的个人发展与公司目标融于一体，才会取得最好的结果。

如今，每个企业、每个人都在说目标，然而，在同一企业里，企业的目标是什么？企业里员工个人的目标又是什么？他们的目标是否能做到一致呢？这就值得我们深思了。

员工发展是企业发展的基础，公司发展是员工发展的保障。一个企业、一个组织的存在与发展，离不开员工的努力工作；相应地，一个员工的发展，也离不开组织、集体的存在。组织与员工是相互依存的，他们二者都是为了求得良好的发展，这是目标上的一致性。

对一个企业来说，假如留不住人才，必定难有好的发展。那么，企业应如何增强员工凝聚力、留住人才呢？其中一个最基本的准则：企业能够有针对性地满足个人的要求与期望，这是一个供求平衡的市场法则。如若企业没有能力达成这一人才供给与需求的平衡，那么就很难避免人才流失的问题。

无论是新加入的员工还是公司最高管理阶层，都必须与公司的宗旨和目标相一致。如果员工认同公司的价值观和信念，也了解公司目前的运营和努力的方向，那么他会努力达到眼前目标，也会对公司更大的目标有更大的贡献。

如何能充分保障个人目标和企业目标的一致性呢？

第一，环境。企业应该有一个清晰明确的发展目标和一个良好的企业文化环境，这是保障目标一致性的一个很重要的方面。

第二，发展。有这样一句人生格言：你今天站在哪里并不重要，但是你下一步迈向哪里却很重要。对每一个职场员工来说，成功的人生和事业远远比眼前的一份高薪重要。员工很大程度上并不是看重当前的利益，而更看重企业将来的机会和发展。

第三，支持与信任。对员工工作的支持和信任是对员工的一种重视。当员工自己感到不重要和不被重视时，就必然会造成员工的流失。

大海航船，难免会遭到激流与逆风的袭击。在激烈的市场竞争中，公司运营同样会有不测风云，比如国家政策的变化，公司骨干力量的突然流失……都会给企业重重的一击。基于此，每个公司都在进行着各种各样的建设，以增强公司的核心力，保持公司可持续发展。在这当中，每个员工的目标要与企业的大目标相一致，这对于一个企业的发展是至关重要的。只有公司上下目标一致、协同共进，就如航行于大海中的舰队，有智慧舰长的统一指挥，有勇敢船员的群策群力，在这艘船上，每一个人都发挥着重要的作用，缺一不可。因此，每个优秀员工的目标都会与企业目标相一致。的确，任何一个成功的企业都有一个与企业文化一脉相承卓尔不群的团队。

因此，个人的发展离不开企业的发展，每个员工要将个人的追求与企业的追求紧密结合起来，并树立与企业一起风雨同舟的信念。只有这样，企业和员工才能真正得到发展。

因此，个人目标与团队目标的一致，是团队学习的基本要件。实际运作中个人目标是无法否定和抹杀的，但个人目标如果最大限度与团队目标一致，则会推进团队学习的进程。只有这样，团队合力才能激发到最大限度，团队才能获得成功并圆满地完成目标。所以说，一个优秀的员工的目标追求必须与企业的大目标相一致，也只有这样，才是一个好员工。

执著于目标

在狼的生命中，没有什么东西可以替代锲而不舍，因为它使狼历尽千辛万苦生存下来。伴随着我们对社会的支配能力日益增加，我们有没有做到那种锲而不舍的精神呢？事实告诉我们，在我们身边依然有许多像狼那样锲而不舍，执著追求目标的成功者。人终生地奋斗，锲而不舍，所执著的只是一种态度，一种对自己以及对世界的态度。

人生最重要不是天才的智慧，而是一旦选定了目标后的坚定执著。一个人可能经过短暂的努力即会得到一个预料的成功，但这一次的成功即刻就成了历史，化为一片记忆，生活又恢复了往日平静，只有不丧失执著，一生都不懈怠，人生才会硕果累累。

没有人永远没有失败，但失败只是过程，是对过去的否定。只要能拽紧前行的绳索，成功就不会遥远。执著是一种不屈不挠的精神，像古代传说中那位用铁杵磨针的老人，像水滴石穿的法则，只要抱定目标不改初衷，任何事情都会成功。执著体现人格的一种意志。一个人如果浅尝辄止，一生都不会有大的建树。

在执著面前，才华是苍白的，具有超人的才华，而缺乏永恒的执著，便如那与乌龟赛跑的兔子，虽然才华横溢，却不能最先到达成功的彼岸，执著是衡量一个人能否成大器的试金石，是卓越与平凡的尺度。"千古绝唱，无韵之离骚"的《史记》，正是因为司马迁矢志"立言"的执著；鸿篇巨制《红楼梦》形成于曹雪芹"十年辛苦不寻常"的执著；而陈景润之所以成为科学领域的顶尖人物，正是因为他对哥德巴赫猜想的痴迷执著。

成功不必炫耀，因为若丧失了执著，失败就会接踵而至；失败不必悔丧，只要保持永远的执著就一定会走向成功。

人生，只要不丧失执著，就定然是灿烂的人生。

拿破仑·希尔在《思考与致富》一书中写道："一个人做什么事情都要有一个明确的目标，有了明确的目标便会有奋斗的方向。"这样一个看似非常简单的问题，却困扰了多少人多少年。具体到某一个人的身上时，你才会发现，原来不是那么回事。

聪明的人，有理想、有追求、有上进心的人，一定都有一个明确的奋斗目标，他懂得自己活着是为了什么。因而他所有的努力，从整体上来说都能围绕一个比较长远的目标进行，他知道自己怎样做是正确的、有用的，否则就是做了无用功，或者浪费了时间和生命。

愚蠢的人，没有什么理想、追求；没有上进心的人，一生便没有什么目标。他同别人一样活着，但他从来没有想过活着有什么意义。这种人往往是在习惯性的活着，充其量是在活着，而不是在生活。因为他从来不追究人生的目的之类让人头疼的事情，单纯的为活而活，只要可以活下去，其他的都无所谓。

诚然，成功总会青睐那些有目标的人，鲜花和荣誉也从来不会降临到那些每天无所事事、没有目标的人身上。

目标，也就是既定的目的地，你理念中的终点。

许多不成功的人，怀着羡慕、嫉妒的心情看待那些取得成功的人，总认为他们的成功有外力的相助，他们的成功有别人的帮助，于是就总是感叹自己的命运不好，没有生在"帝王之家"。殊不知，每一个成功者的背后都有一段让人感动的故事，另外，他之所以能取得成功，明确的目标是不可少的。

在生活中，一个人有了生活和奋斗的目标，也就产生了前进的动力。因此，目标不仅仅是一种方向，有了它，更是对自己的一种鞭策，一种鼓励。有了目标，就有了热情，有了积极性，有了使命感，你就会真心的为自己的目标去努力奋斗。

钢琴家福莱谢尔在伦敦参加演出时，乐团指挥赛尔请他去讨论一首乐曲。然而赛尔的旅馆房间里没有钢琴，他便让福莱谢尔在咖啡桌上弹奏，福莱谢尔的手在想象中的琴键上移来移去。赛尔聚精会神地看着，显然在"倾听"熟悉的旋律与和声。弹毕，赛尔说："很好。"福莱谢尔笑道："不行，许多音符我没能弹到！"。

大师拈花一笑的风采已成为往昔，可他们对艺术的执著却留在了我们心间，还有那段咖啡桌上无声的琴声。

美国首位女司法部长雷诺回忆说，小时候她家住在佛罗里达州的一间小木屋，有一天，雷诺那位对建筑一无所知的母亲突然宣布她要新建一间新屋，并马上开始学习泥瓦匠、电工、挖掘地基和盖房设计等技术。当时的女性不能领取电工牌照，她只好将其所学传授给丈夫，由他领取牌照，房屋最后顺利建成。1992年佛罗里达州刮飓风，许多著名设计师建造的房屋都被刮倒，而该屋却完好无损。雷诺说："这件事对我有象征意义，那就是只要有执著之心，便万事可成"。凭这一信念，雷诺在自己的政治生涯中无往而不胜。

执著于目标，如同船后的波纹，只有过后才能发现它的美丽。当成功之日，回想曾经为之付出的心血与汗水，你就会品啧出一种苦尽甘来的幸福，所有曾经的苦涩，都成了岁月里生动的点缀。有一份执著的努力，便会多一份美丽的回报。

有三只猎狗追一只土拨鼠，土拨鼠钻进了一个树洞。这个树洞只有一个出口，可不一会儿，从树洞里钻出了一只白色的兔子，兔子飞快的向前奔跑，三只猎狗围追堵截，兔子急了，"噌"的一下爬上了另一颗大树。兔子在树上，仓惶中没有站稳，一下子掉了下来，砸晕了正仰头看的三只猎狗，兔子乘机逃跑了。

故事讲完后，问："这个故事有问题吗？"

你可能会说：

"兔子不会爬树。"

"一只兔子不可能同时砸晕三只猎狗。"

可是，还有一个问题，你们有没有注意到，土拨鼠哪去了？

土拨鼠是猎狗追求的目标，可是由于兔子的出现，猎狗改变了目标。我们的思维也在不知不觉中打了岔，土拨鼠竟在我们的头脑中消失了。

在追求人生的目标中，我们有时会被风光迷住，有时会被细枝末节打断，有时会被一些琐事分散精力，在中途停顿下来，迷失了方向，或走上了歧路，从而终止了最初追求的目标。

人生的路很长很长，既有奇花异草的诱惑，又有山峦叠嶂的阻挡，你一定要常常提醒自己——土拨鼠哪去了，不要忘记你最初追求的人生目标。

第二章
尊重个性

狼一般很少攻击比自己强壮的动物，因为在和这样的对手战斗时，它们即使能够取胜，也会付出一些代价。狼群绝对不希望这样的场景出现，它们总是以最小的损失换取最大的利益为行动准则的。但狼群也时常袭击马群、麝牛群等这些在形体上比自己强大的动物。虽然对手比自己强壮，但狼群却很少受伤，这正是源于它们的小心谨慎、知己知彼的作战风格。

第二章 尊重个性

🐺 尊重个性

狼是一种社会性的动物，狼不能离群独居。从两三只狼的小型狼群，到几十只狼的大型狼群，狼以各种方式聚集在一起，任何狼都无法单独过日子，无法不与别的狼发生直接或间接地接触。

但同时狼又是一种极具个性的动物，你是无法找出两只完全一致的狼，即使孪生的狼也是性格迥异。面对成员独特的个性和目标，我们怎么办呢？我们是压抑个体的特性，实现群体的高度统一，还是像狼一样，对所有成员的个性给予尊重和鼓励？

对此，狼群已经给了我们最好的答案，只有鼓励成员发展个性、激发潜能，才能使组织具有永远的活力；只有尊重彼此差异、异中求同，才能使团队变得更强更大，成为不可侵犯的统一整体。

在公司中个体与整体构成一个完整的组织，如果其中的每个个体的个性不是被扼杀而是被大家赞扬，那么他就更令人敬畏。每位成员都应通过发挥特有的才智和力量来肩负起对团体应尽的义务。通过表现个体的独特性以及尊重。我们必须学会像狼一样共同生活，否则就像羊群一样任人宰割。

人类在形成团体后，似乎一直在强调组织性，而忽视了个性。事实上，个性与共性是同等重要的。狼群既讲究团队精神，也注重发挥单个狼的个性。可以说，在狼身上体现了既对立又统一的个性与共性。

亨利·福特说，管理控制确实需要条条框框，但第一条规定就是尊重员工，如果把第一条规定做好了，一切就好办了，一个公司的发展基石是对员工个性的尊重和对员工能力真诚，坚定的信任。只有相信，尊重个人，尊重员工，才能激发员工的能动性。

人都有追求自尊心与心理满足的需要，每个员工都有它的重要性，只有这样大家才能在一起很好的合作，才会与员工之间有着良好的互动。如果有一方被轻视了，那双方的沟通就不会有好结果。显然，通过管理者不重视员工感受，不尊重员工，就会大大打击员工的积极性，使他们的工作仅仅为了获取报酬，激励从此大大削弱，这时，懒惰和不负责任等情况将随之发生。

尊重是加速员工自信力爆发的催化剂，尊重激励是一种基本激励方式。上下级之间的相互尊重是一种强大的精神力量。它有助于公司员工之间的和谐，有助于公司团队精神和凝聚力的形成。

因此，要创造良好的心理环境，就得尊重员工的个性，排除心理障碍，营造关心人、理解人、尊重人的融洽文化气氛，以体现对员工的尊重。

一家公司恰似一条船，每个人都应该做好掌舵的准备。全体船员中没有哪位会因为其个性突出的划桨而大受嘉奖。正是个人对集体的努力奉献，是一个团体运转一个公司运转，一个社会运转，一种文明运转。团队精神不是靠高谈阔论和深奥的推理得到的，而是将共同的目标和经验融于一体并付诸实践的结果。

每一个强大的公司品牌后面都有一个强大的团队，他们有着对事业的共同认识，彼此之间配合默契。但是每个员工都有自己的特点，每个员工都在扮演着别人无法取代的角色。员工与员工之间的默契配合、奋发图强的精神使得整体利益不断上升。

第二章
尊重个性

于是，团队所需要的复合型人才成了许多公司的当务之急，难怪通用前总裁杰克·韦尔奇这样说，这么多年来，让我感到欣喜的是人才，让我困惑的也是人才，要做的事情很多，但关键是人才战略。所有的规划都要靠人去做、去实施，没有人才一切都是空谈。

认识复杂完善的有机体，有行为动机，更有追求和目标。人自身所有的精致结构和完善功能，决定了每个人都是无价之宝。尊重人格，尊重员工的自身价值、尊严、权利、利益，最大限度地满足他们的需要，是取得经营管理成功的关键。当人本主义日渐大行其道的时候，管理者一望采取的指挥与控制式的管理将不可避免地受到冲击。这就是人性管理之所以成为必然的最根本的原因。

野性更有利成功

狼的眼睛是你所能想象到的最震撼人心的东西，其中包含着地球上所有的野性。在这个理想主义已经逝去，英雄背影已经模糊的时代，动物身上所显现出的野性光芒，令你不得不沉思、肃然起敬。

有一句话：穷人之所以穷，很多时候不是因为没有梦想，而是没有去把梦想变成现实。

法国有个贫穷的年轻人，经过10年的艰苦奋斗，终于成为传媒大亨，跻身于法国50名大富翁之列。1998年他去世，将自己的遗嘱刊登在当地报纸上，说：我也曾是穷人，知道"穷人最缺少的是什么"的人，将得到100万法郎的奖赏。几乎有两万人争先恐后地寄来了自己的答案。答案五花八门，大部分的人认为，穷人最缺少的是金钱。另一部分人认为，穷人最缺少的是机会、技能……在这位富翁逝世周年纪念日，他的律师和代理人在公证部门的监督下，打开了银行内的私人保险箱，公开了他致富的秘诀，他认为：穷人最缺少的是成为富人的野心。

这个谜底震动了欧美，几乎所有的富人都予以认可，说出了自己成为富人的关键所在。这里说的"野心"，准确地说，应该是我们常讲的"雄心壮志"。我们难以设想，一个心志不高的人，一个没有远大目标的人，连一张蓝图都没有的人，还能够创造出什么奇迹。

通常对富人之所以能致富，较负面的想法是认为他们运气好或从事不正当的行业；较正面的想法是认为他们更努力或克勤克俭。但万万没有令人想到的真正原因在于他们的理财习惯不同。投资致富的先决条件是将资产投资于高回报的投资标上。

一些新贵、富翁在谈论此话题的时候，均毫不掩饰地承认：野心是永恒的"治穷"特效药，是所有奇迹萌发的根本点，穷人之所以因为穷，大多数都是因为他们有一种无可救药的弱点，也就是缺乏致富的野心。不可否认，对于大多数成功的富人而言，致富的愿望是非常强烈的，同时他们通常也以财富的多少做为自己成功的标志。

多少年以来，"野心"始终是一个贬义词。然而，既然不想当将军的士兵不是一个好士兵，那么没有野心的员工，也绝对不可能是一个好员工，同时也绝对不可能做出什么大的成绩。

从员工升任到老板，你可以完全做到。只要你内心里有当老板的愿望，没有什么事是不可能的。很多时候，人之所以不成功就是因为不相信自己能成功，许多奇迹，需要我们相信才会存在。因此你要成为老板，首先你得是一个野心家。吴士宏曾说过，"人没有野心不能成功。只有艰苦的付出，才能得到丰硕的回报。"野心这个词听起来有点逆耳，然而它确实是一个成功者所应该具备的一个最重要的品质。可能我们可以用雄心壮志这样的词，然而从员工到老板这样的道路，在出发前大多数人都会认为这是野心勃勃，那就让他们这样认为好了，当你成功的那一天，他们肯定会说你当初是雄心壮志。你所需要的只是进取，进取是什么？可以明确地说，那就是主动去做你所应该要做的事情。仅次于主动去做应该做的事情，就是当有人告诉你怎样做时，就要立即去做。更次一级的，只在被人从后面踢时，才会去做应该做的事，这种人大半辈子都在辛苦工作，却又抱怨运气不佳。

经常有年轻人问卡耐基，是否认为他们可以取得成功，是否认为他们具有与众不同的价值。卡耐基回答道："你当然可以成为成功者。我觉得你完全有成功者的潜力，但不知道你是否一定能成功。这完全取决于你自己。如果你有了去争取成功的进取心态，那么，也就没有什么可以阻挡你；如果你没有这样的力量与愿望，那么，既便是再好的教育、再有利的外界因素都不足以把你推向成功。"如果你有足够的决心并付之于坚韧而努力的行动，你就一定会成功。如果你没有这样的决心，那么，你可能就会看到那些条件不如你但有着更大决心的人走到你前面去了。如果你不善于利用好这个机会向上爬，你就一定会抱怨运气不佳。而且，你通常还会感到奇怪，为什么老王或者小李这样的人升职这么快。你要想拥有出人头地的方法，那么，从弱者往上爬，越过别的成功者成为更大的成功者！因此，只要你愿意去做，那么对于从员工到老板并非不可能的事情。

第二章
尊重个性

敢于说"不"

在狼的身上有一种勇气，那就是无论在什么地方它们都有敢于说"不"的勇气；学习狼的狂野精神，就要学会说"不"。作为人，我们更应该具有这种狼的精神。

敢于说"不"，这其实就是一种人生的境界，也是一个人的高贵品质，同时也是需要一番勇气的。人生的道路上曲曲折折是难免的，无论谁都不可能预言自己或他人的未来是崎岖还是平坦，只有靠自己走路，路上有太多的诱惑，就要敢于说"不"，敢于拒绝，有丝毫犹豫，可能你将走上黑暗的不归路，因此我们在人生的道路上一定要敢于说"不"，只有这样，我们的生活才会变得更加美好，人生才会更加的幸福。

面对诱惑，敢于说"不"，方能睿智练达；敢于说"不"，才能傲霜不屈；敢于说"不"，才能撑起理想的风帆，驶向成功的彼岸。

人本来就是自然界当中的产物，而在这个世界当中又充满了声色犬马；面对这个物欲横流，令人眼花缭乱的纷繁的世界，我们应该敢于说"不"，只在这样才能使我们渺小的生命得到充分的呵护。唐朝宰相陆贽面对腐败的社会风气严于律己，始终过着俭朴的生活。唐德宗曾向他下过密旨，"薄礼收亦无妨……"而他却认为"贿道一开，展转滋甚，涓流不止，溪壑成灾……"他的这番表白连皇帝也大受感动。想一想，如果他在人生关键时机不敢说"不"，不敢拒绝诱惑，而是顺"流"而下，他能取得后人的尊敬吗？所以，在人生道路上一定要注意自己的言行，对"毒草"，"诱惑"要勇敢地拒绝说"不"。

可是，历史上顺"流"而下的也不乏其人。晋代石崇，明代严嵩，清代和珅，一旦权力在手，无不骄横枉妄，"广积食，骄富贵，不知止"，为了满足个人利益，用尽一切的手段，最后陷入名缰利锁而不能自拔。最终谁也没能守住这份不义之财，到最后终于落了个自家性命都保不住的下场。

我们只有做到了在金钱、物欲、权力面前勇敢地说"不"，敢于拒绝，只有如此才不至于陷入泥潭之中。这一点连原阜阳市市长肖作新也十分的明白，他在法庭上忏悔："广厦千间，要睡的不过是一张床；亿万家财，一日不过三餐。"然而现在的清醒对他来说已无意义。试想，当初他要是敢于说"不"，敢于拒绝，毫不犹豫，拒绝腐败，他难道还会落得如此的下场吗？

孔子云："饭疏食饭水，曲肱而枕之，乐亦在其中矣。"向一切的不好，敢于说"不"，敢于拒绝。

商场如战场。所以，当人一进入商场之后也就注定了要面对胜负，面对生死两方面的较量。久战沙场而能始终笑傲者，必为有勇有谋、善于说"不"之士。说"不"需要大的勇气，因为它能够让你身陷鄙夷与唾弃的旋涡，能够让你背负无能和不仁不义的恶名；说"不"更需要大智慧，因为你必须有吹尽狂沙的敏锐，必须甄别什么是真正的机会，什么为美丽的陷阱。

通往胜利的道路九千九百九十九，条条都是阳关道，然而适合你的通常却只有一条。所以，你就一定要对其他九千九百九十八条勇敢

第二章
尊重个性

地说"不！"

激情的泡沫一次次的涌起，众人的溢美之词让你俨然一位指点江山的英雄，你飘飘然，准备一掷千金来一番"力拔山兮气盖世"的壮举。那么在这个时候，你就需要对那些非商业的"商业行为"说"不！"

昔日有恩于自己的人在很想加入你的团队，想让你对他进行提拔，当一当坐镇一方的诸侯。尽管你明确地知道他并不具备领导这方面的才能，然而，你还是不忍心拒绝，心想就如此吧，反正用谁也是用。在这个时候千万要注意，一定要学会对自己的感恩情结说"不！"

一个产业（比如当初的网络，如今的生物工程）蓬蓬勃勃地兴起着，不论大资小资也在这个时候纷纷地将相投入，你也跃跃欲试，准备趁机捞上一笔。这时，你必须收敛你的狂热，一定要坚定不移地对自己的浮躁说一声："不！"

政策的旗帜在风中哗哗地响着，一大堆优惠条件和无数充满诱惑的承诺向你飞来，你忍不住要伸手出去。在这个时候，你一定要冷冷静静地退后三步，然后理直气壮地大声说："不！"

总之，你需要对不断膨胀的自我说一声"不"；对"赚尽天下钱财"的意识说"不"；对一切企图和可能削弱你利润的行为说"不"。

人在商海，你就是一个"功能单一"的经济学符号，你唯一的使命是让资本增值，让利润翻番。除此之外，你什么都不是。因此，作为一个纯粹的商人，你必须学会看紧自己的钱袋，学会在所有必要的时候勇敢地说一声："不！"

🐺 沉思默想

狼在不断捕获猎物的同时，会不断地沉思默想、反思自己。了解自己的优点，明白自己的缺点；因为它们知道，只有不断地反思自己，才能提高自己；只有不断反思自己，才能发挥出自己的优势；只有不断反思自己，才会使自己立于不败之地。

做人也应该是这样的，当你仔细去探讨一个成功人士的成功秘诀时，你会发现他们有一个共同点，那就是沉思默想，反思自己的习惯。也正是这个习惯使他们走上了成功之道。所以，要想成功，你就要学会沉思默想，反思自我。

沉思是一种惬意的孤独。一个人沉思在朗朗明月下，沉思在绵绵春雨中，沉思在落日余晖里，沉思在寂静的山林间，情感和心智会得到净化和升华。也只有在沉思时，孤独才显的特别迷人。伟大雕刻家罗丹刻刀下的《思想者》是一个陷入绝对冥想的沉思者，他独立独行、睥睨世俗、表面沉静而热情隐藏于内的形象深深震撼着人们的心灵，成为雕刻艺术名上不朽的杰作。

沉思决不等于沉默。沉默是一种反应，一种对策，一种机智的回答；沉思则是一种品格，一种性情，一种心灵的搏斗，沉默是为了眼前，沉思是为了将来。

苦苦沉思很折磨人，但是也最锻炼人。沉思的外表异常宁静，宁静得如同一镜湖水，但内心却是波涛汹涌的河流。在浩瀚的思维海洋中，极端相反的心理动向共存共容，相互滋补，如爱与恨、希望与绝望、前进与后退等，这些对立面都在沉思之海中奇妙地撞击、斗争、消长、交融，在这个过程中，反差的存在，以及为协调反差而做的妥协、中和，就成为心里驱动的原动力。可以说，沉思是一种主动思维，有条理的思考，是一种深思熟虑。沉思虽无言，但也是一种积极的谈话，是自己跟自己交底谈话。

孔老先生说："四十而不惑。"之所以不惑，是因为学会了思考。不惑是日久天长的沉思所结下的智慧果。沉思锻炼人理智的思维、沉稳的性格和深沉的情感，最终雕镂成精品般的人生。

面对世事的纷繁复杂，让我们好好坐下，用沉静的心灵去感悟生活，品味人生。沉思过后，也许你会发现世间并不再是我们以前所想象的那样，你会对世界有一个全新的认识。事物如旧，然而生命已新。这就是沉思的力量！

有时，宁静只需要三分钟。美国的一位著名企业家有一个持续了多年的习惯，那就是在做任何决定之前，他都要先把眼睛闭上两三分钟。当人们问他为什么要这样做时，他回答道："把眼睛闭上之后，我就能够获得更高的智慧来源。"他是在等灵感出现。

酒店业大王康拉德·希尔顿也是一个善用灵感的人。很多年前，他曾决定买下斯蒂文森豪宅，也就是现在的芝加哥希尔顿，为此他的投标额选定在16.5万美元。第二天他一觉醒来，脑海里却深刻着18万美元的数字。一向相信直觉的他果断决定把投标改为18万美元，结果他赢了。在这次秘密投标中，第二高的投标额是17.98万美元，与希尔顿仅差200美元。

沉思是一种好习惯。很多成功者都有沉思的习惯，他们有时候是通过散步，有时候是通过饮茶、读书，有时候则是通过睡觉来进行沉思。丘吉尔的习惯是每天早上起来在床上躺着，喝着咖啡、看着报纸，盘算着一天乃至一年的事情，即便是女王也很难让他此时从床上下来。毛泽东的习惯是以看古籍、散步和睡觉的方式放松自己、寻找灵感，在这些时候，是不可以打搅他的。

人是一种很容易自寻烦恼的动物。我们经常以对将来的忧虑和对过去的抱憾给自己的思想增加负担，经常用一些实际上并不存在的问题来骚扰自己，又总是用一些连鬼都不相信的话来骗自己，这是人性的弱点。在某种意义上，沉思正是医治这种病症的良药。沉思就像一条大河，把此岸与彼岸拦腰截断，通过集中精力于此时此刻，解除我们的思想负担。更重要的是，人们可以通过沉思集中注意力、增强精神的力量，帮助自己找到灵感，找回自信。

我们不但要学会沉思，还要学会默想。

世界著名的成功学家拿破仑·希尔曾写了一本名为《思考致富》的书。这本书出版后，重印了许多次，深受广大读者的喜爱。因为这本书深刻地揭示了如何运用我们的大脑去获得成功。任何人要取得任何意义上的成功都必须运用我们的头脑去思考。

有一次，拿破仑·希尔去见一个专门以出售主意为职业的教授，结果却被教授的秘书拦住了。拿破仑·希尔觉得很奇怪："像我这样有名望的人来见教授，也要挡驾的吗？"

秘书回答："这时候，教授谁也不见，即使美国总统现在来，也要等两个小时。"

拿破仑·希尔犹豫了一阵，虽然他很忙，但他仍然决定等两个小时。两个小时后，教授出来了，希尔问他："你为什么要让我等两个

第二章
尊重个性

小时?"

教授告诉希尔:他有一个特制的房间,里面漆黑一片,空空荡荡,唯有一张躺椅,他每天都会准时躺在椅子上默想两个小时。此时的两个小时,是他创造力最旺盛的两个小时,很多优秀的主意都来自于此时,所以这时他谁也不见。

听着教授的讲述,拿破仑·希尔内心突然涌起了一股意念:运用思考才是人生成功的要诀。由此,拿破仑·希尔写下了使他名扬世界的著作《思考致富》。

拿破仑·希尔说:"思考能够拯救一个人的命运。"事实正是如此,有思考力的人才会有创造力,才会掌握自己的命运。据说,诺贝尔奖获得者英国物理学家约瑟夫·汤姆森和欧内斯特·卢瑟福一共培养出17位诺贝尔奖获得者,这些天才们不仅懂得如此去思考,改变了自己的人生轨迹,而且为我们的社会发展做出了巨大的贡献。

英国剑桥大学的迪·博诺教授说:"一个人很聪明或智商很高,只是说明他有创造的潜力,但并不说明他很会思考。智力和思考的关系,就好比一辆汽车同司机驾驶技术的关系,你可能有一辆很好的汽车,但如果驾驶技术不好,同样不能把车开好。相反,你尽管开的是一辆旧车,然而驾驶技术高超,照样能把车开好。很显然,这里在智商高和会思考之间画上了不等号。"

有这样一个故事:一家批发商行,聘请张俊和赵力,他们同样是应届毕业,工作上都非常卖力。没几年,赵力很快就获得老板的赏赐,一再被提升,从业务员到业务主管,张俊好像被遗忘似的,至今还是业务员。有一天,张俊终于忍不下这口气,向老板提出辞呈,大胆说出老板没有用人的才能,辛苦的员工没有获得赏赐,只偏袒拍马屁的人。老板听完张俊的一番气话，知道这几年来张俊非常卖力，不过就是少了一样东西，为了让张俊深刻了解自己和赵力的差距，老板出了一个题目。老板这么说："或许我真的有些眼拙，不过我想证实一下，你现在到市场看看有没有人卖西瓜。"张俊很快来到市场找到卖西瓜的人，回到商行禀报。老板问说："那么，他们西瓜一斤卖多少？"张俊又跑到市场去问那个卖西瓜的，然后回到商行交差，这时老板告诉张俊："你休息一下，你看看赵力怎么做的。"老板吩咐赵力同样的事情，过了不久，赵力回来报告说："老板，市场我都找遍了，只有一个摊贩在卖西瓜，一斤卖12块，十斤特价100块，库存还有340个，市场大概有剩58个，每一个大约有15斤，前两天才从南部现采运上来的，全部都是红肉西瓜，品质上还不错。"一旁的张俊听了感到很惭愧，终于了解自己和赵力之间的差别，他决定不辞职了，立志向赵力看齐。

　　别人比你成功，并没有什么大秘诀，只是比平常人多想、多看、多了解而已。同样一件事情，别人看到了几年以后，你只是看到明天，一天和一年的差距有三百六十五倍，你有什么条件赢别人？想想，人生你看了多远，你的设想周不周到呢？

第二章 尊重个性

牢记"适者生存，优胜劣汰"

只有适应环境，才能生存下来。这是另一种意义上的适者生存。狼的生存中也懂得认真观察和寻找目标和猎物，去适应周围的环境，在狼的生存中也存在着这种竞争意识，物竞天择，适者生存。因此，狼在那个优胜劣汰的动物界中，从不守株待兔，它会主动出击，它们才能在狼族中生存，在自然界中生存。

狼，虽不是高级动物，但却是很优秀的动物之一。它之所以能屹立在世界的大家庭中，正是这种精神在鞭策着它。因此，在企业的员工，也同样要有这种适者生存的危机意识。

如今，在这个竞争日益激烈的社会中，"适者生存"不仅成为自然规律，而且也已经成为企业员工生存、发展的金科玉律。竞争对个人和企业本身的确是惨烈的，但对于这个社会的发展来说是有利的，对于个人与企业的进化也是非常有利的，所以这是个提倡竞争的社会、提倡狼性企业的社会、提倡狼性员工的社会、提倡狼性文化的社会。

曾经有这样一个"适者生存"的例子：一头狮子扑向两只羚羊，一只体弱，很快成为狮子的盘中餐，而另一只体健，快速跑开，所以生存了下来，这就是"适者生存"；再比如两头狮子同样面对一群羚羊，一只体健，迅即将猎物制服，填饱了肚子；而另一头年迈，失去了速度，屡试不获，最终饿死了，这就是适者生存。在当今这个社会也一样，人要活下去就要弱肉强食，适者生存。

有这样一个寓言故事：在很久以前，有一个牧羊人在北方寒冷的地方放牧了一群羊。起初，温度比较适宜羊的生存，它们日子过得比较舒适，慢慢地便养成了一种不爱动的习惯。冬天来了，气温骤降，寒冷的气候使羊们无法适应，很多羊都被冻死了。牧羊人感到非常难过，为了羊能更好地生存下去，他绞尽了脑汁，最后终于想出了一个看似可怕的方法：在羊生活的地方放了几只狼。羊感到了生存的危机，以不断的奔跑来防止狼的袭击。这样的奔跑有效地阻止了寒冷的侵蚀。羊反而比以前死得少了。

这个寓言从而也说明，有时候危机反而能够使我们更好地生存。员工也是一样，只有将危机意识落实到行动上，才不至于被安逸和舒服所吞噬，也只有这样才能更好地生存下去。

在此，也说明，在现实中，企业改革的推进也能给企业员工竞争提供一个广阔的平台。在市场经济条件下，员工间竞争如同逆水行舟，不进则退。适者生存是员工竞争的危机意识。

企业就像一棵树，树的每层枝丫上都爬满了猴子，上面的猴子往下看，看到的都是笑脸；下面的猴子往上看，满眼都是屁股。

如果这棵树上有果子的话，最先吃到果子的也只有最顶层的猴子了。对于往上爬的猴子，它们的脸先得贴过很多猴子的屁股。能爬多高，取决于它们贴屁股的技巧有多好。呆在上面的猴子，是不会自己溜下来的，除非年老体衰，抓不住树枝掉下去，或者被下面年轻力壮的猴子给硬踢下去。

一旦在这个时候陷入困境，上层的猴子会折断几根树枝，抽打下面的猴子。猴子们纷纷往下一层掉，混乱中总会有猴子从树上掉下去。这些不幸者获得的赔偿，就是从飘摇的树上掉下来的果子！

第二章
尊重个性

一个企业的新陈代谢，看似一种自然的规律。但是，就像故事中所描述的一样，上层的猴子有更多的果子吃，是不会自愿掉下去的。因此，要让下面的猴子有机会爬上去，除了猴子本身的技能之外，员工似乎还需要做些什么。

狼性的形成，其最根本的原因就是危机意识，有了危机意识，强烈的危机感，促使狼群团结起来，形成强大的合力。适者生存是大自然的演变规律，同样适用于员工的发展过程。也正如创始人沃尔玛所说：没有不断的IT投资就不会有沃尔玛的成长。沃尔玛强大的后台支撑系统，使其在美国总部就可以监控全球3700多个门店的生意。

有一个这样的故事：在非洲大平原上，清晨，狮子和羚羊同时醒来。

狮子想：今天我要飞快地奔跑，一定要追上羚羊。

羚羊想：今天我要飞快地奔跑，一定要快过最快的狮子。

最后，狮子吃掉了跑得最慢的羚羊，自己变得更健壮，养育了自己的下一代。羚羊中的老弱病残被淘汰，整个群体变得更为强壮、机警、有活力，得到了优化。

自然界遵守适者生存、优胜劣汰的法则。这个故事说出了员工要努力工作，要专业化，否则企业就要淘汰你。"今天工作不努力，明天努力找工作"。一边是"员工满意"，另一边是"随时准备下岗"，对待员工有这样完全不同的理念。

适者生存同样适用于员工，在当前的市场经济条件下，消费者的选择是企业生存的关键，在市场经济发展潮流的冲击下，员工在企业经营方式上已难以跟上时代的步伐，部分员工举步维艰，同时也接受了市场经济的严峻挑战。新的形势迫切要求将员工改革提上议事日程。

拥有了人才、资金和市场，企业也不可以高枕无忧，员工更不可以。具备了高科技、新观念和科学的管理方式，企业也是不可能永远处于不败境地的。

曾有这样两个实验向人们证明在企业当中，适者生存的重要性。

实验一：迷宫中的小白鼠

设制一个非常复杂的迷宫，在迷宫的尽头有一块非常丰厚的乳酪，把小白鼠放在迷宫入口。起初，小白鼠以特有的嗅觉与灵性，很快在迷宫中找到了走出迷宫的最佳路线。后来，科学家在这条路线中设置了障碍，小白鼠按记住的路线跑来跑去，当确信这个路线无法找到乳酪时，它们又开始勘察其他的路径，直到最终发现乳酪。

实验二：瓶子里的蜜蜂

放几只蜜蜂在一个开口的瓶子底部，并将瓶底朝向一个光源，这几只蜜蜂会拼命朝有光的瓶底飞去，它们永远不会改变方向或尝试其他方向。

这两个心理范畴的动物实验说明了什么？你一定会说小白鼠比蜜蜂聪明多了，没错，仅仅如此吗？这两则实验不是来验证小白鼠是不是比蜜蜂聪明，而是说明一个我们都耳熟能详的道理："物竞天择，适者生存。"在现实中，企业员工的适应能力远远超过了蜜蜂和小白鼠，他们绝不会像蜜蜂那样永远飞不出那个开口的瓶子，但在这个属于你的瞬息万变的环境中，你的意识、你的追求、你的精神状况、你与他人的关系跟上这个时代的节拍了吗？你必须学会适应：适应你所处的环境、适应你所面对的压力、适应你所面对的竞争、适应他人的风言风语、适应领导的批评。否则，你不仅不会成功反而会被淘汰。

适者生存是自然界的基本法则，优胜劣汰是市场经济的重要规

第二章
尊重个性

律。在市场经济条件下，通过企业间的相互竞争，促使企业必须努力提高产品和服务水平，增强适应市场竞争的能力，保持企业经营活力。

物竞天择，优胜劣汰，适者生存。这是上帝的智慧和法则，上帝通过这种法则选择更优秀的物种，而不是凭自己的喜好来选择。同样上帝也用这个法则对待这个世界的每一件事情。地球上的生物，普遍具有很强的繁殖能力，能够产生很多后代，例如，每条雌鲫鱼一年所产的卵中，大约有3000个可以受精并且孵化成小鱼，经过3年一对鲫鱼的后代可以达到6750000000条。如果按照这种理论计算，即使繁殖最慢的生物，也会在不太长的时期内产生出大量的后代而占满地球，这就是生物的过度繁殖。而地球上的生物并没有无限增多，而是通过生存斗争和遗传变异，有一部分最终适应环境而生存下来。而这个过程就是优胜劣汰、适者生存。和大自然对每一个物种的态度一样，我们人类也正希望这个世界的秩序是公开、公正、公平的。

身处竞争激烈的职场之中，仅仅掌握了职业必需的技能和知识是不能在职场上获得成功的，只有具备了独特的竞争本领，才能胜出。物竞天择，适者生存是大自然的法则。在企业中，员工也要遵循这条法则，要向动物学习，学习它们的本领，学习其精神实质。如通过学习大雁、猎豹、变色龙、骆驼、大象等动物，引申出应掌握团队协作精神、快人一筹的速度、应变能力、负重精神和实干精神等。

无论明天我们从事什么行业，优胜劣汰，适者生存，已是大势所趋，每位员工都有被社会淘汰的可能，因此，我们应该时时刻刻为自己能有立足点创造条件，时时刻刻来充实自己。

保持"饥饿感"

狼无论何时何地,都保持着一种饥饿感,只要遇到了食物,狼就会主动发出进攻。

小狼,开饭了。这时的小狼猛然一怔,这样的一声叫喊,一下子唤醒了小狼的饥饿感,它立即从一条小狼变成了一条饿狼。只见小狼猛地按住兔头,再用后牙咔嚓一声咬断了老兔的一只长耳朵,然后连皮带毛吞进肚里。兔血喷出,小狼见血眼开,而且狼性勃发。又凶狠地咬断另一只耳朵吞下肚。失去耳朵的野兔,就像是一只大旱獭子,乱蹬乱咬,拼死反抗。狼圈内,一条满头是血的小狼,与一只满头涌血的老兔,搅作一团,打得你死我活。狼圈变成了真正充满血腥味的战场。

可是小狼还是没有掌握怎样先咬死兔子,再从容吃肉的杀技。只是咬一口吃一口,生吞活剥、毫无章法地在老兔身上胡乱摸索猎杀方法。小狼的牙虽钝,但具有老虎钳般的力度,它咬夹住兔皮便猛甩头,将兔皮一条一条地撕下来。它虽然不懂得一口咬断野兔的咽喉致命处,但是它却本能地找到了野兔的另一处要害,肚子。可怜的老兔终于被小狼撕豁了肚皮,一嘟噜内脏被小狼狠命地拽出来,这些柔软无毛带血的东西是草原狼最爱吃的食物。小狼两眼放光,把肠肚心肺肝肾统统吞到肚子里,老兔一直战斗到失去了心脏才停止反抗。

工作的时候要保持适当的饥饿感,那样可以更快地超越自己;恋爱的时候要保持适当的饥饿感,那样总能给对方或者给自己一种惊喜,一种快乐;生活更要保持适当的饥饿感,才不会对生活乏味,失

第二章
尊重个性

去生活的乐趣。所以，饥饿感对于我们来说很重要，因为它可以说是快乐的源头，没有了饥饿感，人就容易满足现状，回忆过去，眼光永远不会看向前方，因为总觉得美好的时光已经过去了，再也不会到来。

人一生下来就注定成为猎人，也注定是猎物，只有保持适当的饥饿感，才能成为一个优秀的猎人、一个不被猎杀的猎物。是啊，动物园的狮子为什么早就没有了动物之王的威严，只是因为它被关得太久，吃得太饱，早就丧失了饥饿感。于是，看起来更像是一只长大的猫。人也是一样的，为什么会感觉生活无趣，只是因为他吃得太饱，没有了饥饿感，对事物丧失了兴趣，人是有好奇心的，当得不到的时候总觉得那件事物很新奇，但是当得到很多的时候，就没有了最初得到的那种心情。

公司像一块大蛋糕，员工就如一个个蛀虫，都在贪婪地啃食着这甜美的佳肴，而高层不想看透细枝末节，他们只把握住公司的大方向就足够了。在高层与基层中间，缺少了能挑起大梁的中层。一般来说，公司出现问题的规律一般是：始于末，折于中，毁于上。

很久以前，有一则水煮青蛙的寓言是这样讲的：如果你把一只青蛙放进沸水中，它便会纵身而出；如果你把一只青蛙放进温水中，它会感到舒舒服服的。然后你再慢慢升温，即使升至摄氏80度左右，青蛙也仍然会若无其事地待在那水里。

随着温度继续上升至90度、100度时，青蛙就会变得越来越虚弱，在此情况下，青蛙已经失去自我脱险的能力了，直至把它煮熟为止。在第二种状况下，青蛙为什么不能自我摆脱险境呢？这是因为青蛙内部感应自下而上威胁的器官，只能感应出激烈的环境变化，而对缓慢、渐进的环境变化却不能及时做出感应。这也就是人们所说的"青蛙效应"。

在此，"青蛙效应"也告诉我们这样一个道理：生于忧患，死于安逸。随着我国加入WTO，我国面临的是以人才争夺为核心的国际竞争，"青蛙效应"也具有其特殊的效用。在当今这个人才竞争激烈的环境里，如果员工处于一种过于安逸的环境中工作，看不到外界市场激烈的竞争，随着日子的流逝，他们也会像青蛙那样失去了危机意识，丧失竞争力。在人才资源开发中引用"青蛙效应"，有意识地给下属一种饥饿感和紧迫感，让他们适应这个每秒都在变化、发展的市场，提高他们对外界环境的敏锐性和应变力，增强忧患意识及竞争力，这对员工和公司都是非常有好处的。

作为一个员工，在企业中要始终保持斗志的状态，不能有丝毫放松，就像是森林中的狼要始终有一种饥饿感。一个员工对于一个企业的发展很重要，实际上员工也有其自身实力，为了事业的成功，这一点在未来的道路上也很重要。现在这个社会，在这个现实中要么进取，要么出局，对于一家企业如此，对于一台机器如此，对于一个人，更是如此。

有些事业小有所成的人，对于实现目标，已不再像过去那样感到刺激和兴奋。努力的方向不再明确，产生了"刀枪入库，马放南山"的思想，那么他们的结果只有一个：出局。

天下真不知有多少人一无所有，原因是他们太容易满足。要求自己上进的第一步，就是绝对不可停留在现有的地位。不满足于现状可以帮助你不断获取新的成功。

生活的目标是没有界限的，唯一的界限是继续前进还是停止不前，甚至放弃，关键是能否坚持"向上爬"这一信念。

第二章
尊重个性

凡在事业上取得成功的人，无不是抱着"努力进取"的信念奋力前进的。他们达到一个目标后，还不满足，又接着设定下一个新目标，再度接受挑战，完成这个目标。过去的梦想实现后，又抱着新的梦想，向更大、更能专心投入的目标努力迈进。

同时，员工还需要有欲望，欲望永远大于你的业绩，欲望不等于要求，欲望是你想的，要求是企业让你做的。很多集团给员工创造了无限的空间，它需要的是那些不满足现状、充满欲望、积极向上的员工。要求员工的欲望要永远大于他的业绩，在做好本职的同时去追求更高的职位。但是欲望又不等于要求，欲望是潜在的思维想法，欲望是你想的，而要求则是你应该做的，同时，也是企业对你的要求。

不满足于现状可以帮助你不断获取新的成功。员工同时还要自我超越，自我超越的前提是员工要有自己的目标、愿望或远景，有不满足于现状的动力。

自我超越对于组织构建共同远景非常关键。只有组织的员工都具有不断超越自我的愿望，产生于个人愿望之中的共同远景才有了激励的动力和基础；相反，若员工安于现状，没有这种欲望，构建组织的共同远景只能是一句空话。

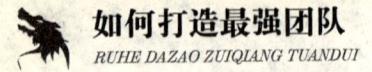

🐺 不满足的饥饿感

不满足的饥饿感也是一种欲望,"欲"实际就是一种生活目标、一种人生理想。每个人都有自己的欲望,狼性员工与普通人欲望的不同之处在于,他们的欲望往往超出他们的现实,往往需要打破他们现在的立足点,打破眼前的樊笼才能够实现。所以,欲望往往伴随着行动力和牺牲精神。你到任何一个政府机关门口一站,都可以发现那样一种人:他们表情木然、行动萧索、心态落寞,他们唯一的心愿,就是眼前的局面能够维持。他们祈愿的就是机构改革千万不要改到自己的身上,再就是每月工资能够按时足额发放。他们本来是有足够的学识,有足够的能力以及资源来开创一番事业的,但是没有这样的欲望,他们觉得眼前的生活就足够好。作为一个狼性员工就要有自己的欲望,时刻保持一种饥饿感。

这里所说的狼性员工的欲望是不安分的、高于现实的,需要踮起脚尖才能够得着,有时候还需要跳起来才能够得着。

成功狼性员工的欲望,则要来自于现实生活的刺激,是在外力的作用下产生的,而且往往不是正面的鼓励型的。刺激的发出者经常让承受者感到屈辱、痛苦。这种刺激经常在被刺激者心中激起一种强烈的愤懑、愤恨与反抗精神,从而使他们做出一些"超常规"的行动,焕发起"超常规"的能力,这大概就是孟子说的"知耻而后勇"。一些员工在成功后往往会说:"我自己也没有想到自己竟然还有这两下

第二章 尊重个性

子。"因为想得到,而凭自己现在的身份、地位、财富得不到,所以要去改变自己、提高自己、积累财富,这才能够成功。

一个人永远不满足自己的现状,拼命改变自己的命运,所以他们能不断地有所长进。

每一个成功者都有着保持饥饿感,勇往直前,不满足于现状的进取心。当一个人具有不断进取的决心时,这种决心就会化作一股无穷的力量,这种力量是任何困难和挫折都阻挡不了的,凭着这股力量,他会不达目的绝不罢休。当他们面对重重困难时,这种进取心就会让他们充满巨大的力量,敢于挑战最大的危险,敢于做别人不敢做的事。攀登者不仅敢于向可能性挑战,而且敢于向不可能性挑战。而这种挑战就是成功的进取心所驱动的。

莫德克·布朗的成功经历,完美地诠释了进取心与成功之间的联系。莫德克是美国棒球界历史上最伟大的投手之一,他从小就决心要成为棒球联盟的投手。

可是上帝并没有因为他的决心就将幸福降临到他的头上。他小时候在农场做工的时候,有一天手被机械夹住,失去了右手食指的大部分,中指也受了重伤。

你要知道,对于一个投手,失去手指意味着什么。成为全棒球联盟最好的投手,在这个事件之前是完全可能的。可现在,手变成这样,这个梦想好像永远只能是梦想了。

可是这位少年不这样想,他完全接受了这个不幸的事实,尽自己最大的努力,学会用剩余的手指投球,终于成为地方球队的三垒手。

第三章
耐心等待机会

在袭击那些比自己强大的动物时，狼群一般都要跟踪观察好几天，等到这些食草动物们吃了足够多的食物时，它们才开始袭击，因为这时候这些动物根本跑不快，抵抗能力也下降了许多。

第三章
态度冷峻

🐺 态度致胜

狼的态度很单纯，可以简单地概括成一句话，那就是对成功坚定不移的向往。他们能够始终将自己的精力集中在那些能促成它们实现目标的行动上，即使成功的机会只有十分之一。但它们的态度使成功一定会到来，结果，成功的确到来了。

野狼的心态可以简单的叙述如下：不断地为成功构思蓝图，群体中的每一份子按个阶段的蓝图尽最大的努力。结合所有狼群经历好几十个世纪的生活经验累积下来的智慧，透过基因遗传的方式，督促狼群特质的进化与成长。狼群能够将它们的所有精力集中于能达到其目标的活动上，这是狼群的技巧之一。

狼群从来不漫无目的地围着他们未来的猎物乱跑、失声狂吠。它们会制定出战略，通过相互间不断地进行沟通将其付诸实施。关键时刻到来的时候，每匹狼都明白自己的作用并准确地领会集体对它的期望。

每匹狼都有自己的位置，并且热爱自己所扮演的角色，为之所深深吸引。这并不是说没有对权威，地位和身份的挑战——挑战的确存在。然而每匹狼的作用，从它还是狼崽时期就在玩耍中开始形成，并在以后的岁月中逐渐完善。它们的态度一向都是基于这样一个问题："什么对团队最有利？"这与人类形成了鲜明的对比：相较之下，人类却常常因为无法满足个人之所欲，而恶意破坏起所属组织团队，公

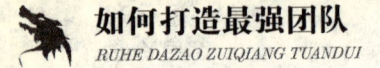

司或搅乱生意。

野狼对于猎捕的目标，绝对不会做出无意义的行为，不管是恐吓性的咆哮，还是无谓的奔跑。它们是有策略的群体，通过紧密的沟通，精准地执行每一步骤。当行动的时刻来临，团体的每一匹狼都清楚地了解它所需扮演的角色，迅速出击，永远与狼群保持一致。

狼群的存活或灭绝，靠的绝非是运气二字，而是完全取决于整个群体的态度、凝聚力、团体合作，以及团体内的训练。你确认自己的产品或服务是优秀的吗？如果不是，你该怎么办？如果无能为力，难道你不该考虑有所改变吗？积极的态度，源于坚定不渝的个人信仰，信念和人生哲学的实质性东西。

有什么样的态度，就有什么样的人生。做一名杰出的员工并不难，只要能做到忠诚、自制、进取、协作、热情、敬业、勤奋。想成为一个成功的员工，也许能从这几个词汇中吸取到成功的力量。

在同样的公司，做着同样的工作，有些人多年以后，仍旧做着同样的工作，甚至被炒鱿鱼；有些人却不断地前进，在公司中的地位日已攀升，成为公司不可或缺的人物。这其中的奥妙，用一句话概括就是"态度决定一切！"有这样一则故事：

非洲的一个小岛上住着一群土著，一天，一个鞋厂业务员到此推销鞋子，当他发现岛上居民都不穿鞋，便感到十分沮丧，认为这里没有市场，就失望地走了。又一天，另一个鞋厂的业务员来到此地，他同样发现岛上居民不穿鞋子，便感到欣喜若狂，庆幸老天爷给他留了个巨大的市场。果然如此，通过他的努力，岛上的居民都穿上他的鞋子，他也由此而得到了一大笔收入。

同样的机会，对于悲观消极的人来说是一无所获；而对于乐观积极的人，却因此而过上了富足的生活，为何会产生截然不同的两种结局？这就是他们对工作的态度决定了一切。

著名财经学者阿尔伯特·哈伯德曾经说过："世界上有三种人。第一种人，不知为何工作，得过且过，浑浑噩噩，虚度年华，工作得很痛苦。第二种人仅把工作当成谋生的手段，每天奔波劳碌，工作得很辛苦。第三种人，他是在为自己工作，他是在享受工作。因为工作正式他生命成长的一个契机和机遇，他把工作当作一种享受，在别人放弃时仍努力不懈，对工作有一种非做不可的使命感，并为之孜孜不倦，锲而不舍。"同样是工作，却又如此不同的工作感受，这也正是工作态度决定了一切。

一个人的工作态度折射着人生态度，而人生态度决定一个人一生的成就，你要怎么样的工作态度呢？

我们在工作的过程中，如果也保持一种乐观的工作态度，站在一个高度上看待自己的工作，那我们就会发现工作充满了乐趣，就会加倍努力地投入到工作中去，在工作中取得成绩。态度决定了一个人的行为，态度决定了一个人的思维方式，态度决定了一个人未来的发展，让我们端正自己的工作态度，取得更加优异的成绩。

冷峻达观

在原野中，狼并不是独来独往的。当漫长的冬夜来临，狼群在追捕食物的时候每一匹都争相冲在前头。在清冷的月色中，它们跳跃这巨大的身躯超越在同伴之上，它们的目光盈盈发着蓝光、散射出野性。

俄亥俄州政府曾经实施了一项名为驯鹿增量的计划，以大量捕杀狼群的方式，让原本因人类过度捕猎而数量锐减的驯鹿得以迅速增长，期盼能再次恢复猎鹿的活动。

一时间大量的狼被残忍地屠杀。在血腥中，人们却惊异地看到，那些目睹着在人类屠刀下倒下的同伴身影的狼，眼睛中竟然没有恐惧、没有悲伤，流露出的是一股可怕的寂静——一种破人心扉的原始傲气，一种天生的桀骜不驯的野性。

动物学家劳伦兹是研究狼性方面的权威，他的一生几乎是与动物渡过的。劳伦兹曾经向人们描述了自己童年时期亲身遭遇狼的故事：

劳伦兹小的时候住在乡下，村庄周围都是草地，更远处则是长满丛林的群山，经常有狼下山来偷袭农民养的羊，其中有一只三腿独狼，性情狡诈凶狠，气势逼人。

有一天，他和父亲走在离家不远的小路上，与这只狼狭路相逢。两人和狼各据一端，相互对峙着。狼毫无退让之意，没有扑过来的打算，只是冷冷地凝视着他们。就这样相持了很久，父亲大声吼叱，才使狼掉头换换离去。长大后他离开了村庄，再也没有见过那匹狼。

第三章
态度冷峻

他时刻忘不了那只独狼的眼神,被那种镇定自若的神态感染了,甚至忘记了恐惧。每当他遭遇困境、面临挫折时,就会想到那只狼的镇定的神情,它给他的勇气陪伴了他一生。

野性——一种冷峻而达观的态度。这种态度对于狂乱而浮躁的人类来说是否有些启示呢?

公司生活中充满了尴尬、困顿和压力,精神无时无刻不在忐忑不安之中。而坚韧的意志、达观的胸怀能让低落的心情得以宽释,重新振奋精神产生出一种积极向上的力量,勇敢的面对工作中的失意和失败。这是优秀员工所独有的品质,他们能从一时的压抑中酝酿出一生的执着,从一时的失意中迸发出一生的激情。

如果能将工作压力化为动力,你会发现人生就是无尽的享受,这有赖于拥有良好的心态。好心态是所有精力充沛,事业有成者的标志。人在工作上难免有这样那样的痛苦和烦恼,要想应付各种挑战,重要的是能通过心理调节维持心理平衡。

在公司中首先要正视现实,消极的心理防御,只能加重心理障碍。必要时自我暗示,要有发愤图强的意愿,告诉自己要坚持,要重新开始。你必须培养成功的心态,以使你的生命按照自己的意图提供报酬,没有成功的心态就无法成就什么大事。

记住,你的心态是你唯一能完全掌握的东西,联系控制你的心态,并且利用成功心态来引导你的行动,坚持下去,你的奋斗就一定能够成功。切断和你过去失败经验的所有的关系,消除你脑海中的那些与成功心态背道而驰的所有不良因素。

你有什么样的心态,就有什么样的世界;你有什么样的心态,你就有什么样的人生!在你的心目中,你认为你是什么,那你就是什么。你认为你是一个平平淡淡的人,你的结果就是平平淡淡。你认为你自己注定是一个不平凡的人,你就能成就一番伟业。积极心态者,得到积极的结果;消极心态者,得到消极的结果。人,有什么样的心态,就会有什么样的人生。以半杯水为例:消极的人认为只有半杯水了;积极的人会讲还有半杯水。

在公司中,员工们经常都在讲一句关于工作的话:做不做是心态问题,做得好不好是能力问题。能力大小是可以培养的,但是心态一定要摆端正。如果心态不端正,员工拥有再好的能力也没有用,再好的事情也要被搞砸;就会南辕北辙,事倍功半。如果有好的心态,那么即使能力暂时还不够,但是通过循序渐进的能力,一定能够成功。

因此,员工的态度决定一切,在公司里无论你是优秀的,还是平庸的,你的工作情绪主宰着自己,同时也影响着你周边人的工作态度和热情,而这些恰恰是公司发展的绊脚石。员工情绪低落,团队出现不和谐,运作不流畅,最终导致业绩下降,工作效率低。

当然,一个人的成功是有限的,集体的凝聚是无可比拟的,因此,我们每个员工更要以积极的心态,营造积极的氛围,建立一支向心力强、凝聚力强、绩效高的团队,才能在竞争中立于不败之地。

第三章 态度冷峻

强狼心态

狼富有挑战和冒险精神。在狼的世界里，为了扩大生存领地，狼会勇敢地发起进攻，即使这只动物比它强大得多，也毫不畏惧直至把对手置之死地。所谓强者的心态，并不是说以强者自居，对对手或朋友居高临下，甚至恃才傲物，强者的心态是一种面对困难时的坚强，是一种面对困境时的临危不乱，更是一种不达目的誓不罢休的坚韧。

狼有着这样的韧性，那就是对猎物坚决不移地追赶，它们能够将自己的全部力量集中在锁定的猎物上，即使成功的机会只有百分之一，但它们绝不会轻言放弃。由于强者和弱者在社会扮演的角色不同，所以强者和弱者的心理状态也完全不同，强者心态的基本出发点是——坚韧不拔的雄心。

狼在自然界中不如老虎威猛，也不如狮子凶狠，更没有豹子迅捷，当然狼并不会羡慕它们。狼只愿意做一匹真正的狼，对于不足的地方可以通过努力来弥补。资源是有限的，谁能抢到就属于谁，抢不到的甘受贫穷；而弱者心态的基本出发点是平等，认为资源应该大家平分，倚强欺弱却被谴责为不道德行为。我们所鼓励的是一种狼的文化，而不是羊的文化。不能依靠别人的带领去做事，而是勇敢面对自己的问题。

英特尔公司只青睐具有冒险精神的人。他们宁愿冒着失败的危险选用曾经失败的人，也不愿意录用一个处处谨慎却毫无建树的人。在英特尔，大家的共识是，最好是去尝试机会，即使失败，也比不尝试任何机会好得多。

敢于冒险，是成功人士的基本素质，也是职场中人应该具有的基本素质，只有敢于冒险，你才有成功的可能。假如你连股市都不敢进，你当然不会有赚钱的机会，你敢进了，你就有了50%的机会，另外50%是失败的机会。

在现代社会，风险越大，利润就越大，所以人们才不断地去冒险。冒险是什么？冒险就是抓住机遇，你不敢冒险，就会错过很多机遇。

人生本身就是一场冒险。那些希望一生宁静、平安的人不敢冒险，也不会冒险，这样的人永远也不会成功。

不冒点风险，哪来出人头题的机会呢？很多时候，成功的机会是同风险叠合在一起的。要想抓住成功的机会，就得冒一点风险，否则，就会丧失许多可能是人生重大转折的机会，从而使自己的一生平淡无奇，毫无建树。

世界的改变，生意的成功，常常属于那些敢于抓住时机、敢于冒险的人。生命运动从本质上说就是一次探险，如果不是主动地迎接风险的挑战，便是被动地等待风险的降临，冒险总比墨守成规让你更有机会出头。

吉姆·伯克晋升为约翰森公司新产品部主任后的第一件事，就是开发研制一种儿童适用的胸部按摩器。然而，这种新产品的试制失败了，伯克心想这下可要被老板炒鱿鱼了。

伯克被召见公司的总裁，然而，他收到了意想不到的接待。"你就是那位让我们公司赔了大钱的人吗？"罗伯特·伍德·约翰森总裁问道，"好，我倒要向你表示祝贺。你能犯错误，说明你勇于冒险。我

第三章
态度冷峻

们公司就需要你这种有冒险精神的人,这样公司才有发展的机会。"

数年之后,伯克本人成了约翰森公司的总经理,他仍然记着前总裁的这句话。

美国投资大师索斯总裁说得好:"冒险精神具备与否,实际上是一个员工思考能力和人格魅力的表现。"作为一个员工,只有你把冒险精神投入到工作中去,你的老板才会感觉到你的努力。

冒险是表现在人身上的一种勇气和魅力。经验告诉我们:冒险与收获常常是结伴而行的。哥伦布如不航海探险,能登上新大陆吗?达尔文不亲身探险,搜集资料,能完成巨著《进化论》吗?股市风云中,没有接受挑战的行动,能获得巨额财富吗?是的,险中有夷,危中有利,要想有卓越成就就应当敢冒险。作为职场中的一名员工,既有成功的欲望,有敢于冒险,怎么说不能够实现伟大的目标呢?风险与机遇总是联系在一起,在关键时刻把握机遇,必能成功。如你总是希望成功又怕风险,那么对不起,成功将会从你身边一次次地溜走。

风险的另一面就是机会!在任何事业中,把所有风险都消除掉的话,自然也把所有潜在的机会都丢掉了。奉献中孕育这机会,敢于正视风险,敢于冒险,那无疑就更容易抓住成功的机会。

在现代公司里,一个人的才华和能力,只有通过冒险,通过客服一道道难关才能锻炼和展现出来。而安于现状不思进取的人,没有危机感的人,不愿参与竞争和拼搏的人,他的道德奖赏不是成功,而是彻头彻尾的失败。

敢于冒险,是挑战成功的第一步,感冒最大的风险的人,才能够抓住成功的机遇,才能在众多的员工中脱颖而出,才能为自己的事业成功打下牢固的基础,才能够进一步实现自己人生最大的价值。

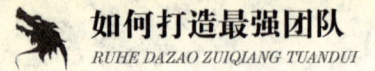

🐺 学会生存

小狼崽一般晚春季节出生，小狼崽出生后，狼群的活动就开始以它们的窝为中心了，尽管成年狼还要出去捕食。这时，天气暖和了，小动物非常多，狼群分散不容易。如果狼在外面感到孤独了，它们可以随时回窝里享受家庭的天伦之乐。

狼崽的降生对整个狼群来说就是一个节日。狼崽的爸爸妈妈和其他的狼叔叔、狼阿姨摆尾祝贺，它们用兴高采烈充满激情的低声吟诵来庆祝狼崽的降生。在以后的数星期内，狼群集体的帮助和关怀伴随着幼崽的成长。成年狼还会自觉为小狼崽和母狼寻找食物，或在母狼外出捕食时帮助照看小狼崽，总之，养育幼狼是所有成员都要参与的工作。

刚降生的小狼崽既看不见东西也听不到声音，因为它们的耳朵是叠在前额上的。这段时间的幼狼要全靠母狼喂食和取暖。母狼每天用反刍的食物喂小狼。所有的狼都会很喜欢这些小狼，大家轮流喂它们，和它们一起玩耍。看到成年狼捕食回来，小狼崽们便会跑过去舔它们的脸和嘴，意思是要吃的，幼狼的行为会刺激成年狼的反刍活动。

在栖息地内，狼群还要建立它们的家庭区域，或者说是领地。狼群在这个区域内生活、捕猎。领地的大小根据他们捕食对象的多少而有很大变化，或大或小的情况取决于这个地区的猎物数量。在猎物分布较密集的地方，狼不必奔袭很远便可获得一顿美餐。在较荒凉的栖

第三章
态度冷峻

息地，由于只有少量的猎物存在，狼则需要跑很远才能猎到事物。

狼会在小狼有独立能力的时候坚决离开它，因为狼知道，如果不能成为一匹真正的狼，就只能当一直软弱的羊了。在狼群社会里，这样的智慧同样存在。当然，成年狼在离开小狼之前一定会把谋生技能教会，而这种技能则是通过游戏进行的。

一般情况下，一匹有智慧的狼如果死亡，并不会对狼的族群造成长久的致命伤害，对于这些伤害，年轻的狼早已有完全的准备了。因为如何找寻安全的巢穴抚育小狼、查询目标猎物或查找可靠的水源等知识他们都已经学会了。

组织或公司的每一位成员，不仅仅需要完成本职工作，更重要的是应具备能够随时担负起责任重大的领导职责的能力。这也是一个成功组织的生存根本。

市场竞争归根到底是公司中员工素质的竞争，如何开发并有效调动人力资源的潜能，把知识转化为公司的竞争优势，是简历公司核心竞争优势的重要内容。信息和知识是绝大多数公司前进的推动力量，而培训则常常是提供信息，知识及相关技能的重要途径。成功的公司必定是那些帮助其员工充分发挥自己全部潜能的公司。

世界最大的微波炉制造商格兰仕是一个典型的学习型公司，由于高度重视员工培训，格兰仕的员工管理成本仅是同类公司的50%，而人均效率则是同类公司的200%。

无论是一个组织还是公司，如果组织的领导者不重视成员的教育、个人价值及管理，这个组织终将一无所成。只有对员工进行持续教育，才能使员工有机会提高自己，促进自我发展，建立成功的典范，这些最终都将成为个人和组织难以估量的无形资产。

员工在公司中经过几年的洗礼之后，就会形成与之相适应的观念，这就是公司文化的影响。但组织变革意味着，必须抛弃一些已经沉淀于心中的观念，培植新的并且常常是与原有的相对立的观念，这也是变革能否最终成功的关键所在。公司的各种变革，不断设计组织战略，文化的改变，原有的工作性质和业务流程都会发生或大或小的变化。要胜任新的角色，就需要调整原有的行为方式和工作技能。如跨部门工作小组的日益普及，对员工的沟通技能和合作技能提出了更高的要求，组织结构的扁平化，要求管理者必须学会当教练，而不是像过去那样事事指手画脚，员工也必须逐步适应自我管理的工作方式，学习独立的做出更多的工作决定，熟悉更宽领域内的知识和技能等，沟通技能、授权技能、自我管理、新知识等方面的培训，是实现这些转变的重要保障。

一个成功的公司，最好能成立专门的组织，经常性地开展各种文娱，体育活动，进行各种技术竞赛，充分调动员工的积极性，让他们广泛参与到活动中来。广义上，公司的很多活动都可视之为游戏。

在快速变迁的现代社会里，很多人认为游戏在他们的生活中是多余的，是他们无法负担的奢求。如果你和公司的一些员工聊天，总是能听见："我以前很喜欢来上班，我们很快乐。而今，严肃是首要任务，别开玩笑，不然别人会以为你在偷懒。所以，我来工作，撑一天，下午五点就离开。如果这是公司想要的，我就照着办。"

同样地，现今很多其他组织似乎也将游戏束之高阁，然而，我们应该知道，游戏的作用是多方面的，一个善于游戏的公司，才是一个有希望的公司。人类需要学会认真工作，同时也要学会是当地放松自己，而这正是狼群的精神。

第三章
态度冷峻

游戏狼生

狼喜欢游戏，并认真地投入游戏。游戏是一种放松，然而并不只是游戏，还是一项必备的训练、一桩严肃的事业、一种必有的精神。一个善于游戏的公司，就是一个乐观的公司。

狼的嚎叫声是很有名的。动物科考人员托马斯沃森曾经对狼的嚎叫做过研究，他指出，我常常看到整个狼群包括哪些幼崽们在一起宛如举行音乐会一样集体嚎叫，有趣的是，每只狼所发出的叫声在声调和节奏方面都各不相同，此起彼伏，各自为调。当音调变得一致时，他们会迅速调整自己，使嚎叫声又变得混杂起来。

狼群的这种习性也许是为了种族生存的需要。不过在多数时间，狼群的嚎叫纯粹是为了游戏、放松。狼通过在一起嚎叫来交流感情，放松紧张的神经，享受狩猎暇余的悠闲。狼的游戏精神是他们自我放松的具体体现，也是狼的一种难能可贵的乐观精神。

游戏贯穿每匹狼的一生，这几乎成为狼生活的理由，但狼群的每一个成员都参与培养及教育下一代的工作，狼群的每一分子都以提供庇护、训练、保护并与幼狼游戏为职责。因为狼群知道，幼狼是它们的未来。

通过游戏，狼知道如何与同伴交流、配合、提高获得实物的技能，他们的身体因此变得更强壮，意志也变得更为坚强，因为它们一生都在游戏玩耍中磨练技能，可以通过较少的努力就能赢得胜利。

狼认识到玩耍并非仅仅是生活一件附属品。而是生活的一个理由。不论年龄大小，它们游戏时的认真程度以及所获得的乐趣，就如同一群年轻的小狼一样。虽然它们已经成年，但是在它们生命中，游戏仍和幼年是一样的重要。

　　人类经常会使用"认真工作，认真游戏"这样的字眼，而这是狼群的实际生活方式，用游戏生活来形容狼群在恰当不过了。小狼的精力旺盛，充满活力，而且它们游戏方式经常不会被受到限制。通过身体上的互相接触，是增强狼成为社会性动物的因素。

　　游戏，还具备其他的功效。借着游戏，狼群可以建立族群秩序，并经常评估修正，游戏可以说是最适用的方式。通过实验性的游戏，狼学习各种生存技能。所以，游戏对狼来说并非只是游戏而已。

　　现在生活节奏加快，许多公司员工认为游戏和他们的生活不相干——他们没有时间精力从事这项活动。但是，找不到时间娱乐的人迟早会找到时间生病。是否存在一个很好的理由来解释为什么不能同时是创造效益的游戏？总是一本正经能提高你与同事的工作效益呢，还是降低效益？你上次开怀大笑是什么时候？

　　在这快速变迁以及环境日益拥挤的今日，很多人认为游戏在他们现金的生活中是多余的，是一种他们可以不需在付出努力的生活。游戏在很多公司中似乎不再是不可从事的选择，员工们整日为工作奔波，一天下来留下一身疲惫，已没有精力来找乐趣了。他们的时间常常安排的十分紧凑，没什么休息娱乐时间，因此失去了他们与同事最可以互动的任何方式。

　　游戏多是许多人一起参与，为了顺利地完成它，需要他们齐心协力，彼此密切配合。他们需要相互了解，有效沟通，摸清彼此的思想、情感、脾气以及长处和短处。在既定目标的激励下，能使他们忘掉自我，融入到集体之中，时时刻刻把集体的荣誉感和使命感放到首位，甚至可以忘掉个人间的恩怨。

游戏有一定的规则。参与游戏的人必须在规则所限定的范围内开展活动。违反规则就是无效，世上万事万物莫不如此，规则是公正的，它给人类提供了公平竞争的机会，让人们各显其能，各尽其才。同时，规则又是残酷的，它不讲情面，没有丝毫余地。

狼群通过游戏来联系猎获事物的技能，让他们在轻松的心情下不断地提高自己生存的能力。公司也同样如此，员工经常参与公司组织的活动，能够不断提高自身水平。人们能在活动中认识到自身的优势和不足，找到适合自己的人生发展方向。

狼群中的每一匹狼都要为群体的生存和发展而努力，对公司而言，也是如此。如何培养忠诚，具有职业道德的员工，并充分发挥其作用，是每个公司所面临的问题。

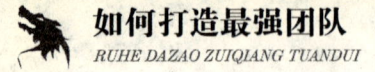

🐺 生存激励

狼是食肉动物，它们理想的食物就是肉。尽管狼也吃草、果子甚至蘑菇，但要想生存，它们必须捕猎其他动物。狼一般捕猎像耗子和兔子一类的小猎物，但它们更喜欢像鹿、驯鹿或驼鹿等这种庞大的猎物，以便保证它们在长时间内享有食物。

狼群因为有一种坚韧的、战斗的心态，所以永远保持旺盛的精力。心态是一种心灵的状态，更是一种命运。成功的公司是那种能用科学的机制、正确的方法，调试员工最佳的心态、完成最高绩效的工作的公司，然而每只狼都能够做到的，却并不是公司中每位员工都能做到，这个时候，激励就变得更重要了。

在公司中，激发是对员工的动机而言；鼓励是指对员工的行为趋向加以控制。员工的行为来源于员工的动机，而员工的动机又产生员工的需要。需要是员工的一种必不可少的主管心理状态，是生活于实际中各种相关事物在人头脑中的具体反映。

动机是对需要的满足程度，是由需要引发的内在动力。而行为是员工在动机支配下的外在表现，如果说行为的产生靠激发内在动机的话，那么行为的保持和巩固，就需要借助于强化。没有强化，一种行为很难持续到底。

所谓员工激励，就是说公司管理者在员工管理过程中，采用激励的理论和方法，对员工的各种需要予以不同程度的满足或限制，以此

第三章
态度冷峻

引起他们心里状况的变化,达到激发动机,引起行为的目的,使员工的每一种内在动力,朝着所期望的组织目标作出持久努力,再通过正反两方面的强化,对行为加以控制和调节。

人类且常常因为无法得到其个人之所欲,而恶意破坏其所属组织团体、公司。与狼群一样,公司并不需要全部员工都成为管理人才,因此,一味将升职作为奖励手段其结果一定是弄巧成拙。

有些人生来就像狼一样具有攻击性和竞争性,他们会想尽一切办法去得到自己想要的东西,他们位居社会的顶层。还有一些人生来就要像山羊一样安于现状、不思进取,只能位居社会底层。其中起起落落,充满了戏剧色彩。

我们常常听到这样的抱怨:为什么自己不是出生在一个亿万富翁的家庭,为什么自己的父母不是位高权重的人……充满了对命运不公的倾诉。上苍对所有的生命都是平等的,没有任何偏袒。羊无法改变自己的性格,但是人却可以改变自己的命运。与其像羊一样抱怨,不如向狼学习,拥有狼的进取精神,事业上的成功者,大都是掌握自我激励的人。一旦掌握自我激励,自我塑造的过程也就随机开始。

迈向自我塑造的第一步,要像狼一样,拥有一个你每天早晨醒来为之奋斗的目标,他应是你人生的目标。远景必须即可着手建立,而不要往后拖。你随时可以按自己的想法做些改变,但不能一刻没有远景。

世上最秘而不宣的秘密是,战胜恐惧后迎来的是某种安全有益的东西。哪怕克服的是小小的恐惧,也会增强你对创造自己生活能力的信心。如果一味想避开恐惧,他们会像疯狗一样对我们强追不舍。此时,最可怕的事莫过于双眼一闭假装他们不存在。

竞争给了我们宝贵的经验，无论你多么出色，总会人外有人，所以你需要学会谦虚。不管在哪里，都要参与竞争，而且总要满怀快乐的心情。要明白最终超越别人远没有超越自己更重要。

危机能激发我们竭尽全力。无视这种现象，我们往往会愚蠢地创造一种追求舒适的生活，努里设计各种越来越轻松的生活方式，使自己生活的风平浪静。当然，我们不必坐等危机或悲剧的到来，从内心挑战自我是我们生命力量的源泉。拿破仑说过："所有战斗机的胜负首先在自我的心理见分晓。"

不要消极接受别人的拒绝，而要积极面对。你的要求落空时，把这种拒绝当作一个问题："自己能不能多一点创意呢？"不要听见"不"字就打退堂鼓，应该让这种拒绝，激励你发挥更大的创造力。

凡事公司中卓越的管理者善于自我激励，更善于激励他人。积极面对竞争，不断奋发图强，才能在工作中有所突破、成就自己的一片事业。激励自己永不满足工作中现有的成绩，奋力开拓，去创造一个美好的未来。

磨练耐性

耐性十足的狼，利用时间磨练耐性。狼群在生存、猎食过程中，表现出来的忍耐，令人叹为观止。忍耐，就是接受一个过程、一段时间，并在这段时间、这个过程中默默地奋斗下去。

然而，对很多人来说，他们对待任务的认真态度还不如狼的万分之一。在工作中，他们总是十分浮躁，总觉得自己做的是小事。其实，这个世界上小事做不好的人绝对不可能做出大事来。能否认真地把一件事情做完是一个人能否取得成功的重要标志。

在狼的生命中，没有什么东西可以替代锲而不舍的精神，狼因此得以历尽千辛万苦生存下来。随着我们对社会的支配能力日益增加，我们有没有按我们应当做到的那样珍视锲而不舍的精神呢？

狼在捕猎的时候，通常是十次出击才会有一次成功，而正是这一次成功就足以使狼能够生存下去，并产生再次出击的激情。我们在工作中会遇到很多失败，但一定要有耐心去做事情，只有锲而不舍才能获得最后的成功。

从来没学会细嚼慢咽的狼似乎永远都处于高度的亢奋状态，它们往往一连几个星期地追踪一只猎物，搜寻这猎物留下的蛛丝马迹。狼群轮流协作，接力追捕，在运动中寻找战机。

狼群是人类之外最好学的一种动物，它们会持续长达好几天的时间，用以观察并监控被他们盯上的猎物群。令人惊讶的是，狼群绝不会在这个过程中，先露出丝毫的疲倦或厌恶，它们也不会对这群猎物做出毫无目的的追逐和侵扰行动。在这段期间，它们似乎满足于维持观察者的角色，仔细地分析并综合所观察到的猎物群成员的生理与心理状态。由此来说，狼的耐性比人类还要好。

狼的忍耐精神让狼独立与众生之中，它们不是最强大的动物，但它们绝对是自然界的强者。我们工作中就是需要狼的这种忍耐精神，只有先忍耐，才能再爆发。作为优秀的管理者，同样要拥有如同狼一般的耐性。

从狼群的忍耐磨练中，公司管理这可以获得很多益处，从而加强自身忍耐力的认识、培养及提高。忍耐力就是把痛苦的感觉或某种情绪抑制住，不是其表现出来的能力。

公司管理者在执行决策和处理问题时，对忍受困难、痛苦、挫折有长久的承受力，对于突发的一些事情，在情绪上能够把握住自己，不大喜大悲，有足够的自制力，这便于平衡心态、积蓄力量，等到时机一到，马上进行行动，赢得最后的胜利。

学会忍耐，要对来自外界的压力，有足够的承受能力，不能一遇到棘手的问题、困难以及痛苦，就脆弱地马上逃避，对其投降，这对问题的解决无一利而有百害。成功的公司管理者都是以极大的毅力和意志忍受着困苦，在艰辛中一点点地向前迈进，跌倒了再爬起来，终会达到成功的顶峰。

有韧性的人对突如其来的变故能够镇定自若的应付，承受得住打击，不改变初衷。一个人要有忍耐力，还要能实时地控制好自己的情绪，尽可能不让消极、对事物有害的情绪爆发出来。做到胜不骄败不馁，不把喜怒哀乐表现在脸上，影响他人和群体的情绪，影响大局的发展。

由此可见，学会忍耐，对自己情绪的良好控制，不仅可以缓和尖锐的矛盾，还能体现自己谦让大度的美德。意志的刚柔相济、顽强有力，是一个公司管理者意志良好的表现。

公司管理者只有在面临困难和失败时，具有顽强的斗志、持久的耐力，碰到机遇时，能够做出果断的决策，选择执行的合适方法，才能对事业有利，也才能算得上意志坚强。若缺少了一方面的因素，在意志的品格上都不算完整，称不上是具有良好健康的意志素质。所以，作为一个公司管理者来说，在意志上下功夫，即在果断性、忍耐性和顽强性上磨练自己是十分必要的。

第四章
善于谋略

谁是真正的丛林之王？狮子，整天怒吼不得人心，老虎，太仁义，要不怎么被狐狸骗得有点可怜呢？我们狼的家族避免了它们的种种缺陷，凭着我们敏锐的慧眼和善于计谋的大脑，加上我们的英勇顽强，我们征服的所有的动物。被封为江湖霸主，绝非浪得虚名。

运用谋略

狼从来不靠运气,它们对即将实施的行动总是具有充分把握。狼群的凝聚力、团队精神和合作训练成为决定它们生死存亡的决定性因素。正因为如此,狼群很少真正受到其他动物的威胁。

猎人、摄影者、研究人员,以及其他有幸目击狼群猎捕实况的人,时时回想起那一时刻,只能记起自己当场目瞪口呆,那种震撼只有"大自然的力量"能比拟!

"当命运已经有自己的道路时,已无须太多的语言。"一位观察者通过望远镜观察说,发现几天前狼群看起来似乎是漫无目的地跟着兽群,突然间,有气无力的狼群在一霎那间变得非常有冲动,变成一个合作、有力量、团结的团队,每一只狼也都知道策略的计划以及自己必须执行的人物。

狼群为达成目标所使用的策略是变化万千的,它们有时会使用非常复杂的战术来捕杀猎物。

有一句古老的谚语:"如果你不知道要往哪里去,任何一条路都将会带领你到达。"这句充满哲理的谚语,你是否了解他真正的含义?即使是狼,也会运用策略达成目标。不过在这一点上,狼群比人类可差得远了,人才是最会运用策略的动物。

每个公司首先有一个大的战略计划来指导公司做事情的大方向,如果每个人在做自己的工作时又能运用一定的策略技巧,可达到事半功倍的效果，为公司解约不少资源，使团队运作高效。

每个组织，不论规模大小，都需要一个战略计划，简而言之，战略就是方向和目标。如果你不知道自己要去哪里，那么那条路会把你带到哪儿？一个重要战略就是了解在当今的世界中你处在哪个位置，不是你希望自己曾经在哪儿或向往自己将来在哪儿，而是现在在哪儿，是努力去了解五年之后你想在哪儿，是估计达到目的的现实可行的机会。

很不幸，如果一群新经理们初次开会时，他们几乎没有人知道自己的任务与组织的目标，那么，就不会有条理分明的策略。如果问他们是否能达到自己生命中的目标及使命时，所得到的答案都是否定的。

经商中，如果只顾眼前利益，而不从长远利益去谋划，那么，到最后眼前利益也会失掉。一个精明的管理者，不但要照顾到眼前利益，为达到目的运用适当的策略，甚至就在眼前失利、陷入困境的情况下，也要去研究、规划公司的长远发展，把眼前的总是放在长远规划之中。

美国的《幸福》杂志一篇评论当代公司领袖必备的标准的文章中指出："那些畏惧矛盾，不敢有长远规划的公司最终将退出舞台，因为人们渴望追随的是那些具有远见卓识的公司领袖。"在工作中，我们也需要学习狼运用谋略的智慧。

第四章
善于谋略

知己知彼

狼也很想当百兽之王，但它知道自己是狼不是虎，所以不会单独攻击比自己强大的动物，就算不可避免地遭遇这些敌人，狼必须群起而攻之。兽群中的老幼病残是狼群的首选目标，狼会辨认出哪些是显而易见的牺牲品。

狼尊重每个对手，而不会轻视他。在每次攻击之前，狼都会去了解猎物，观察并记住猎物许多细微的个性特征和习惯，所以狼一生的攻击很少失误。

在围捕大型动物时，狼群一般都要跟踪观察好几天，等到这些动物吃了足够多的食物时，它们才开始袭击，因为这时候这些动物根本跑不快，抵抗能力也下降了许多。

狼群一般采取驱赶的策略，一但狼群出现，这些动物立刻四散奔逃，这时狼群就会各自追赶已经盯上的目标，这些目标都是狼群在观察时确定的。目标都是老弱病残或者有某种比较明显缺陷的，这样狼群就可以避免那些强大的对手带来危险。

从古至今，只要与狼的眼睛有过接触的人都有一种感觉，狼能看到一个完全不同的世界。它们看得比人类更远，洞察力也更深，而且，狼群还能够先行预测其他动物的下一步行动。

当然，猎物里面，较虚弱的、受伤的、年幼的、年老的成员，会很快的成为野狼猎捕的目标。但是，野狼的优秀绝非仅仅只是从猎物群中，辨别出易于捕猎的对象而已。狼甚至能够观察并记忆许许多多细微得连人类都无法察觉的性格特征与习性，所有的行为都被细心、耐心的狼记在心里。

人类居然号称是最聪明的动物，但我们的周围却充满着很多缺乏自知之明的人，他们或者志大才疏、自命不凡，或者妄自菲薄、缺乏自信，或者在兴趣方面朝秦暮楚、见异思迁，到头来年华流逝，岁月蹉跎。

自知与知人，关系到一个人的个人修养，关系到一个人的事业成功，关系到一个人的家庭幸福，关系到对不测的预防。这是一个人伴随终生的重大课题，也会是人生成功的重要条件。

商场上，只有洞悉对方的真实意图，体察到对方的强势弱势，才能真正掌握主动权。同样，只有真正了解自己的情况，对自己的优势和劣势了如指掌，才可能扬长避短，发挥己方的最佳优势和状态。

以利益为中心的商业活动中，经商实质上是一系列的博弈过程。在绝大多数情况下，只有双方都彼此了解对方，并且都清楚可能出现的结果，这样的博弈才可能是稳定均衡的，才可实现双方利益的最大化或亏损的最小化。

相反，如果在商场上处处尔虞我诈，根本不让对方知道自己的意图，或者对方也不清楚自己的意图，那么只能做一次买卖了。因为前一次博弈成了后一次博弈的历史背景，博弈方会以此作为后继博弈的前提条件，也就是说，任何一方都会根据前次博弈来判断对方的真实意图和诚信程度。

高明的管理者特别善于做长线生意，他们希望与对方做长久的生意伙伴，因此认真地对待对方，尽量让对方知道自己的意图和诚意。

这样，取得了对方的信任，才能长久与对方做生意，才能有稳定的收益，并且节省重新寻找生意伙伴可能支付的成本。

在大鱼吃小鱼、小鱼吃虾是的弱肉强食中，做到了知已知彼，就为自己的胜利提供了可靠的保证。而在经营活动中，掌握了对方的心理，了解了对方的喜好，对对方的弱点开展有针对性的经营就会取得卓越成效的成果。

一个优秀的管理者其实就应该如同狼一样，对环境有敏锐的洞察力，能从平凡的大自然中看到神奇的东西，能察觉到别人未曾注意到的情况和细节。能不断地发现顾客的各种需要和员工能力的各种潜力，并巧妙地利用这些，推动事业的发展。

知已知彼是百战百胜的前提条件，只有对双方的情况一目了然，才能捕捉到最佳的商机，为自己的商业活动找到更合适的突破口，取得市场竞争的更大胜利。

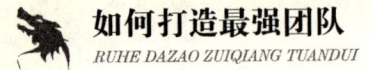

知己知彼，百战不殆

在《孙子·谋攻篇》中说："知己知彼，百战不殆；不知彼而知己，一胜一负；不知彼，不知己，每战必殆。"这句话的意思就是，在军事纷争中，既了解敌人，又了解自己，百战都不会失败；如果不了解敌人，只了解自己，胜败的可能性各占一半；既不了解敌人，又不了解自己，就会百战百败了。

不仅仅是古今中外许多军事家推崇"知己知彼，百战不殆"这一规律，它作为一种智慧、一种决策制胜方略，同样适用于社会生活的各个领域。

事实上，中外众多功成名就的企业家和众多长盛不衰的企业，都非常善于运用"知己知彼，百战不殆"这一谋略。

在美国《华尔街日报》上，有一篇这样的文章：

"没有别人比妈妈更了解你，可是，她知道你有几条短裤吗？"

然而，乔基国际调查公司知道！

"你妈妈知道你放杯里水里多少块冰块吗？"

可是，可口可乐公司却知道！

可以看出，在经营管理上，国外的某些公司为了真正做到"知己知彼"，对消费者有关情况的了解，竟然超过了母亲对儿女的了解。有的甚至是连消费者本人都不太知道或者从来没有了解过的东西或事情，他们却了解得一清二楚，几乎是毫厘不差！

第四章
善于谋略

例如：可口可乐公司经过深入细致的调查，知道人们在每杯水中平均放3.2块冰块，每人平均每年看到该公司的69条广告。

又比如说，麦当劳公司通过市场调查，准确地知道，在某个国家，每人每年平均吃掉156个汉堡包、95个热狗。而汉宝公司更是妙绝，它曾经秘密地调查过，消费者在使用卫生纸时是叠起来用还折起来用，甚至还有各自的比例是多少的记录。

美国的73%的企业都有非常正规的市场调研部门，专门负责对产品的调查、预测和咨询工作，每一个产品在进入新市场时，都要进行专门的市场调查，就是为及时了解到消费者的受用情况。

显然，"知己知彼"的重要手段之一就是深入细致的市场调查，这也是做出正确的经营决策的主要依据。如果不进行深入细致的市场调查，决策者又怎么能够做到"知己知彼"呢？做出正确无误地的决策更是不可能的了。

无论做什么事情，"知己知彼，百战不殆"这个指导思想都是十分重要的。这个道理似乎人人都非常明白，但是，在经营管理的实际操作中，能够真正地做到知己知彼的人，似乎没有几个。

在广州，某家用电器公司理所当然地认为南非既然是非洲国家，一定非常热，因此就只带去了冷风空调器。当到了南非后，才发现天气非常冷！后悔当初没有带冷热两用空调器去。

还有一家企业更为离谱，南非根本就不种植甘蔗！而带去的参展产品竟然是甘蔗大砍刀。类似这样可笑的"知己"不"知彼"的例子有许多许多。

虽然"知己知彼，百战不殆"这一经典智慧名言是我们的国粹，但是有许多的老外们对这一智慧却比我们更为精通，运用得更为细致、更加深入、更是值得称赞。

有这样一个例子：一位衣冠楚楚的外国人小心翼翼地敲开了一家住在北京市朝阳区普通居民的大门。这个外国人在主人的热情引导下，进屋后不仅仔细地观察了这套居室的布局和厨房、卫生间的结构，而且认真仔细地了解家中各种家电的品牌、功能，还向主人询问了有关购买和使用这些家电具体的情况。看到这位客人对所有家电都非常感兴趣，主人感到十分惊讶，一问才知道，原来这位客人就是瑞典伊莱克斯公司的首席执行总裁！

出乎意料的是，跨国公司的执行总裁竟然亲自深入普通老百姓家搞市场调查，对于我们的许多人来说，这可以说是不可思议的事情，但是，外国人却把这看作是一种必须的工作程序。从这里可以看出，他们对"知彼"的重视程度。

人们历来都视"知己知彼"为经营决策的前提，同外国人相比，我们的决策者在这一方面做得究竟如何呢？应当好好地反省一下自己，比如：是否对国内外的市场行情了解得很仔细、很深入？是否对消费者的潜在需求和消费心理了解的很透彻？是否对竞争对手的各种情况明察秋毫、了如指掌？是否对目前的潜在市场具有准确的预测和估计？类似的这些都需要我们好好反思一下。

上世纪90年代，有一家大型外资企业大踏步地成功进入了中国市场。刚开始，该公司的广告词就只有简单朴实的六个字：尊重人，看重人。再加上一个非常醒目的CIS形象而已。

当人们熟悉这个CIS形象之后，或者说是这个品牌形象已深入人心后，在家电市场上，我们会发现这个品牌的一系列产品有十多种，惊讶之余，同一品牌的系列办公用品又铺天盖地而来了；紧接着，可以

第四章
善于谋略

说是在全国所有的化妆品商场上，在非常显眼的位置上开出了同一风格的品牌专柜，从粉底霜到睫毛膏，几十个大大小小的漂亮玻璃瓶一应俱全，应有尽有，十分抢眼，众多爱美人士对此都是强烈的关注。

对于这些铺天盖地的整齐划一的铺货行动，可以看出当时运作市场的并不是等闲之辈，而是一群非常了不起的营销精英。

他们为什么能在这么短暂时间内迅速成功地占领市场呢？原因很简单也很复杂，那就是他们对中国市场的调查研究下足了功夫，做到了真正的"知彼"：对消费者有深入细致的了解和把握。

从这个例子来看，我们会很容易明白，"知己知彼"是商家做出正确决策的前提，它应当成为商家的座右铭，应当是商家经营决策的基本法则之一。

还有一个反面的例子：位于北京北二环路和新街口交叉路口，背靠商业区，又面临交通顺畅的二环路，有一家大白鲨酒楼店，地理位置相当不错。它是以经营广东粤菜、打边炉、蛇餐等为主要特色的酒楼。当你走进大白鲨酒楼，就会发现它处在风景秀丽的什刹海西海边。坐在一层楼的餐桌前，可以欣赏到窗外什刹海波光粼粼的湖面。清风吹来，让人感觉十分惬意。真可谓是一个品尝美食的好地方。

虽然这是一个地理位置优越、环境舒适典雅的餐厅，但是开业以来，人气却一直不旺，每到吃饭时间，上座率还不到30%。这是为什么呢？深入研究它的病症，不难发现，既不"知己"也不"知彼"就是它惨淡经营的根本原因。

酒楼内部的格局设计不实用，也不尽合理，比如，每一层都是小餐桌，最多只能容纳四个人同时就餐，没有大圆桌，对于多人就餐来说，就会非常不便。而且桌布的布置过于密集，给人一种非常局促的感觉。在经营项目上，大多数北方人对打边炉和吃蛇餐并不是很感兴趣，明显显得货不对板。这就是所谓的不知己。

另外，这有酒楼还不了解食客的偏好和需求。北京的食客遍尝大江南北各种菜系，吃来吃去还是觉得家常菜最亲切。北京菜馆这几年盛行的是北京菜、川菜、东北菜，而广东粤菜因为口味上与北方人差距较大，在北京始终难成气候。而且，北方人对蛇餐之类并不感兴趣。偏偏该酒楼的菜谱上有着恐怖的群蛇照片！显然，这与北京食客的偏好和需求是非常不相符的。这就是所谓的不知彼。

既不知己，又不知彼，又怎么会赢得市场呢？

不过，现在的大白鲨酒楼已经彻底更新换代了，取而代之的是京味大众菜、特色菜，因此生意也越来越好了。

所以说，成功开始于"知己"知己知彼者，百战不殆；不知彼而知己，一胜一负；不知彼，不知己，每战必殆。

马丁·舒华兹利是华尔街著名短线操盘手，他用了仅仅几年的时间就把4万美元变成2000万美元。他共参加过10次全美投资大赛中的四个月期交易竞赛项目，获得9次冠军，有一次仅以微弱差距列第二。他在这9次夺冠的比赛中，平均投资回报率高达210%，他因此所赚得的钱也几乎是其他参赛者的总和。在一次全美投资大赛中的一年期货交易比赛中，他创下了投资回报率高达781%的佳绩。借着参与比赛的方式，舒华兹证明了自己是全球最高明的交易员之一。

但是，在舒华兹还没有成为成功的专业操盘手时，他有10年的时间一直浮沉于股市之中。在交易生涯的初期，他只是一位证券分析师，然而正如他所说的，在这段期间，他经常因为交易亏损而濒临破产边缘。

第四章
善于谋略

　　1978年，舒华兹结婚，他的妻子对他的影响非常大，妻子对舒华兹说："你出来自己干好了。你已经34岁，而且不是一直想自己干吗？就算你失败，至多也不过再回头去干分析师罢了。"已经干了10年的证券分析师，而且已经开始对这份工作感到很厌烦，舒华兹知道自己必须改变，也知道自己要为自己而工作，不要再看客户或老板的脸色，为自己工作是他生活的最终目标。多年来，舒华兹一直在自怨自艾："为什么我总是不成功？"这一回，他下定决心必须成功。

　　舒华兹为了能达到他的成功梦想，首先和太太一起进行了自我分析。舒华兹喜欢自由，希望为自己工作，而他数学很好，对于数字反应快，适合短线操作，他还喜欢赌博，从事了证券分析师10年，热爱投资市场，曾经参加过美国海军陆战队，有良好的纪律性。舒华兹在经过一番分析后，给自己设定了一个目标：成为一个短线操盘手。

　　接着，舒华兹利用数年时间把4万美元变成了2000万美元。到了1989年，舒华兹组建了资本达8000万美元的投资基金，但经过一年多时间的运作，成绩并不理想。舒华兹再次进行了自我分析，发现业绩不理想的最主要原因是：大规模资金并不适合自己的短线操作风格。最后他果断解散了基金，重新操作自己的资金，每年获利颇丰。

　　古人云："知己知彼，百战百胜。"要想知彼就要先知己，自我分析就是了解自己，了解自己是一个思考的过程，并不是胡思乱想，而是一个人头脑中自问自答的过程，只有问好了问题，才能得到好的思考和自我分析；不好的问题，胡思乱想，最终不会有好的答案，分析不出自己的优势和劣势。所以，只有改善自己的劣势、发挥自己的优势，做到知彼知己，才能成为在市场上获取巨额财富的赢家。

欲擒故纵

狼知道狮子过于凶残而不得人心,老虎过于仁义而禁不起欺诈,猎豹过于君子而将机会拱手相让,大象过于憨厚只能任人驱使。而狼群的家族避免了这些缺陷,目光敏锐,勇猛顽强,善于计谋。所以,狼非常善于欲擒故纵、声东击西这一策略来战胜对手。

欲擒故纵,古人按语说:所谓纵着,非放之也,随之,而稍松之耳。"穷寇勿追",亦即此意,盖不追者,非不随也,不追之而已。武侯之七纵七擒,即纵而蹑之,故展转推进,至于不毛之地。武侯之七纵,其意在拓地,在借孟获以服诸蛮,非兵法也。故论战,则擒者不可复纵。而声东击西,就是当敌方指挥不当,军如无头之蝇,乱撞乱碰,就不能判明和应付突然事变的发生,这是指挥员失去分析判断情况的能力的一种征象。要利用敌人失去控制力的时机将其消灭。这一计真不失为一种妙计。

打仗,只有消灭敌人,夺取地盘,才是目的。如果逼得"穷寇"狗急跳墙,垂死挣扎,己方损兵失地,是不可取的。放他一马,不等于放虎归山,目的在于让敌人斗志逐渐懈怠,体力、物力逐渐消耗,最后己方寻找机会,全歼敌军,达到消灭敌人的目的。欲擒故纵中的"擒"和"纵",看似非常矛盾。但在军事上,"擒",是目的,"纵",是方法。古人有"穷寇莫追"的说法。实际上,不是不追,而是看怎样去追。把敌人逼急了,它只得集中全力,拼命反扑。不如

第四章
善于谋略

暂时放松一步，使敌人丧失警惕，斗志松懈，然后再伺机而动，歼灭敌人。

汉献帝初平四年（183年），曹操割据兖州后，派遣泰山太守应劭往琅邪到兖州迎其父曹嵩及家人百余口。途经徐州时，徐州牧陶谦为讨好曹操，特派都尉张护送曹嵩一行。不料，张杀死曹嵩及其家人，席卷财物而去。曹操于是就把账记在陶谦身上，他又以为父报仇为名，发兵攻徐州。

面对兵临徐州城下的曹操大军，陶谦自知难以抵敌，便采纳别驾从事麋竺的建议，请北海相孔融、青州刺史田楷前来相救。孔融就请刘备同去救陶谦。刘备遂欣然带领关羽、张飞、赵云和数千人马奔赶往徐州。

在徐州城下，刘备率军与曹军于禁所部小试锋芒，初战告捷，围困徐州的曹军也因此暂时缓解了危机。陶谦便急令将刘备迎入城内，盛宴款待。陶谦席间主动提出将徐州让给刘备，说："当今天下大乱，国将不国；公乃汉室宗亲，正当为国出力。老夫年迈无能，情愿将徐州相让。公勿推辞。我当自写表文，申奏朝廷。"刘备听后，感到非常愕然，就急忙推辞说："虽然我是汉室苗裔，但功德不足称道，任平原相犹恐不称职。本来我是为了义气前来相助。您这样说，莫非怀疑我有吞并之心？"陶谦表白说："这是老夫推心置腹之言，决非虚情假意。"但刘备只是推辞，始终不肯接受。麋竺见二人再三辞让，就说："现在兵临城下，且当商议退敌之策。待事平之后，再议相让不迟。"于是刘备写信给曹操，希望曹操以国家大义为重，撤走围困徐州之兵。正在此时，吕布攻破兖州，进占濮阳，威胁曹操后方。曹操就顺水推舟，卖个人情，接受刘备建议，就退出兵了。

曹军撤走后，陶谦见徐州转危为安，于是就差人请刘备、孔融、田楷等入城聚会，庆祝解围。饮宴既毕，陶谦再向刘备让徐州。刘备说："我应孔融之约救援徐州，是为义而来。现在若无端据有徐州，天下将以为我是不义之人。"糜竺、孔融及关羽、张飞等皆纷纷劝刘备接替陶谦治理徐州。刘备苦苦推辞说："诸位欲陷我于不义也？"陶谦推让再三，见刘备终不肯受，便说："如您必不肯受，那就请暂驻军近邑小沛，以保徐州，何如？"众人也都劝刘备留驻小沛，刘备才得以同意。

过了不久，陶谦染病，愈来愈严重，就派人以商议军务为名，把刘备从小沛请来徐州。陶谦躺在病榻上对刘备说："今番请您前来，不为别事，只因老夫病已垂危，朝夕难保；万望您以汉家城池为重，接受徐州牌印，老夫死亦瞑目矣！"刘备说："可让您的二位公子接班。"陶谦说："其才皆不能胜任。老夫死后，还望您多加教诲，千万不能让他们掌握州中大权。"刘备还是辞让，陶谦便以手指心而死。举哀毕，徐州军民极力表示拥戴刘备执掌州权，关羽、张飞也再三相劝。到这时，刘备才完全接受徐州大权，担任徐州牧。

从当时情况看，徐州并不是一颗好吃的果子，弄不好就会有惹火烧身的危险。即使徐州牧陶谦真心相让，其部下能否心悦诚服？这些都是很现实、很严重、很迫切的问题，刘备不得不顾虑！事实也的确如此，历史上刘备领有徐州不久，即先后受到过曹操、吕布、袁术的进攻，陶谦部下曹豹也反叛刘备而助吕布。以致刘备在徐州难以立足，最终被逐出徐州，先后依附袁绍和刘表。当然，徐州具有着重要战略地位，对于刘备来说，毕竟具有巨大的诱惑力。所以，陶谦死后，刘备在外有北海相孔融的支持、内有糜竺及徐州军民的广泛拥戴的情况下，便不失时机地同意接替陶谦任徐州牧，将徐州据为己有。真可谓是欲擒故纵的妙用呀！

无独有偶，诸葛亮七擒孟获，也是军事史上一个"欲擒故纵"的绝妙战例。蜀汉建立之后，定下北伐大计。当时西南夷酋长孟获率十万大军侵犯蜀国。诸葛亮为了解决北伐的后顾之忧，决定亲自率兵先平孟获。蜀军主力到达泸水（今金沙江）附近，诱敌出战，事先在山谷中埋下伏兵，孟获被诱入伏击圈内，兵败被擒。

按说，擒拿敌军主帅的目的已经达到，敌军一时也不会有很强战斗力了，乘胜追击，自可大破敌军。但是诸葛亮考虑到孟获在西南夷中威望很高，影响很大，如果让他心悦诚服，主动请降，就能使南方真正稳定。不然的话，南方夷各个部落仍不会停止侵扰，后方难以安定。诸葛亮决定对孟获采取"攻心"战，断然释放孟获。孟获表示下次定能击败你，诸葛亮笑而不答。孟获回营，拖走所有船只，据守泸水南岸，阻止蜀军渡河。诸葛亮乘敌不备，从敌人不设防的下流偷渡过河，并袭击了孟获的粮仓。孟获暴怒，要严惩将士，激起将士的反抗，于是相约投降，趁孟获不备，将孟获绑赴蜀营。诸葛亮见孟获仍不服，再次释放。以后孟获又施了许多计策，都被诸葛亮识破，四次被擒，四次被释放。最后一次，诸葛亮火烧孟获的藤甲兵，第七次生擒孟获。终于感动了孟获，他真诚地感谢诸葛亮七次不杀之恩，誓不再反。从此，蜀国西南安定，诸葛亮才得以举兵北伐。

诸葛亮七擒七纵，并非是感情用事，他的最终目的是在政治上利用孟获的影响，稳住南方，在地盘上，次次乘机扩大疆土。在军事谋略上，有"变"、"常"二字。释放敌人主帅，不属常例。通常情况下，抓住了敌人不可轻易放掉，以免后患。而诸葛亮审时度势，采用攻心之计，七擒七纵，主动权操在自己的手上，最后终于达到目的。这说明诸葛亮深谋远虑，随机应变，巧用兵法，是个难得的军事奇才。

在现今这个竞争激烈的市场，欲擒故纵也不失为一种妙计。作为一个经营者就要懂得：将要收敛它，必须暂且扩张它；将要削弱它，必须暂且增强它；将要废弃它，必须暂且兴起它；将要夺取它，必须暂且拿给它。

美国可口可乐公司，为了打开中国市场，并不是一开始就向中国倾销商品，而是采取"欲将取之，必先予之"的办法。先无偿向中国提供价值400万美元的可乐灌装设备，花大力量在电视上做广告，提供低价浓缩饮料，吊起你的胃口，使你乐于生产和推销美国的可乐，而一旦市场打开，再要进口设备和原料，他就要根据你的需要情况来调整价格，抬价收钱了。多年后，美国的可口可乐风行中国，生产企业由一家发展到数十家，销量、价格也成倍增长。美国商人赚足了钱，无偿给中国设备的投资早已不知收回几倍。这就是先让你尝到些甜头割舍不掉，然后再实施自己的计划。这种欲擒故纵之术，在商场中比比皆是。

1966年，武田制药公司推出了一项看似刺激消费的活动——"武田制药爱福彩卷"抽奖。此次抽奖设1600多名高贵奖品，参加的条件非常简单，只要消费购买维他命E百锭一盒，便可参加。具体要求是，消费者要在空盒上注明自己的姓名与住址，以及药房的店名地址。在空药盒雪片般寄来参加抽奖时，武田制药公司动员了许多专家来鉴定盒子的真伪。通过这一活动，他们最大的目的就是使假药上钩，这些假药和出售假药的商店多数都成了武田制药公司的瓮中之鳖。

商场如战场，对于一个经营者来说，要想更好打败对手，掌握欲擒故纵的计谋是必不可少的。

第四章
善于谋略

🐺 声东击西

狼群的形成是一个令所有人都会产生好奇与兴趣的话题，事实上，狼群就是一个狼的家庭，通常包括一对成年狼和它们的后代。有时它们的亲族也会加入进来，狼群随着一窝窝小狼崽的出生而逐年扩大。

随着时间的推移，这个狼群便会有六至九个成员了。狼崽在家里一直呆到长大成为成年狼，那时便离开家族区寻找自己的伴侣，然后开始组成另一个家庭。这样，狼群就不会变得过于庞大。有时候，尤其是食物较充足的时候，有些较大的狼崽也会和其父母一直生活下去，一旦猎物变少，大狼崽就会自行离开家庭。

然而，沦为独狼是十分可怕的事，成群的狼能让狮子逼退，而独狼的性命却如风中枯叶。每一群狼都有自己的领地，它们凭借嚎叫声和气味来划定疆界。几乎所有可以活动的地域都被狼群占据了。独狼是绝不敢贸然闯入这些领地的，独狼所能活动的地方大多处于狼和人的交界处。在这个狭缝里求生，需要时刻提防同类的仇杀和人类凶险莫测的袭击。

一只孤独的公狼和一只孤独的母狼在寻找自己的伴侣时相遇。一个新家庭便很可能形成。如果它们都很喜欢对方，便会以摇尾巴撞鼻子的方式向对方发出求爱信号，然后依靠在一起表态度。这种行为方式称为定亲，定亲活动可发生在一年当中的任何时候。

历代军事家早已熟知声东击西之计，所以使用时必须充分估计敌方情况。虽然方法只有一个，但是却可以变化无穷。

所谓的声东击西，就是忽东忽西，即打即离，制造假象，引诱敌人做出错误判断，然后乘机歼敌的策略。为使敌方的指挥发生混乱，必须采用灵活机动的行动，本不打算进攻甲地，却佯装进攻；本来决定进攻乙地，却不显出任何进攻的迹象。似可为而不为，似不可为而为之，这样敌人就无法推知己方意图，就会被假象迷惑，从而做出错误判断。

东汉时期，班超出使西域，就是为了团结西域诸国共同对抗匈奴。要想使西域诸国便于共同对抗匈奴，就必须先打通南北通道。莎车国地处大漠西缘，煽动周边小国，归附匈奴，反对汉朝。班超决定首先平定莎车。莎车国王北向龟兹求援，龟兹王亲率五万人马，援救莎车。班超联合于阗等国，兵力只有二万五千人，敌众我寡，难以力克，必须智取。班超遂定下声东击西之计，迷惑敌人。他派人在军中散布对班超的不满言论，制造打不赢龟兹、有撤退的迹象。并且故意让莎车俘虏听得一清二楚。这天黄昏，班超命于阗大军向东撤退，自己率部向西撤退，看似十分慌乱，故意放俘虏趁机脱逃。俘虏逃回莎车营中，急忙报告汉军慌忙撤退的消息。龟兹王大喜，以为班超非常惧怕自己而慌忙逃窜，就想趁这个机会，追杀班超。他马上下令兵分两路，追击逃敌。他亲自率一万精兵向西追杀班超。班超胸有成竹，趁夜幕笼罩大漠，撤退仅十里地，部队就隐蔽了起。由于龟兹王求胜心切，率领追兵从班超隐蔽处飞驰而过，班超立即集合部队，与事先约定的东路于阗人马，迅速回师杀向莎车。班超的部队如从天而降一般，莎车猝不及防，迅速瓦解。莎车王惊魂未定，逃走不及，只得投降。龟兹王气势汹汹，追走一夜，没有见到班超部队踪影，又听到莎车已被平定、人马伤亡较重的报告，他见大势已去，只好收拾残部，悻悻然返回龟兹。

声东击西一直被古人成功运用着，同样也适用于现今的企业中。

2000年的微波炉市场，当LG与格兰仕打得正不亦乐乎时，与格兰仕同处顺德的美的集团，却挟资金、渠道、研发上的优势发难，挺进微波炉市场。上市当年，美的硬是活生生地抢下了微波炉市场9.54%的份额。

卧榻之旁，岂容他人酣睡？对于美的的挑衅，以好斗为能事的格兰仕岂能坐视？格兰仕很快宣言：以20亿杀入空调市场。

虽然美的不是空调霸主，但是美的空调绝对是业内能说事的角。无论是谁，当你被一个偏执狂式的对手盯着发力时，心有旁骛总是在所难免的。当格兰仕高调宣扬将从美的人才队伍里"挖角"时，它的意图即可达到。格兰仕空调未曾火过，但在它的牵制下，美的微波炉的发展势头严重受制。

还有一个这样的例子：有一条街上有两家电影院，当遇到市场不太景气的情况下，两家影院的老板就会使出浑身解数争揽顾客。路南的影院推出了门票八折优惠，路北的影院接着就来了个五折大酬宾。对于顾客而言，在相同的情况下，当然都愿意去花钱少的影院，于是，路北的影院生意兴隆，路南的影院门可罗雀。

看到路北影院的大减价，路南影院的老板当然不会坐以待毙，于是一赌气，干脆来了个"跳楼大甩卖"——门票打两折。从当地消费水平和行业常规来看，影院门票在五折以下可以说已经毫无利润了，路南影院本来以为打两折，就可以把对手彻底挤垮，然后好再进行

"价格垄断",谁知他们刚刚把顾客拉过来,路北的影院接着就推出了门票一折优惠,并且每人另送一包瓜子。

路南影院想到路北影院居然这样做生意的,门票打一折是一元钱,一包瓜子少说也得一元,这等于是白看电影呀,路南影院的老板惊得直吐舌头,路北影院的老板是不是疯了?但顾客可不管老板是不是疯了,有这样天上掉馅饼的好事绝对不能错过,于是顾客纷至沓来,影院天天爆满。

但路南影院的老板又想出了另一妙方——宣告倒闭,关门了事。

每个人还都以为路北影院这时会恢复竞争之前的价格,但这个送瓜子的"赔本生意"却一直坚持了下来。

就这样,半年多的时间过去了,路北影院的老板买了奥迪轿车,房子也换成了高档别墅,一副发了大财的样子。原路南影院的老板对此百思不解,为了弄清真相,便通过朋友打探路北老板的经营秘诀。

在经过一番周折之后,他终于弄清了事情的真相:路北影院一元的票价,显然是赔钱的,送瓜子更是赔钱,但送的瓜子是影院从厂家订制的五香咸瓜子,看电影时嗑瓜子必然会口渴,老板便不失时机地出售饮料,饮料也多是精心挑选过的甜型饮料,顾客就会越喝越渴,越渴越买,食品的销量就会不断增加——放电影赔钱、送瓜子赔钱,但饮料却给那位老板带来了高额利润。

那个在"战争"中失利的老板终于明白了,路北影院实际上正是运用"声东击西"的技巧赚到了大钱,他采取了隐藏利润点、迂回赚钱的策略。利润点隐藏得好,顾客认为你做的是"赔本生意",就会觉得自己花的钱值,从而也就会痛快地掏腰包。这真可谓是经商中的大智慧。

第四章
善于谋略

　　欲擒故纵、声东击西这一计谋，古人已给我们做出典范，因此在这个竞争激烈的经济市场中，你就要学会掌握此计，灵活运用这一计谋，它将会给你带来意想不到的收获。

韬晦有度

在草原上,每只狼都明白:如果草场在减少而自己是一只羊,那么想吃的不再仅仅是草,我会磨尖牙齿,去寻找生肉。正因为狼非常懂得进退的尺度,因此,他们在竞争激烈的环境中生存了下来。

古人云:"木秀于林,风必摧之。"锋芒毕露的人很容易遭到别人的非议和敌视,在政治斗争中尤其如此。善于保存自己、激流勇退,不是消极地避凶就吉,而是为了养精蓄锐,待机而动,这就是韬光养晦。《周易·系辞下》:"尺蠖之屈,以求信也;龙蛇之蛰,以存身也。"隐藏自己的才华,隐蔽自己的真实企图或目的,这是力量不足、处于劣势时以保护自己,以待今后东山再起的良谋。善于断然退避,是一个人博大胸怀的具体体现。一个人只有懂得了韬晦有度、进退有方才能立于不败之地

思古量今,以史为鉴,以事明理,以理示人,与时并进,循循善诱;无论是在激烈的残酷的政治斗争中,还是在现实的生活中,都应该懂得进退之道和韬晦之计。

韬晦之计,铸就多少成功者。而我们更应该认真学习这一法则。韬晦之计有其极大的隐蔽性而具有极强的实效性,它往往攻其不备而持其制胜,取得事半功倍的结果。正确使用韬晦之计,是把握中国古代人生智慧的重要内容之一。当然,区分在使用韬晦之计经验时的善恶美丑表现也是必要的,因为任何手段只是达到目的的途径,绝不能

第四章
善于谋略

代替目的的本身。韬晦有度，永远是智慧的形式之一。

中世纪阿尔巴尼亚的民族英雄斯坎德。在很长一段时间里，是土耳其苏丹的宠臣，统治着阿尔巴尼亚的人民。当时，土耳其已经侵占了阿尔巴尼亚，为什么斯坎德甘心情愿地为其主子效劳呢？既然他是个侵略者的工具，为什么又要称他为民族英雄呢？

实际上，斯坎德是十分仇恨土耳其的侵略行径的，特别是在他幼年的时候，作为人质被扣留在土耳其的。仇恨的种子深深地埋在他的心坎中。但他是个有心计的人，使用韬晦之术，取得了土耳其苏丹的欢心。苏丹送他进军事学校学习，并委以重任。他也俨然以土耳其的贵族自居，从根本上讲，似乎忘记了自己是阿尔巴尼亚人。

斯坎德受到了土耳其苏丹的信任后，尤其是当上了阿尔巴尼亚行政长官之后，就开始与各地的反土耳其力量联络，百姓们也希望他能够领导阿尔巴尼亚人民进行复国运动。但斯坎德认为这不是一个好时机，绝不能轻举妄动，否则就会前功尽弃，并且会给人民带来更大的不幸。

后来，被土耳其占领的匈牙利人民开始起义了，斗争的烈火越烧越旺，土耳其统治者为了镇压起义，从阿尔巴尼亚抽调兵力。斯坎德终于等到了有利时机，他从紧张的前线抽兵回地拉那，以迅雷不及掩耳之势，控制了阿尔巴尼亚的所有军事要塞，成功地完成了复国任务。

当土耳其调集大量军队进攻刚复国的阿尔巴尼亚时，斯坎德却将部队化整为零，巧妙地隐蔽起来，并且传出风声："斯次德已经躲进深山老林。"

这是斯坎德的又一韬晦之计，他自知敌不过土耳其的大军，也了解阿尔巴尼亚各部族首领的妥协动摇性，所以从公开的战场转入到地下斗争。他不失时机地调动部队，并加以集结和训练。正当土耳其庆贺再次征服阿尔巴尼亚时，斯坎德的大军犹如从天而降一般，出现在地拉那附近，不知所措的土耳其人就这样被包围了。

斯坎德在这次战争后，牢牢地控制了阿尔巴尼亚的局面，不仅使侵略者闻风丧胆，那些动摇和妥协的贵族也信服了斯坎德。因此在欧洲，一个新兴的阿尔巴尼亚就崛起了。

有时，形势不利于自己，你可以在表面上装疯卖傻，给人以碌碌无为的印象，隐藏自己的才能，掩盖内心的政治抱负，以免引起敌人的警觉，专一等待时机，实现自己的抱负。这就是韬晦之术。三国时期，曹操与刘备青梅煮酒论英雄的故事，就是个典型的例证。刘备早已有夺取天下的抱负，只是当时力量太弱，根本无法与曹操抗衡，而且还处在曹操控制之下。刘备装作每日只是饮酒种菜，不问世事。一日曹操请他喝酒，席上曹操问刘备谁是天下英雄，刘备列了几个名字，都被曹操否定了。忽然，曹操说道："天下的英雄，只有我和你两个人！"一句话说得刘备惊慌失措，深怕曹操了解自己的政治抱负，吓得手中的筷子掉在地下。幸好此时一阵炸雷，刘备急忙遮掩，说自己被雷声吓掉了筷子。曹操见状，大笑不止，认为刘备连打雷都害怕，成不了大事，对刘备放松了警觉。后来刘备摆脱了曹操的控制，终于在中国历史上干出了一番事业。

无独有偶，三国时期，年仅八岁的曹芳在魏国的魏明帝去世后继位。从此，朝政由太尉司马懿和大将军曹爽共同执掌，曹爽是宗亲贵胄，飞扬拔扈，绝不让异姓的司马氏分享权力。

他为了剥夺了司马懿的兵权，就采用了明升暗降的手段。

立过赫赫战功的司马懿，如今却大权旁落，他心里非常怨恨，

第四章
善于谋略

但曹爽势力非常强大，恐怕一时斗不过他。于是，司马懿称病不再上朝，曹爽当然非常兴奋。他心里也明白，司马懿是他当权的唯一潜在对手。一次，他为了探听虚实，派亲信李胜去司马家。

其实，曹爽的心事早已被司马懿看穿，司马懿对此有所准备，李胜走到司马懿的卧室里，看见司马懿病容满面，头发散乱，躺在床上，由两名侍女服侍。李胜说："好长时间没来拜望您了，不知您病得这么严重。现在我被任命为荆州刺史，特来向您辞行。"司马懿假装听错了，说道："并州是近境要地，一定要抓好防务。"李胜忙说："是荆州，不是并州。"司马懿还是装作听不明白。这时，两个侍女给他喂药，他吞得很艰难，汤水还从口中流出。他装作有气无力地说："我已命在旦夕，我死之后，请你转告大将军，一定要多多照顾我的孩子们。"

李胜回去向曹爽作了汇报，曹爽喜不自胜，说道："只要这老头一死，我就没有什么好担心的了。"

249年2月15日，天子曹芳去济阳城北扫墓，祭祀祖先。曹爽带着他的三个兄弟和亲信等随行护驾。

司马懿听到这个消息，认为好时机来到，就立即调集家将，召集过去的老部下，迅速占据了曹氏兵营，然后进宫威逼太后，历数曹爽罪过，要求废黜这个昏君。在无奈之下，太后也只有同意。接着，司马懿又派人占据了武库。

当曹爽闻讯回城后，大势已去。司马懿以篡逆的罪名，诛杀曹爽一家，终于独揽大权，曹魏政权也就有名无实了。

进退有道

奔跑速度快过野马,在雪地里一口气飞奔35公里可以不停息,在距离两公里远的地方即可嗅到捕猎动物的味道,这不是凭空捏造的超级英雄,而是一种真实存在的动物——狼。

狼的大小因其生存环境的不同而大有差异,北部地区狼的个头较大,爪子较宽,皮毛较厚,体重可达60公斤;而南方的狼相比要小得多,体重一般在30公斤以内,某些生活在中东地区的狼体重甚至轻至十几公斤。

狼包括尾巴在内,大约长1.4米至2米。狼站着的高度,肩膀高平均在65厘米之95厘米。狼不同于虎和豹,它是一种群居动物狼群狩猎的时候是靠集体的力量,既有明确的分工,又有密切的协作,齐心协力战胜比自己强大的对手。许多大型动物不怕单独的狼,但是一群狼,一群有着团队精神和严密组织与配合默契的狼,足以让狮虎豹熊等猛兽色变,足以使任何比其更为凶猛的猛兽汗颜。

《三国演义》里有一句话说:"处世不分轻重,非丈夫也。"可以看出古人对立身处世的重视,同时也说明处世对一个人的重要。处世要懂得应对进退,懂得分寸拿捏,就好比"跳探戈",能进的,向前跨进一步,不能进的,就要后退一步。总之,你要避免踩到别人的脚,否则这支舞就跳不下去了。

《尚书·旅獒》说:"为山九仞,功亏一篑。"只差一筐土而没有成功，前功尽弃，这是谁造成的？孔子回答说：是自己。

同样的道理，我们要填平一块土地，虽然现在才倒一筐上去，但如果我们锲而不舍地坚持下去，最终大功告成，这是谁造成的？孔子回答：还是自己。

所以，进退成败都在自己，而不是像韩信那样："成也萧何，败也萧何。"

就以韩信的事为例，成，萧何只有举荐之功；败，萧何只有谋划之力，而无论举荐还是谋划都只是外在的因素，真正内在的决定因素还在于韩信自己。因此，严格说来，不是"成也萧何，败也萧何"而是"成也韩信，败也韩信"。推而广之，则是成也自己，败也自己。

既然如此，我们就不要把进退成败的原因推之于外在的因素。不要怨天尤人，而要着力于把握自己，把自己的命运牢牢掌握在自己手中。这当然不是说不要外部条件和环境，不讲机遇，而是说，一切外部条件、环境和机遇也都是靠自己去创造、形成和抓住的，一切都要通过自己本身而起作用。

还是《国际歌》那几句唱得好：

"从来就没有什么救世主，

也不靠神仙皇帝。

要创造人类的幸福，

全靠我们自己！"

对个人来说，也依然是如此：进退成败都在自己。

对于处世的进退之道，要注意以下四点：

第一，处治世立威望

正所谓："君子之德风，小人之德草。身处太平盛世、社会安定时,就要养成道德威望。草上之风必偃。"德风威望不是造作而有,是慈悲的流露,是德行的显发。有威望的人自能受人尊重,受人信赖,无论团体、机关、组织,领导人的威望,是带领团队或组织走向盛治的条件,也是创造意义价值的关键。

第二,处乱世用圆通

当社会秩序混乱,人我伦理关系失常时,就不能一味守成不变,必须圆通一点。圆通不是没有原则,而是不要太过计较细节,不要太过执着成规。观世音菩萨因为耳根圆通,所以能寻声救苦;金山寺妙善禅师因为善巧度化,解决众生苦难,所以被称为"活佛",在举世滔滔时,有一点圆融方便,才能通达人情,自利利人。

第三,处高处要谦恭

所谓"高处不胜寒",当你的事业愈大、地位愈高时,就愈要懂得"低头"的哲学。名企业家张姚宏影曾说:"我所以有今天的成就,是向多少人弯腰鞠躬后才有的。"慈航法师也说过:"如果要人讨厌你,你尽可挺胸昂头!"谦虚恭敬不是客气,也不是虚伪,它是发自内心的柔软,是对人事物的尊敬、接受。处高位者能谦恭,就像金字塔一样,稳重而厚实。一个人愈懂得谦虚恭敬,才会更有人缘。

第四,处低处勤用功

有的人常有"生不逢时"、"怀才不遇"之叹。其实,如果你真的很有能力,可是生不逢时;或是你很有德行,却不受人重视。处在这种低潮的时候,不要着急,也不要失望,只要你养深积厚,做好"蓄势待发"的准备,一旦因缘成熟,不怕不会龙天推出。所以,一个人"不患无位,患所以立",只要自己有实力,何患无成。

古人说:"夫乾坤覆载,以人为贵,立身处世,以礼仪为本。"

第四章
善于谋略

懂得进退得宜，出入有序，是做人处事的基本条件，否则纵使周知天下事，不懂进退，总是愚痴。尤其，在进退间恭敬，在往来时宽厚，更是立身处世之道。

如果一个人言语举止没有分寸，就会有人批评他"不知进退"；如果一个人待人处世合乎法度时，就会有人说他"进退中绳"。当一个人"进退维谷"时，就是说他陷入前进不了，又后退不得的窘境；一个人临事张皇失措，就是"进退失据"。一个人如果只知"进步"，那他只拥有一半的人生；还要懂得"退步"，才是完整的生命，所以，我们即要会进，也要会退。

圆满的人生，要像跳探戈一样，有进有退。如何进？何时退？其道甚大，必须运用智能，才能真正体会"韬晦有度，进退有方"的深奥。

避实击虚，巧获胜

狼在遇到强大的对手时，就会运用避实击虚的策略。因此他们知道以硬碰硬往往会两败俱伤，所以，当他们面对的对手非常强大时，就会找准对方的弱点，然后再向弱点进攻，就可以获胜了。

"避实击虚"是孙子重要的用兵思想。

《孙子·虚实篇》指出："夫兵形象水，水之形，避高而趋下，兵之形，避实而击虚。"又说："出其所不趋，趋其所不意。行千里而不劳者，行于无人之地也。攻而必取者，攻其所不守也。"这些话表达的都是一个意思：用兵打仗，应该避开敌人实力雄厚之处而攻击其空虚薄弱的地方，这样就能"行而不劳"、"攻而必取"，较容易地赢得战争的胜利。

在处世之中，常会与其他人发生一些小的磨擦，如何能避开唇枪舌战而巧妙地达到和解的目的呢？或者当你的能力不允许你与对方正面交锋，你如何应付呢？

有这样一个小例子：

在美国经济大萧条时期，有一位17岁的姑娘好不容易才找到一份在高级珠宝店当售货员的工作。

在圣诞节的前一天，店里来了一位30岁左右的贫民顾客。他衣衫褴褛，一脸的悲哀、愤怒，用一种不可企及的目光，盯着柜台里那些贵重的高级首饰。这时，姑娘要去接电话，一不小心，把一个碟子碰翻，六枚精美绝伦的金戒落到地上。

她慌忙捡起其中的五枚，但第六枚怎么也找不着。这时，她看到那个30岁的男子正向门口走去，顿时，她意识到戒指在哪儿。

当男人的手将触及门把时，姑娘柔声地叫道："对不起，先生！"

那男子转过身来，两人相视无言，足足有一分钟。"什么事？"其间，脸上的肌肉在抽搐。

"什么事？"

他再次问道，充满着一种说不出来的哀怨神情。

"先生，这是我第一次工作，现在找工作做非常不容易，是不是？"

姑娘神色黯然地说，眼眶中充满着哀伤的泪水。

男子长久地审视着她，终于，一丝柔和的微笑浮现在他脸上。

"是的，的确是这样的。"他回答。

"但是我想，您在这里会做得不错。"

停了一下，他向前一步说，伸手与她相握。

"我可以为您祝福吗？"

他转过身，慢慢向门走去。

姑娘目送他的身影消失在门外，转身走向柜台，把手中握着的一枚金戒指放回了原处。

没有批评，没有苛责，然而，姑娘却成功地要回了青年男子偷捡的那一枚金戒指。兵法中话"避实就虚"是因为"虚"比"实"易攻，而且会对"实"产生巨大的影响。而人与人相处的过程中，最关键的"虚"莫过于攻心，以情感人。

如果这个姑娘以硬碰硬，先不说戒指能否要回，必然会给她在店里留下不好的影响，怎比得上运用"绕指柔"将它消于无形呢？我们要相信世间的美好，相信人的心灵，只要我们真诚以待！

商场如战场，在商战中，避实击虚也同样适用。如果"不战而全胜"是你的战略目标，那么"避实击虚"就是达到这个目标的关键。通过集中你公司的资源来攻击竞争对手的致命弱处，你就会获得成功。

日本人开发出的"精工表"，打败了具有百年历史的瑞士名表"欧米加"就是很好的一例。很多人都知道，瑞士表是凭钟表调整师的技术取胜的。调整师谙熟机械手表的性能，对调整机械表的温度差、姿势差等整合差有着世界最高的技术水平。在这一点上，日本人只能望其项背。精明的日本人善于避实击虚，精工集团遂将目标转向石英表以期突破。石英表的运行机理是在石英上通入电流，使其发生伸缩性规律振动，然后将此振动以电气的方法连结马达来划出时间。从振动的精确性而言，机械表根本无法与石英表相比。只要拥有耐震的能力，石英表计时并不受温度等变化的影响，能达到非常精确的程度。

在瑞士，有一项纽沙贴夫天文台钟表比赛，实际上，是专门为弘扬瑞士表的威名而设置的，是一场世界钟表行业的擂台赛。在1968年，当日本人把他们的精工表拿来比赛时，15块石英表个个都排在了瑞士表的前边。这样的比赛结果对瑞士人来说就好似当头挨了一闷棍，久久无法回过神来。瑞士厂商在沉重的打击下，忧心冲冲，坐立不安，直到第二年才把得分表寄往日本，同时不公开名次，并宣布从此停办纽沙贴夫天文台的钟表竞赛。这代表着有着百年辉煌历史的瑞士钟表黄金时代已经宣告结束。

第四章
善于谋略

从那以后，日本精工集团又开发出了"大众化、小型化"的石英表，使其为多数人所接受，在市场上站稳了脚跟。十年以后，石英表凭借其低价格和高质量的优势，很快占领了欧美市场，并且成为钟表业的主流。如今，"精工"已成为享誉世界的著名商标，精工企业是全球闻名的大钟表生产公司。在与"欧米加"的竞争中，"精工表"获得了巨大的胜利，夺走了瑞士"钟表圣地"的美誉。

春秋时期大谋略家管仲说过："攻坚则韧，乘瑕则神"，孙子也说过："兵之形避实而击虚"，指的就是这个道理。对于一个聪明的企业决策者，他会运用这一规律，以取得制敌的主动权，大敌当前决不冒然出手，而在机动中收集信息，寻找对手的脆弱部位，然后集中力量，一举击中其要害。这正如技艺高超的庖丁解牛时，决不用刀乱砍，而是瞧准关节之处下刀，这样做不必费很大力气就可以把牛肢解了。

再来举一个企业的例子。凯马特（Kmart）从1990年开始，设立了153家新的折扣商店共花了三年的时间，并对原有的800家商店进行了翻新，这是它斥资30亿美元要与前景看好的沃尔玛（Wal-Mart）进行较量的战略。当时，沃尔玛正从乡村地区向凯马特所在的市区扩张。作为回应，凯马特的CEO发起了针对沃尔玛的直接进攻，降低了数千种商品的价格以提高自己的竞争力。为了弥补其他商品的降价损失，凯马特开始增加能够带来较高利润的服装的销售。五年之后，这个付出巨大代价的直接进攻战略被证明是不成功的。凯马特的新店在执行该战略的最初三年里，每平方英尺的销售额由167美元下降到了141美元。凯马特所购进的服装不是积压在库，就是以清仓价甩卖。同时，沃尔玛为了竞争，将价格降到了同样水平，凯马特也未能用低价格将顾客从沃尔玛吸引过来。沃尔玛的一位经理这样说："道理非常简单，在廉价方面没有人能够超过我们。"

在1995年初，凯马特CEO被董事会迫使辞职。这位CEO对沃尔玛优势的直接进攻给公司造成了巨大损失：使凯马特的市场份额从35%下降到23%，利润下降或为负数，股票业绩平平。而在这段时间里，沃尔玛的市场份额却增加了一倍，达到了40%；利润迅猛增长，股票价格也涨了四倍。

避实击虚的原则使发生的这一切都十分清晰明了。凯马特在沃尔玛的优势——成本结构上与其较量，因而失败了。它没能在运营成本上取得比沃尔玛低五个百分点的优势。就像沃尔玛的一位经理所说："全面的价格战代表着他们破产会比我们快5%。"

在商业竞争中，对于一个战略家来说，你可以有几种途径来效仿这种方法，并创造出一种以自己的优势来对抗竞争对手弱势的态势。

山东惠民县地毯厂是一家从事手工地毯生产的老厂，有着30多年历史。在20世纪80年代初期，这家厂产品积压，严重亏损，濒临倒闭。为了挽救危机，走出困境，他们在对国内市场进行细致分析后，又对国外市场作了认真调查。从多年的资料中可以看出，欧洲与美国是世界最重要的两个手工地毯销售市场，但欧洲市场大部分被伊朗、巴基斯坦、土耳其等国占领。由于欧洲人的绅士风气很浓，地毯喜欢传统名牌，而伊朗等国的产品正适合欧洲人的嗜好。在竞争激烈欧洲市场中，强手如林，打进去是非常困难的。再看美国市场近几年手工业地毯需求量大增。美国经济发达，消费观念比较开放，不求传统名牌，只要产品质量好，价位合适，就会畅销。中国手工地毯正好适合美国人的需求。于是，该厂筹集资金，进行技术改造，大干快上，向市场紧缺而需求量大的国家和地区打开销路。从20世纪80年代中期的年产3000平方米，发展到20世纪90年代末的3万多平方米；从面临亏损倒闭发展到年创利税200多万元、年创外汇400多万美元。在商业竞争中，正是"避实而击虚"的战略方针给这个厂带来了勃勃生机。

用自己的优势攻击竞争对手的弱势，还可以采用其他方法。

中国那句俗语"同行是冤家"说的就是这个意思。那么对于从事同一行业的经营者来说，尤其是暂时处于弱势的一方，如何战胜对方，以取得更大的市场份额，是需要苦心研究的问题。兵家反败为胜讲究知己知彼，避实击虚，攻其弱处。

创建于19世纪90年代的世界著名的百事可乐公司，大约与可口可乐公司同时诞生，但是，当20世纪30年代时，可口可乐已成为美国软饮料市场的垄断者，而百事可乐才刚刚从二次破产的烂摊子中喘过气来。百事可乐公司也曾在1933年试图转让给可口可乐，但没有成功，公司领导人格斯面对极为困难的局面决定采取"避实击虚"的战略。当时，一瓶6.5盎司的可口可乐售价5美元。格斯决定以同样的价格进行销售，但百事可乐一瓶为12盎司。由于当时正处于萧条时期，消费者很快对百事可乐公司的举措做出了反应，所以百事可乐公司在不到三年里扭亏为盈。到20世纪30年代末，百事可乐已经坐上了美国软饮料市场的第二把交椅，它的12盎司瓶装可乐占到了所有碳酸饮料销售量的四分之一，这一数字大约是百事可乐1935年市场份额的四倍。而可口可乐公司则由于一些关键的合作伙伴公司——装瓶商，不愿花费更多资金，改变装瓶的生产，使得可口可乐公司直到22年后，才向市场投入了大容量装的可乐。而这时的百事可乐，已经在全国建立了稳固的地位。

目前，许多商家在服装市场上，大多注重生产和销售青年人的服装，把商场陈列得五彩缤纷、琳琅满目，而对于中老年人爱穿的服装，既缺乏生产的厂家，销售的商店更是难以找到。台湾台北市有一家十分有名的专做中年妇女成衣的服装公司，其创业的动机是因为该公司的经营者走遍全市所见全是年轻女性的成衣，而买不到适合中年妇女穿的衣服，所以决定开设这样一个公司。由于她调查了市场的供货情况，在经营方针上"避实而击虚"，在生产品种上又根据顾客要求不断灵活变换，这家服装公司开业以来，不但生产红火，效益良好，而且又迅速地开出三个分店。

在日本，有一家名不见经传的生产表带的小厂，由于其产品难以与生产名牌表带的大厂家抗衡，所以在产品的经销中屡屡失败。怎样才能反败为胜呢？厂长想出了一个好主意，他提出："要想反败为胜，就要找出名牌表带的弱点，瞄准它，攻破它。"功夫不负有心人，他们终于找出了名牌表带的弱点，它和普通表带一样，有时，特别是在炎热的夏天，容易让人皮肤过敏或长痱子。厂长就发动职工想办法克服这一弱点。经过研究，他们想出了在表带上皮和下皮之间夹一层聚丙稀薄膜的新工艺。也正是因为这一点，使这家小厂在经营中反败为胜，该厂在后来发展成日本一流的表带生产厂家。当有人请厂长谈成功之道时，他说："瞄准产品的弱点加以克服是非常重要的。即使是大厂家，也要继续瞄准弱点，寻找克服这些弱点的对策，这样就能不断获得成功。"

李政道先生说过："要想在研究工作中赶上、超过人家，你们就一定要摸清在别人的工作里，哪些地方是他们的缺陷。看准了这一点，钻下去，一旦有所突破，你就能超过人家跑到前头去了。"所以，想反败为胜，就必须勇于"瞄准弱点"，勤于"瞄准弱点"，善于"瞄准弱点"。

瞄准弱点，巧妙地攻击对方的弱处，从而显己之长，是每一个老板进行生产经营必须学会的一招。在商业竞争中，善于运用这种"避实而击虚"的战术，就能较顺利取得可观的经济效益。

功成身退

在草原上，狼是所向无敌的，但它们从不称王，仅是在寂静的原野上，自由地奔跑。正是这种见好就收、该收场时就收场的生存智慧，才让它们成为草原上的强者。

你见过风往一个方向吹吗？你见过谁在赌桌上永远赢下去吗？物极必反，盈满必溢，月盈而蚀，盛极而衰。世人就是不愿意明白见好就收的道理，越是精明的商人越不愿见好就收。

吕不韦奇货可居，无论头脑、眼光、魄力无人企及，堪称历代商人的极至，却落得一杯毒酒。沈秀与天子共筑城墙，犒天子军，元季第一富户不也落个流放而亡？郑芝龙号称海上霸主，坐拥金山，却在陆上问斩。江春上交天子，下接权贵，财富曾教帝王叹，身后令其子生计艰窘。胡光庸红顶商人，可谓叱咤一时，晚景未免过于凄凉。

难道商人就只配四个字"风光一时"？或许如此，除了帝王业可父传子，子传孙外，又有什么能真正世袭罔替？金钱无疑是流逝最快的东西，向来有言：富不过三代。

中国历史上的商人，哪一个不是一等一精明的主，都曾显赫一时，却往往不得善终，连子孙后世甚至自己的晚年都恩泽不了。

天下只有一种人在赌场是赢的，那就是他赢一次就再也不进赌场的人。"不管什么买卖，我都为它设定一个极限值，当价格滑落到某个极限值左右就必须要出售，这样损失就不会太大。"这就是人人皆

第四章
善于谋略

知的刹车理论。正如他所说的价格低到极限值时该出售,可价格高于极限值时怎么没人出售呢?

一旦你已经赚到了你理想的利润,就必须出售,这告诉我们:做人应该懂得功成身退、见好就收的道理。

巴尔塔沙·葛拉西安,《智慧书——永恒的处世经典》的作者,他从人的需要角度讲,劝戒人们要功成身退、见好就收,切忌过于贪心,踏着欲望攀升的阶梯,无止境地被欲壑所累。他写道:"所有高明的赌徒均行此策。退得妙恰如进得巧。一旦获得足够的成功——即使获得了更多的成功,都要见好就收。联袂而来的好运总是可疑的,最好是好运和厄运交错而来,这样还可以使人享受苦中带甜之乐。当运气来得太猛烈时,它很可能会摔倒并把什么东西都撞得七零八落。有时候幸运女神会给我们补偿,拿持续性来换取我们的紧张感。如果她长期的把某个人背在背上,她一定会感到非常疲倦的。"

的确,一个人如果利欲熏心,把个人的欲望无休止地延伸,势必会碰得头破血流;如果一个人能够正确地对待自己的需要和欲望,正确地处理自己的情感、欲望和现实的矛盾,并调节的非常合理,那么他就能够活得自在潇洒。正所谓:"知足为幸福快乐的源泉。"

从古至今,有许许多多的典型事例,也证明了这个道理。

公元223年,刘备进攻东吴兵败,落了个损兵折将的结果,悔恨交加郁郁寡欢,闷闷不乐,得起病来。起初,病势还比较轻,过了不久,病愈来愈重,他就决定请诸葛亮到永安(东征的大本营)来。诸葛亮接到刘备的诏书后,叫益州治中从事杨洪在小心辅助太子刘禅的同时,要特别注意汉嘉那一头,不可马虎。在一系列的军机大事安排妥当后,诸葛亮就和尚书令李严一起去永安了。

刘备本来想，见到诸葛亮后要隐藏内心的痛苦，不让别人看出，但是悔恨交加的泪水仍不断地从他的双颊流下。他一面流着眼泪，一面对诸葛亮说："我不听从丞相的话，执意去东征，在猇亭被打败了，兵将损失过半，现在后悔也晚了。"说到这里，他注视诸葛亮："这段时间，我经常想起当年我们在隆中初次见面的情形，现在还历历在目。想不到这次兵败，又患了重疾，我怕寿命不会久长，不能再跟丞相共事了。"说后，禁不住恸哭流涕。

诸葛亮听了也难过得流下泪来，他安慰刘备说："过去的事就让它过去吧，不要再去想它，以免再添烦恼和忧愁。请陛下好好安心休养，最要紧的是恢复圣体健康。"

但不久后，他的病更严重了。在临死之前，托诸葛亮帮助自己的儿子刘禅治理好天下，并且语重心长地说："你的才能比曹丕高出十倍，必定能够把国家治理好。要是嗣子可辅，你就辅佐他；如果他没有治国的才能，就请你自己在西蜀称王。"诸葛亮听了，汗流遍体，手足无措，泣拜于地说："臣怎么敢不鞠躬尽瘁？我情愿拿死来报答陛下。"说罢，叩头流血，涂了一地。刘备注视着诸葛亮，又是感激又是难过。接着，就吩咐李严代写遗诏，留给太子。遗诏上写道：

我刚开始得病，只是下痢，后来又加了其他的病症，就越来越严重，怕不能治愈。一个人活到50岁，已不算短命，我已经60多了，还有什么可恨的呢？我只是放心不下你们几个弟兄。你们必须自己勉励自己。凡是坏事，别认为小就可以做；好事，别认为小就可以不做！只有德行好，别人才会信服你。你父亲德行不是很好，不能立个榜样。你跟丞相共事，要像伺候你父亲那样伺候他。你和你兄弟们必须努力向上，要切记切记！

第四章
善于谋略

虽然刘备在过世前把太子托付给诸葛亮,甚至还说出在太子不才的情况下,允许他"在西蜀称王",但是,无论刘备胸怀多么宽广,多么依赖诸葛亮,也不可能有把王位让给丞相的雅量!毕竟,当时太子刘禅已经17岁了,而且还有刘承和刘理两个儿子,是不可能把自己辛苦打的天下拱手让给臣子的。他在说让诸葛亮自为主子时,其实是暗示他以后不要夺权。所以,诸葛亮泪落涕零,发誓要一辈子帮助刘禅治理国家,尽他全部精力去工作、奋斗,直至死亡。他在《前出师表》中所写的"鞠躬尽瘁,死而后已",这两句话也表现出了他的忠心耿耿。

诸葛亮可以说是文武全才,也深知"知足,不失为幸福、快乐之本"的人生真谛,所以,他以"鞠躬尽瘁,死而后已"的精神辅助刘备。刘备死后,他不仅没有凭借刘备的言语趁机称帝,而且还"竭股肱之力"辅助后主刘禅。后来,东吴和曹魏都想趁着刘备归天的机会向蜀汉进攻,诸葛亮带兵顽强抵抗,结果累垮了身体,死在五丈原(今陕西眉县西南)的军营中,当时只有54岁。他一直到死,都在为国家的事务操劳,却从没有过霸权的私心。所以,为后世所称颂!他活着的时候,一直受到刘备和后主刘禅的尊敬、信赖和爱戴,他死后,其言行都流传下来,其智慧和品德成了后人学习的榜样。试想一下,如果当时他权欲太大,不懂得功成身退、见好就收,那就毁了一世的英明。

俗话说得好:"一山难容二虎。"当你挖空心思玩弄诡计时,也就埋伏下深深的危机。对于一个聪明人来说,在成功时要懂得见好就收,这是避免祸殃的明智之举,如果成功后还不知足,那就会遭人之忌,甚至遭人之害了。所以,诸葛亮的智慧是值得学习的。

第五章

在变化中求生存

狼群在袭击羊群时,还要顾忌到牧羊犬的数量。牧羊犬相当凶猛,如果狼与之进行一对一的较量,虽然能够获胜,自己也会受伤,所以它们一般都会避免与牧羊犬进行正面交锋。在行动之前,狼群一般通过嚎叫来试探牧羊犬的数量,如果回应的狗吠声音庞大,就证明了牧羊犬数量众多。这时,狼群一般都会放弃袭击计划或者想方设法将牧羊犬引出去,然后才开始攻击羊群。

第五章
在变化中求生存

纵横天下绝对不是运气

狼从来不靠运气，它们对即将实施的行动总是具有充分的把握。狼群的凝聚力、团队精神和训练有素，成为决定它们生死存亡的决定性因素。正因为如此，狼群很少真正受到其他动物的威胁。

美国激励大师阿尔伯特·哈伯德曾说："世界上最公开的秘密就是你在面对困难时只要比别人稍微努力一点，你就会成功。"在市场竞争或职场拼杀中，要想超越别人而成功，成为最能干的人，你就必须能办最困难的事。最困难的事，当然就存在最大风险。很多人在工作中最怕的就是承担风险，宁可"永远安全"地呆在一个职位上，对于困难他们总是退避三舍。实际上，想永远安全的他们并不安全，真正的危险正悄悄降临——退化危机。困难是地狱和天堂的分水岭：趟过困难之河就到了天堂，趟不过去的就成为地狱的居民。成功的人就是那些迅速应付困难的人，他们不会把困难看作地狱，而是把它看作黎明前的黑暗。但是没有人轻易取得成就。成功的人无不经历了无数的困难和挫折，无不承受了无数的苦痛和煎熬，在经历狂风暴雨的洗礼之后，才见到人生的"彩虹"。

爱迪生在成功找到灯丝材料之前，已经失败了数千次。但是伟大的发明家不畏困难，把失败当作又一次不成功的经历，终于走出挫折的迷途，给全世界人民带去了智慧的光明。

亨利·福特从12岁开始，进行了无数次失败的实验，不知多少人劝导他不要再做不可能的事了，然而福特一直坚持，永不放弃，终于在29岁成功设计出人类第一辆汽车。

总之，优秀的员工都是从困难中走过来的，困难的存在是永恒的，逃避困难，就等于拒绝接受成功。困难锻炼人，困难考验人，困难造就强人。我们应该感谢困难，越是困难的事情竞争者越少，机会和效益也越大，越是困难的事情越值得我们去做，一个人如果能把有难度的事情做成功，才能得到更多人的欣赏、承认和尊重，才能有更多动人的故事被人接受和传颂。每部名人传记，都是面对困难并战胜困难的人生经历。对于一个公司来讲，只有拥有解决问题、不怕困难的团队，才能在残酷的竞争中立于不败之地。所以老板最需要、最欣赏的员工就是能解决问题的员工。那么如果你想在职场中获得成功，就要做好吃苦的准备，做好接受挫折的准备，做困难的事，做其他员工不敢做不愿做的事，那你已经成功了一半。也许有些员工会抱怨困难的艰巨性和人力的局限性，这是弱者的借口。他们不敢向困难的任务挑战，是对自己的不负责任，做工作不仅仅为了公司和老板，也是为了自我发展和提高。你只有在公司舞台上把每一出戏特别是难演的戏演好，你才能受到上司的青睐和信任，才能脱颖而出。困难来临的时候，机会也在慢慢浮出水面，行动决定了一切。

请记住这句话：困难，太棒了！别人没有发生的事，竟然发生在我身上，让我又有一次成长的空间！让我们在回家的路上，面对冰天雪地大声的呐喊：让暴风雪来得更猛烈些吧！一个人一旦学会了坚强，再大的困难也无法阻挡。看着这白雪皑皑的世界，让我们齐声颂读："风雨送春归，飞雪迎春到。已是悬崖百丈冰，犹有花枝俏。俏也不争春，只把春来报。待到山花烂漫时，她在丛中笑。"成功就是

第五章
在变化中求生存

跨越困难的历史,在最困难的事中恰恰蕴藏着最大的成功。抬起你勇敢的脚步,向人生的苦难发起挑战,去拥抱成功吧!

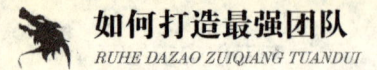

变与不变的思考

有时候,我会深深地感叹,狼在某些方面所具有的智慧,是人都不能与之相比的。

变与不变,以不变应万变,以万变应不变。我们似乎进入了中国禅学和太极推手的讨论话题了,显然这对我们太深奥了。我们只是从狼身上发掘这种智慧——这种很少有人掌握的智慧。

人类有时候会固执得可笑,即使某种制度漏洞百出,即使许多人都对它满腹牢骚,即使改革势在必行,但当改革真的实行时,却会遇到很多阻力。许多人不喜欢改变,一成不变的生活是他们最满意的生活,他们害怕改变,无论这种改变是否会给他们带来利益,所以他们会想尽一切办法阻挠改革。一旦改革已经成为不可改变的事实,他们也不想去接受,而是像鸵鸟一样逃避,认为那些与自己根本就没有什么关系。

著名的狼学专家博比·卡耐特博士在他的专著《动物之王》中写道:"有时候,我会深深地感叹,狼在某些方面所具有的智慧,是人都不能与之相比的。……狼群有自己的社会组织结构和组织纪律,狼群有自己的信仰,狼群有自己的生活准则和生活目标。为了自己的信仰,为了自己的生活准则和生活目标,它们愿意付出一切,甚至牺牲生命也在所不惜。但有的时候,它们却会毫不犹豫地改变平时遵循的一些原则。对变与不变的把握,充分体现了狼族的生存智慧。要知

第五章
在变化中求生存

道：这些智慧即使是人也很少能够完全掌握。"

自然界的生态状况和食物链的普遍存在决定了每种动物的生存状况，并调节它们的生存数量，"物竞天择，适者生存"是自然界的法则，自然界通过这个法则控制着生态的平衡。一旦某种动物的数量太多，它们就得不到足够的食物，得不到足够的食物，就要有一部分因饥饿而死。只有那些强壮的个体才能通过自己的努力获得足够的食物，才能存活下来。狼群每年都会因为饥饿而死亡一部分，为了避免更多狼死亡，为了使狼群都能得到足够的食物，狼群会自觉地控制自身的数量。

在一个狼群中，只有领头的阿尔法狼和它的唯一配偶可以有繁衍后代的权力，其他的公狼和母狼都没有这样的权力。阿尔法狼是狼群中最优秀的狼，而它的配偶也是母狼中的佼佼者，它们的交配所生育的后代，保证了狼群后代的质量，这大概类似于人类的"优生优育"吧。虽然狼群中的其他狼没有生育后代的权力，但它们却有养育共同的"子女"的义务。这样狼群中所有的狼都细心照顾它们未来的希望，保证幼狼吃到充足的食物，受到更多的保护。自然，幼狼的成活率就比较高，这样会减少因为家族成员的频繁死亡带给它们的痛苦。同时，合理地控制了狼群的数量也有利于生态的平衡。

有的时候自然环境会骤然改变，狼群会因为失去了生存的环境而大量死亡；有的时候因为人类的滥杀无辜，狼群的数量急剧减少。这种情况下，狼群就会迅速改变以往遵循的"生育政策"，不仅阿尔法狼和它的配偶可以生育后代，其他的公狼和母狼都可以在狼群内部甚至其他狼群中寻找配偶、生育后代。狼群的生存是它们的第一要义。

狼群对捕食对象的选择也体现了它们灵活变化的智慧。由于某些不确定的因素，自然界的某一物种会突然减少。驯鹿是狼群非常喜欢的食物，捕猎也比较容易。但当驯鹿的数量减少时，狼群就尽量减少对驯鹿的捕杀，而是将目光转移到其他动物的身上。因为它们知道，在驯鹿数量急剧减少的情况下继续捕杀驯鹿，就很容易造成驯鹿的灭绝，以后它们就再也不能捕食到驯鹿了。

对"变与不变"的合理掌握是具有智慧的表现。一个人如果掌握了"变与不变"的合理尺度，他就能在瞬息万变的社会中既保持自己的立场和原则，也能适应时代潮流。我们通常会认为年轻人敢于变化，敢于求新，但没有明确的原则和坚定的立场；而老年人一般过于坚持己见，惮于改变而显得过于固执，缺少新意。的确，在我们的生活中并不是每个人都能掌握"变与不变"的智慧，有些人即使希望自己能够做到这样，也因为能力的原因不能如愿。

对于现代员工来说，只是按部就班地完成眼前的工作显然不够。在这个竞争激烈的时代，只有那些不仅把自己的本职工作做得十分出色，在其他方面也能为公司、团队做出贡献的员工才是优秀的员工。优秀的员工不仅按上司和领导的要求完成了工作，而且完成得比上司和领导想象的还要出色。优秀的员工，会在团队出现某些问题或需要改变时，及时向上司提出建议或者改革方案，即使那并不属于他的职责范围内的事情。但是领导者和管理者们会因为他的"管闲事"而批评他或者炒他的鱿鱼吗？显然不会，我们的管理者们都在等待这样的员工出现。这些，都充分体现了优秀的员工一定具有敏锐的观察力，并且敢于变化，敢于提出自己的想法，敢于"越职"。

优秀的员工不仅要有求新求变的精神，还要有自己应该遵循的原则和立场，这不仅是工作的需要，也是一个人个性和品格的体现。在

第五章
在变化中求生存

这些原则和立场上,体现了一个员工对职业、对工作的认识。优秀的员工会按照自己的原则行事,即使受到再大的诱惑,他们也不会出卖公司的利益,不会出卖自己的同伴,更不会出卖自己的灵魂;即使受到再大的威胁,他们也不会就范,他们不怕牺牲自己的利益甚至自己的生命,因为一旦放弃了自己所坚持的原则和立场,他们就失去做优秀员工的资格甚至是做人的资格。

市场千变万化,竞争激烈。这是我一直在强调的句子。今天的企业团队要比以前复杂得多,而今天的企业团队生存环境也比以前复杂得多。企业领导者要领导一个比以往复杂得多的团队在一个更为复杂的环境中创造出更加突出的成绩,的确是极大的挑战。正如美国前总统卡特在会见汽车之神李·艾柯卡时所说:"企业领导者这个职业大概与总统职业一样富于挑战性吧?我想,如果让你来当总统,你肯定很在行。"

一个企业、一个团队要想在这种复杂的环境中生存,就必须适应这样的环境,既要有自己的原则立场和团队文化,又要敢于变革,敢于创新,以适应新情况的出现,这样才能在竞争中立于不败之地。

一个团队,应该有自己平稳而长久的发展计划和目标,但在按计划前进的过程中,会遇到许多以前所没有想到的情况发生。而这些新情况里面就有可能孕育着极大的机会。在过去的岁月中,这些机遇摆在了许多团队面前,但只有那些敢于变化、敢于创新的企业团队才能抓住这些机遇,从而创造了一个又一个经济神话。

杜邦公司是美国最著名的化工集团,该公司在19世纪只是个军火商。20世纪初,杜邦决定进军化工产品。当时美国的化学染料工业十分落后,这使一战中的美国严重依赖德国的进口产品。战后,美国决定对本国的化工业进行保护和扶植。杜邦公司看准了国内市场和国家政策，大力发展染料工业。因为有美国政府的保护，价廉物美的德国化工产品并不能冲击杜邦的产业。于是，杜邦的染料工业很快发展起来，几年后就可以跟德国抗衡了。

变化、革新有时候需要很大的勇气，有的人即使意识到了变革的必要性，也没有变革的勇气。因为变革一旦失败，他们将受到很大的伤害。但他们却没有看到问题的另外一面：如果不进行变革，他们同样会在未来遭受巨大的损失，而变革就有成功的可能，成功的变革将为他们的事业开创出一片崭新的领域。

包玉刚投身航运业以后，经过短短十几年的发展，就成为享誉世界的船王。1978年，就在他的船运公司发展到事业的最高峰时，包玉刚却做出了一个令所有人惊讶的决定：减船登陆。因为他预见到世界航运的衰退即将到来。伴随着石油危机，各国对石油运输的需求量相应减少，庞大的油轮此时便成为负担，其昂贵的费用会使船主一夜之间就倾家荡产。包玉刚意识到这个危机后马上把大部分油轮卖掉，此后的四五年中，他卖掉了超过一半的船只，用这些钱偿还了所有的债务。几年之后，世界航运进入萧条期，许多船运公司负债累累，以至于破产倒闭，而包玉刚的远见使他顺利地避过了大萧条时期的灾难。之后，他进军房地产业，收购九龙仓和会德丰，迅速建立起业务广泛的陆上商业王国。

假如包玉刚也像其他船运公司的老板一样，一味地扩大规模，那么他也会遭到灭顶之灾。企业和团队的领导者真正能成就大事的，都是那些善于观察，敢于变革的人。

第五章
在变化中求生存

以不变应万变

多少年来,狼的狩猎对象不断发生变化,但狼可灵巧的适应可得到的猎物,顽强地生存下来。当然,始终没变的是狼的自由、智能、顽强的本性。狼处理变化能力,是它们之所以能在与人类同时并存并成为世界上最成功、最持久的哺乳类动物的主要因素。所以狼很会适应新的环境,并且在新环境中,以最快的速度掌握新的生存技巧。

西尔斯公司不仅是美国也是世界上最大的私人零售企业之一。它拥有30多万名职工,仅仅印刷在商品目录上的连锁商店就有1600多家,另外还有800多家供应契约商,其子公司也遍布于欧美的各大城市。

西尔斯公司由理查德·西尔斯于1886年创办,如今已经有100多年的历史了。它经历了美国社会生活的几次大变革,跟上了潮流,在稳定中增长和发展,成为美国经营最成功和最赚钱的企业之一。西尔斯公司虽在采用尖端技术领域并无令人瞩目的贡献,但它对美国消费者的购物及生活方式,都产生了很大的影响,在西方商业界享有"零售业科学院"之美誉。

西尔斯这个历经百年不衰的"百货王",其主要成功经验是:决不墨守成规,而是随着形势变化而变化。

西尔斯公司初创时期,主要以美国农民为供应对象。当时美国农村比较落后,交通不便,农民的需要与城镇消费者又不相同,农民购买力虽不高，但总体上却是一个巨大的市场，要开拓这个市场，非采取一套有针对性的经营方式不可。首先是组织生产和提供符合农村需要的商品；其次是要做到价格合理，供应稳定，产品耐用，还要克服交通不便的困难，准时付货，建立良好的商业信誉。

西尔斯公司的创始人理查德·西尔斯原来只是一个铁路货运的钟表代理商。因为几次被顾客拒绝收货，影响了他送钟表的生意，他在无可奈何中想到利用邮局寄送，结果非常的顺利。由于他对美国农村市场的特点了如指掌，于是，经过大胆创新，逐步形成了一套行之有效的新型销售和经营策略。西尔斯经常收购一些因积压欠债而遭扣压的商品向农民兜售（这些商品绝对没有质量问题），登一次广告、做完一笔生意就告收盘。这种类似于交易会的零打碎敲的买卖，使他狠赚了一笔钱。西尔斯还在邮购商业方面动脑筋，对于印刷邮购用的产品手册、沟通邮购渠道、建设邮购专用工厂等，都均有建树。不过，由于受当时条件的限制，加之他本人缺乏高超的组织能力，所以，尽管他以自己的名字创建了西尔斯公司，但使公司真正走上大企业轨道的，却是他的继任者。

1895年，米利斯·洛森沃尔德加入了西尔斯公司，他对公司的发展，特别是邮购业务的扩展，起了极其重要的作用。

当时，邮购商业的特点是利用信件订货，然后再通过邮件付货，从而把本应有买卖双方面对面成交的市场延伸到了消费者的家庭之中，也就是顾客足不出户，坐在家里根据店方发出的商品样本或广告订货单，即可订货。买主卖主不谋一面，便可以完成一笔交易。其实，邮购商业并不是西尔斯公司首创的，但使邮购逐步发展成为重要和大规模的零售商业形态的却是西尔斯公司和洛森沃尔德。

第五章
在变化中求生存

洛森沃尔德基于当时美国农村交通不便、农民进城购物困难的状况，认为邮购非常适合他们，于是他对邮购业务倾注了大量心血，并采取了一系列大胆措施。例如，他从市场调查分析入手，精心编印了非常实用的邮购商品样本，坚持了"保证满意，否则原款退还"的经营方针，建立了一个高效的组织管理系统，让管理人员既有应有的权力，又有明确的担负责任，他的经营原则是既要物美又要价廉，真正做到成本尽量的降低、售价最大化的便宜，以薄利多销来赢得顾客。此外，他还坚持品质必须要保持到最好的。从本世纪初起，洛森沃尔德便在西尔斯公司总部所在地芝加哥成立了邮购工厂，他采用标准的流水作业方式生产出物美价廉的商品。西尔斯公司与各主要制造商还建立起了一种与其说是购买，不如说是代理的特殊关系，从而保证了质高价廉的商品源源不断地提供给众多的消费者。洛森沃尔德的经营规模不断地扩大，1900年营业额仅110万美元，而10年后却增长到了6100万美元。又过了10年，即1920年，已增长到了245亿美元。他当年经过深入调查编印的邮购商品手册上，农民需要的所有生活用品一应俱全，从农业机械零部件到及帽鞋袜锅碗瓢盆，无所不有，至今还仍被一些商业学校用作教学的参考，"如不满意，原款退还"的方针，把买方提心吊胆改变成为了卖方兢兢业业。到了70年代中期，西尔斯公司邮购营业额每年都有数十亿美元之多，遥遥领先于美国和世界其他同行。如今，西尔斯公司大力推行的邮购商业，在美国和其他发达国家，都已具有相当的规模，而美国的邮购总额更是不下1000亿美元，德国也有100亿马克，日本也超过了1万亿日元，英国也有30多亿英镑，意大利也达到了13万亿里拉。

上世纪20年代后期，伍德接了洛森沃尔德的班，领导着西尔斯公司向更高的层次迈进。伍德早年在西点军校学习，毕业以后到菲律宾服役，又到巴拿马参加当地的开发计划。第一次世界大战晋升为将军，主持军需物资的供给、采购及运输，得到过联邦政府勋章。战后被西尔斯公司聘为副董事长。他针对当时美国市场的变化，尤其是农村市场的变化，采取了新的经营策略。紧随市场变化而变化，他一方面继续抓好邮购商业，另一方面，则以更大力量着重发展门市零售——零售商店，扩大服务对象，同时为城市居民和农村消费者服务。从1925到1929年，西尔斯陆续开设了324家零售店铺。到1931年，零售营业额更是超出了过去邮购销售的营业额。

西尔斯公司零售商店的激增，使其提出了加强商店管理的新课题，可是过去成功的邮购业务，并没有也不可能为公司培养商店管理人才，伍德在他任公司经理的头十几年时间里，对提拔、挑选、培养人员的工作，抓得紧而又紧。这种重视培养人才的作风，一直延续至今天，这也成为西尔斯公司不断发展、不断成功的重要因素。另外，邮购业务是高度集中的，不多的邮购业务即可供应全国，而遍布纵横几千里美国大陆上的零售商店，却不能事事均由总公司亲躬，必须有更有效、更合理的管理层次，各地区商店的独立经营和公司的统一领导，又是缺一不可。既要实现中央集中采购，又要多店铺分散销售，因此伍德采用了采购部门的集权管理与销售部门分权管理相结合的新的经营组织。1948年，西尔斯公司的最高管理机关是董事长、负责商品的副董事长，负责人事的副董事长以及负责计划与控制的五人小组与各地域事业副董事长组成的联合管理机构。

伍德在西尔斯任职期间，实施了一系列重大的改革措施，其中最重要的就是连锁经营体系。连锁商店是在同一资本下经营性质相同

第五章
在变化中求生存

的店铺的综合体,它们挂同样的招牌,用同一个店名,陈列和装潢形式也基本一样,经营的商品类别也大体一致。由于连锁商店其规模巨大,是可以统一进货,统一宣传的,这样不但使进价的费用大大降低,而且还使本来巨额的广告费分摊到每一店铺的时候减少了很多,在激烈的商业竞争中必然处于有利地位。西尔斯连锁商店不仅在美国本土上获得很大的发展,其触角还延伸到了加拿大和欧洲。

50年代初期,西尔斯公司又首创了郊区型购物中心。融商业、服务业、娱乐业为一体的购物中心,甚受人们的欢迎,很快遍及了整个美国。郊区型购物中心的出现,不仅是商业设施上的一大改革,而且对美国消费者的购物习惯、生活方式甚至城市都产生了很大的影响。

到了1954年,领导了近30年的伍德退休并离开了西尔斯公司。此后,西尔斯公司的总裁等高级领导人员每几年就更换一次,公司的经营方式也随之而发生一些变化。总的来说,50年代以后的西尔斯公司涉足的经济领域更广泛了,不仅是百货大贾,而且还成为了世界上最大的宝石商和美国最大的书肆之一。六七十年代以后,西尔斯公司不仅成为了经营艺术品的大买家和大卖家,经过发展又继而将经营范围扩展到了不动产业和金融业之中。

可以说,西尔斯公司的成功,无疑是与他各界领导者的灵活应变和紧跟市场的节奏分不开的,也正是其领导者的不墨守成规,敢于创新,才有了西尔斯公司今天的辉煌。

在变化中求得生存与发展

狼比我们更深切地知道,世界上唯一不变的是"变"的道理。我们从中得到启示,必须以变应变,在开拓创新中求生存求发展。当今时代是信息化高度发达的经济时代,我们必须认识到:未来世界不是一个故步自封的世界,而是一个充满竞争的世界。市场竞争是一场不进则退、永无止境的竞赛,现实要求我们在变化中求生存,在变化中求发展。

1952年,京剧大师梅兰芳先生所在的慰问团来到朝鲜战场上,为志愿军和朝鲜人民军演出。由于条件不好,舞台是搭在露天下的,如果演出时,再遇上刮风,演员很有可能会出丑。

一天,梅先生出演《贵妃醉酒》,由姜妙香、萧长华二位助演裴力士、高力士。那天就赶上有风。演到后半部,杨贵妃在百花亭醉酒,已有醉意,但唐玄宗还是没有来。杨贵妃心里烦闷,便拿伺候她的两个力士耍笑。戏里有杨贵妃把高力士的帽子戴在自己凤冠上的情节,称为"冠(官)上加冠(官)"。梅先生刚把高的帽子戴在自己凤冠上,由于风的原因,不想帽子竟掉在了舞台上。

这时,如果演员心里慌乱,自己蹲下身子再去捡,或者不捡,都必让观众知道出了失误,还有可能引起哄笑。此时,梅先生没有慌乱,他继续做出醉态,向扮高力士的萧长华先生一指,然后再向舞台上的帽子一指,示意他把帽子捡起来,再由自己戴上。萧先生领会其

第五章
在变化中求生存

意,把帽子捡起来,递在梅先生手里,随说:"瞧您醉成这个样儿,留点儿神吧!"梅先生又重新把帽子戴了上,戏继续演下去了。而台下观众和台上演职员的人,谁都没觉得这处是个失误;都认为是梅先生在这儿加了戏,突出表现杨贵妃的醉态。

还有一次,在政协礼堂演《凤还巢》,演到程雪娥遵照父亲的意思,在帘子里偷偷相看书生穆居易的相貌时,有"遵父命在帘内偷觑才郎"等几句唱,在这几句唱中有个"回龙"腔。那天梅先生一时失神,竟然把这个"回龙"腔给忘了。当时很多演员都用眼睛盯着他,拉胡琴的先生也并不知道梅先生忘腔,手里的胡琴照样往下拉。就在此时,梅先生做了几个看中穆居易、点头、羞涩的动作,用动作把这个没唱出来的腔遮盖过去。也是前台懂戏,后台大伙儿,全认为是梅先生是加强表现程雪娥相中即将成为自己夫君的人,从而产生强烈的羞涩,故意把下头的腔省略的。那天电台录音的人也都认为梅先生在这里表演得很细腻。

戏演完了,梅先生却告诉后台的录音人:"今天这出戏可先不要播,看才郎时那个'回龙'腔,我不知怎么一点也想不起来了,才用动作遮掩了过去。可不能让学这出戏的人这么学了去,那可是谬种流传。"但大伙儿却说:"您今儿个表演得可真好啊!"梅先生说:"今儿个的这个表演,保留下来,那个腔以后还得照旧唱。"

可见,老艺术家梅先生的随机应变,不仅使他扭转了失误,而且还达到了意想不到的效果。由此说明,一个能保持高度清醒和冷静、随机应变的人,在危难之时也能寻找到生活的真谛。

当狼靠近猎物时,会咬住猎物后腿踢不到的位置,像肩部、臀部、颈部等。狼群为达成目标所使用的策略是变化万千的,这就是狼性的多变，它们会随着环境的变化而变，因为这是它们智慧的生存法则，狼群也是凭借这种高明的策略而达到最终目的的。

说到以动制动、灵活应变，有人可能会认为主要体现在用兵之上，其实，在实际生活中，处理事务也应当这样。以动制动，也可以算是对"以静制动"理论的发展和延伸。当然，这里所说的动，并不是主观、盲动（冒险），而是要积极主动、灵活应变。

宋代罗大经在《鹤林玉露·临事之智》曾云："大凡临事无大小，皆贵乎智。智者何？随机应变，足以得患济事者是也。"从一定意义上说，智者的随机应变，也正是出人意料，见风使舵，以变应变之人。

在1966年，现代著名的文学家林语堂从美国回到台湾定居下来。同年6月，台北某学院举行毕业典礼，特邀林语堂参加，并请他即席演讲。安排在林语堂之前的几位颇有身份的演讲者，发表了冗长乏味的演讲，令台下听众昏昏欲睡。轮到林语堂时，他抬腕看了看表，已是十一点半了，于是就改弦换调。他快步走上讲台，仅说了一句话："绅士的演讲应该像女人穿的'迷你裙'，越短越好。"然后就结束了演讲。他的话一出，大家先是一愣，几秒钟后，会场上"哗"地响起一片笑声，接着与会者用最热烈的掌声表达他们对这位优秀演讲家的拥戴。在第二天台北各大报纸上均出现了"幽默大师名不虚传"的消息。

这里，不难看出林语堂面对昏昏欲睡的听众，所采取正是出人意料、见风使舵、随机应变的策略，并且收到了神奇的效果，充分展示出了以变应变之术的魅力。

由此可见，不管是战场还是生活，都要随着形势的变化而变化，

第五章
在变化中求生存

因为世界是一个不断变化的世界，只有适应变化才能生存。"适者生存"是自然界的不变法则，而这个"适"就是一种以变应变。

在一家大公司的CEO招聘会上，有200多个人落选，只有一个人当上了这家大公司的CEO。

为了考察应聘者的随机应变的能力，主考官便出了这样的一道题：如果在一个下大雨的晚上，你下班开车路过一个车站，看见车站里有三个人，一个人是曾经救过你命的医生，一个是生命垂危的病人，一个是你做梦都心爱着的人，请问，在你的车只能坐两个人的情况下，你会选择谁来坐你的车？

在那些应聘者当中有的人说选老头，把老头送进医院再说；有的人选择医生，因为这位医生曾经救过他的命，把医生送到医院再叫救护车救那个老头；有的人选心爱的人，结果考官们都一个个地摇了摇头。

直到有个人进门后，仔细地看了看题，那个人抬起头自信地说："我会把车交给医生，让他送老者去医院抢救，至于我，会陪着心爱的人一起等车。"考官们听后，露出了高兴的笑容，这个年轻人被录取了。

正是因为这个年青人的随机应变的能力得到了考官的赞赏，所以才被录用了，随机应变反应出了一个人的智商有多大，是否能够把某些事情应付得来。

在一个聪明人的眼里，认为每一天都会是他们新生命的开始。因为人生是一条奔腾不息的河流，永远不会停留在一个地方，也不会停留在某一阶段，它需要不断地超越。超越，是升华，是突变，是人生不可缺少的阶段。正是这种超越，才使人类从愚昧无知的远古走到文明昌盛的今天。

像那些视艺术为生命、把科学看作是灵魂的人，他们是从来都不会停步的，伟大导师的非凡创造便是超越生命的典范。哥白尼的日心说，拿破仑的壮举，莎士比亚、巴尔扎克的传世之作，马克思的革命理论……他们超越了时空架起的天然丰碑，征服和影响着这世界上世世代代的人们。

有一位很孤独的年轻画家，他除了有自己的理想以外，别的一无所有。为了理想，他毅然远行。起初他到堪萨斯城的一家报社应聘，那里的良好氛围正是他所需要的，但主编看了他的作品后认为缺乏新意而不予录用，他品尝到了失败的滋味。

后来，他就在教堂里面作画。由于报酬低，他无力租用画室，只好借用一家废弃的车库。一天，疲倦的画家在昏暗的灯光下看见一对亮晶晶的小眼睛，是一只小老鼠。他微笑着注视着它，而它却像影子一样溜了。后来小老鼠又一次次出现。他从来没有伤害过它，甚至连吓唬都没有。它在地板上做多种运动，表演杂技，而他就奖它一点面包屑。渐渐地，他们互相信任，彼此建立了友谊。

不久，年轻的画家被介绍到好莱坞去制作一部以动物为主的卡通片。这可是个难得的机会，但是他在这次机会当中并没有成功。

黑夜里，他苦苦思索自己的出路，甚至开始怀疑自己的天赋。就在这时候，他突然想起车库里的那只小老鼠，灵感在暗夜里闪出一道光芒。他迅速画出了一只老鼠的轮廓。

有史以来最伟大的卡通形象——米老鼠诞生了，沃尔特·迪斯尼也因此名扬四海。探索、创新改变了整个世界，科学的发现，人类的进步，源自于人类对自然的舍身探索。

第五章
在变化中求生存

尼采说:"生命企图树起自己的云梯——它渴求眺望到遥远的地方,渴望着最醉心的美丽——因为它要求向上!""生命企图升起,升起而超越自己。"

生命也是以变就变的道理。

因此,我们的工作方式也应随着社会形势的不断变化而变化。要记住"创新是核心竞争力"的道理。我们要坚持以市场为导向,以做精做优产品为目标,实施产品品牌战略,不断捕捉市场信息;要按照市场的需求,不断加大新产品研究技术投入和开发力度,形成本公司产品核心技术;要加大新产品品牌的宣传力度,提高品牌形象,不断提高公司产品的市场知名度和影响力;要形成良好的产品售后服务体系,增强客户的满意度。

诚然,一个现代公司欲在商战中立于不败之地,公司的精神就是员工奋斗的源泉。我们需要一种新的公司精神,一个需要团结所有员工的整体精神,也就是需要"狼群杀阵"的壮观气势,让竞争对手感到胆战心惊,不敢小觑;同时要顺应时代发展的潮流,适应市场经济瞬息万变的变化,以变应变,转变观念,做到思想创新、制度创新、管理创新、技术创新、产品创新,那样我们的公司就会永葆青春,重铸辉煌,也不会由此退出历史的舞台。

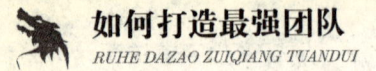

变中求胜

事实上,一个狼群通常只不过有五到八匹狼,之所以显得声势浩大,奥秘在与狼很注意不模仿其它狼的声音,每匹狼都有一个独特的音调并尊重狼群成员的特色。有趣的是,这种对个体的尊重反而强调了整体的真正一致。他们是一个整体,又是各个不同的个体,每一位都以其独特的方式为集体出一份力。每匹狼都有自己的声音,也都尊重整体的声音。这是美国咨询界权威特怀曼·托尔利在《狼的智能》一书里对狼的团队精神的礼赞。

大自然里,再没有一种声音,会比整个狼群的呼嚎所组成的华丽声乐更令人感到惊异、哀凄、畏惧。野外露营者与猎人们,常在聆听到它们这种大合唱时,心中泛起无边的赞叹,同时也会因畏惧而动弹不得。因为,狼嚎的旋律常令置身其中者产生仿若被重重狼群围困的感觉。

事实上,整个狼群的号角之所以会让人产生四面楚歌的情形,主要的原因是狼群时时都会很谨慎地留意同伴,避免与群体中任何一员的音调相同。每一匹狼都在合唱中拥有独一无二的音调,并尊重与群体中其他成员之间的差异性。所有的美妙旋律都必须变换音阶,狼群的呼嚎也不例外。当音阶转换时,每一匹狼仍然会细心地避免与其他狼重复同一个音调。

通过观察狼群进食的情况,可以发现其中有些狼的行为相当特

第五章
在变化中求生存

别,它们或卑躬屈膝,或鞠躬哈腰,或低鸣等,这一切行为都是为各个成员根据其团体组织中的地位而定。但是,这种严格的社会阶级,到了集体狼嚎时,都将暂时搁置。仿佛借由这样的狼嚎,狼群向所有生命宣誓,我们是一体的,但同时也是独特的个体,所以,别惹我们。所以听过这些狼嚎的人们,都会告诉你,他们的确听到了这项信息。

这种百家争鸣的狼嚎交响曲,会比单一声调、单一旋律的嚎叫声,更令人产生不明敌众数目、不敢轻辱的畏惧心理。这也难怪,所以狼群的入侵者,在听见这种狼嚎时,往往疑惑自己闯进了一大群狼的地盘,都会出现困惑、害怕,以及退缩的情形。

许多公司在强调集体利益时,往往会忽视个体,甚至不允许个体利益的存在。但狼在强调一致性的同时并不会忽略差异性,抹杀个性的团队是没有生命力的。个性与共性并不矛盾,个性是共性中的个性,而共性是个性的整合。

三星公司就善用整体看起来不算优秀,但在特定方面兴趣浓厚、才能超人、能够在所在领域独树一帜的人。三星公司能给个性人才充分的发回的空间,使其扬长避短,担当大任。三星一直坚持在不同部门大胆任用多种类型的人才,甚至曾经做过电脑黑客的程序高手也因为技术出众而被聘请进公司从事开发工作。

在公司,不论是普通员工还是高层管理人员,每一位员工的个人职业生涯选择都应该受到尊重。公司在职位安排上应该结合个人的职业生涯规划予以考虑,在可能的情况下,尽力去满足员工的兴趣、爱好、志向。员工只有在自主择业,心情舒畅的前提下,才能各展其长充分释放自身的能量。公司还应该对员工的个人能力实施评估,然后与公司职位能力对比，发现其差距，同时也要对员工的绩效做认真的评价与分析，然后结合员工个人的发展意向做出个性化的发展计划，以辅导员工向符合公司要求的职位方向发展。

从员工进入公司开始，公司就建立员工的个人发展档案，新员工转正时邀请新员工和他们的直接上级和所在部门的领导一起座谈，让新员工和部门领导充分沟通，以此来了解新员工个人的发展要求，也是新员工了解公司目前提供的支持，以及个人可能的发展方向。

每一位员工在坚持集体利益的前提下，一定要固守着自己的本色，有独立的个性与工作的方法，发现自我，秉持本色，这是一个人对自己的最大关爱。做你自己，才是生命存在的意义。团队精神不反对个性张扬，但个性必须与团队的行动一致，要有整体意识，全局观念，考虑团队的需要。

第五章
在变化中求生存

🐺 顺应变化

环境改变是不可避免的,如何能够安然度过这些改变并抓住一晃而逝的机遇,是任何渴望成功的人常常思考的问题。狼也同样明白这个道理,所以狼很会适应新的环境,并且在新环境中,以最快的速度掌握新的生存技巧。

狼群知道培养教育保护下一代,并且始终将狼群的幸福放在首位。这是它们生存与发展的精髓,这一点它们拒绝改变。作为员工,你清楚自己的价值观吗?使你以及你的公司独具特色的是什么?你存在的原因是什么?在你的生活和工作中,哪些是你愿意改变的,哪些是在紧急关头你得奋起抗争、决不放弃的,你都知道吗?

与狼群的状况相仿,任何一个公司中,由于每一个人的需要、期待、能力、理想的不同,个人目标就不一定与集体目标一致。当个体与团体相矛盾时,个人要实地调整自己的目标,与团体在大体上达成一致;团体也要尊重个人的个性并尽量挖掘个人的特色为团体服务。

在有些公司中,不但员工对现状感到满意,管理者也同样安于现状,就好像整个公司都被魔咒催眠了似的。在这种情况下,形式可能严重到使许多恶兆纷至沓来,但是着了魔的人仍然浑然未觉。

公司必须以变应变,在创新中不断前进。不管是在哪个阶层、哪个部门的员工,都要接受环境不停变化的事实,都必须意识到,我们面对的未来世界,不是个固步自封的世界,而是一个充满竞争的世界，这种竞争，主要是创造力和创造性的竞争。创新精神体现了公司员工在变化中求生存，在变化中求发展的不懈追求和努力。

公司员工必须树立"以变求胜"的态度去关心公司，这其实就是一种变革思维。当一切都顺利时，人易于陷入安逸的生活方式。以安逸的生活方式生活就会失去追求新生活的热情。这是人的非常自然的心理状态，用这样的思维方式无法跟上社会变革的步伐，改良或发展将停滞不前。

现在公司间更新、淘汰的速度越来越快，呈现出令人眼花缭乱的景象。当一些著名大公司江河日下难挽颓势之时，一大批中小公司却如旭日初升光华显现。美国每年创立的四五十万家新公司中，约有一半以上五年之内就会倒闭。公司要想保持昔日辉煌，越来越难了。从某种意义上说，市场竞争是异常不进则退、永无止境的竞赛。

如果公司中每个个体的个性不是被扼杀而是被大加赞扬，适应新的环境，那么她就更令人敬畏。每位成员都应通过发挥特有的才智和力量来肩负起对团体应尽的义务。通过表现个体的独特性以及尊重，鼓励其他成员表现自我，整个团体将随之蜕变成强大，不可侵犯的独一整体。

没有变化的群体是一个没有创新能力的团体，它必将无法适应新环境的挑战。只有迅速适应变化的群体才能够在我们这个充满变数的时代，找到自己最佳的生存位置。

第五章
在变化中求生存

🐺 谋者生存

虽然族群数目在疾速地缩减,狼群依旧顽强地克服了一切困难,坚持种种优良传统。因为狼的存在,许多动物才得以进化,才变得更加优秀,同样,在社会的竞技场上,如果拥有一种像狼一样的竞争精神,你也会成为各个行业、各个领域的冠军。

今天,我们必须面对强大的竞争对手,与组织与个体,针对生存而言都是如此。正式透过大自然的挑战者——狼为媒介,传达出适用于任何环境的自然法则。因此,我们必须感谢狼,狼的存在给了我们许多启示。

很久以前,在挪威的一个小镇,人们靠捕鱼为生。小镇紧靠着大海,因出产沙丁鱼而小有名气。在那里,渔船归航抵港时,只要沙丁鱼是活着的,一定会被抢购一空,卖个好价钱。遗憾的是,由于每次出海的时间比较长,登岛归来时,沙丁鱼已经死去很多。也正因为如此,活着的沙丁鱼才格外惹人垂涎三尺。渔民们想尽办法,尝试着让沙丁鱼存活,但是无人成功。

又一次,一位老渔民赵丽出海打鱼。忙碌了几日,收获颇丰,他喜出望外,驾船火速返港。谁知才到半途,沙丁鱼便不再鲜活了,懒洋洋地潜在水中,一动不动。

老渔民一边查看着鱼舱,一边心里暗暗着急。他无计可施,只得按照老办法,跳出那些死去的沙丁鱼。这是他看见鲶鱼也不动了,剪

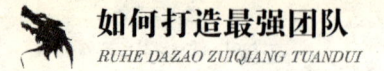

出来正要扔掉，鱼儿忽地一跃，却掉进了装着沙丁鱼的鱼槽。

老渔民顺利归航了，让他不敢相信的是，到达岸口时，原本以为那些沙丁鱼已经死去了，然而它们竟然都是蹦蹦跳跳的。经过反复研究，他终于发现了沙丁鱼存活的秘密。

原来鲶鱼进入沙丁鱼槽后，由于环境陌生，自然四处游动，到处跳起摩擦。而大量沙丁鱼发现多了异己分子，自然也会紧张起来，加速游动，整槽鱼上下浮动，使水面不断波动，带来充足的氧气，如此这般，是沙丁鱼活蹦乱跳地运进渔港了。

一个公司就像一个鱼槽，鲶鱼效应在其中同样起作用。如果人员长期固定不变，就会缺乏新鲜感和活力。容易养成惰性，缺乏竞争力。只有增加压力，创造竞争气氛，公司才会有紧迫感，才能激发进取心，公司才能有活力。想做到这一点，作为管理者就必须引进公司的鲶鱼，营造一种充满竞争的环境，这样公司才会保持竞争力和战斗力。

许多人都把竞争者视为心腹大患，视为眼中钉肉中刺，恨不得处之而后快。事实上，有一个强劲的对手是一种福分、一种造化。强劲的对手让你时刻都有一种危机感，时刻激发你的精神和斗志。因为，有了对手才有危机感，才会有竞争力，有了对手才不得不奋发图强，不得不革固鼎新，不得不锐意进取，否则，你就会被吞并，被替代被淘汰。

作为员工，要想在激烈的竞争中发展下去，就需要不断地学习，积极进取，提高自己的能力。每一天，都要尽心尽力的工作，每一件小事，都要力争高效地完成。尝试着超越自己，努里做一些分外的事情，不是为了看到老板的笑脸，而是为了自身的不断进步。即或是在

第五章
在变化中求生存

同一个公司或同一个职位上,机遇没有光临,但在你为机会的来临而实施准备的行动中,你的能力已经的到了扩展和加强,实际上,你已经为未来某一个时间创造出了另一个机遇,超过了你的竞争对手。

策略是关键

关键时刻到来的时候,每匹狼都明白自己的作用,准确地领会到集体对它的期望。

狼群在围猎动物时非常讲究策略,狼群从来不会漫无目的的围着猎物胡乱奔跑、尖声狂叫。它们总会制定适宜的战略,通过相互间不断地进行沟通将其付诸实施。

狼从来不靠运气,它们对即将实施的行动总是具有充分的把握。狼群的凝聚力、团队精神和训练成为决定它们生死存亡的决定性因素。正因为如此,狼群很少真正受到其他动物的威胁。

羚羊是草原上跑得最快的动物之一,即使是猎豹也很少能抓到羚羊,更不用说狮子、老虎等其他动物了,但是狼群却做到了。狼群总是能依靠各种策略成功地捕食羚羊。比如,它们会耐心地等待时机,等羚羊吃饱了草之后再去追杀它们,这时羚羊根本就跑不快。而其他的动物都是只要看到羚羊就直愣愣地冲上去,因此很少成功。

组织严密的狼群,会采取连环追击的策略。由于狼群没有羚羊的速度快,它们会预先隔一段距离就埋伏一群狼,最开始由一群狼追逐,把羚羊群赶向预定的方向,追逐一段距离之后,就由第二群狼继续追逐羚羊群。就这样一直追下去,直到羚羊筋疲力尽,再也跑不快,狼群才开始咬杀羚羊。当一只狼咬死一只羚羊后,并不是马上开始进食,而是继续去咬杀其他羚羊,因为它们要为后面的狼群留下足

第五章
在变化中求生存

够的食物。狼群的这种作战策略是其他动物根本就不可能学会的。

狼群为了在夜晚偷袭羊群而不被牧民发现,先是在离羊群相对较远的位置嚎叫,这样那些牧羊犬就会冲向狼群嚎叫的方向,狼群依靠数量的优势,在很短的时间内就可以把这些牧羊犬咬杀死。没有了牧羊犬,牧民就不容易发现狼群的偷袭行为了。

狼群在一般情况下是很少攻击那些比自己强大的动物的。但一旦这些动物侵犯了它们的利益,它们也会奋起反抗的。有时候,草原上的食物比较稀少,一些抓不到猎物的狮子会从一些小规模的围猎狼群那抢夺食物。为了自己的生存,狼群会对狮子进行反击。但即使是狼群对狮子进行围击,也会给自身带来很大的损失,与狮子相比,它们不具有任何优势。狼群不会去攻击强壮的雄狮,而是去攻击那些照顾小狮子的母狮和它的孩子,杀死了小狮子,也就是减少了未来狮子的数量,这样就能避免狮子与它们争夺食物了。即使是可口诱人的美味食物摆在眼前,狼群也能保持足够的冷静,而不像其他动物那样一味地猛追。它们虽然渴望得到食物,却采取隐忍、等待的策略,寻找最好的出击时机,最后成功地达到自己的目的。

在这样一个飞速发展的时代中,讲究做事的成效与强调速度并不矛盾,关键在于做事的方式必须是正确的。必要的时候,慢慢做的效果可能会更好一些,否则,再快的速度,错误的做事方式,不仅不见实效,还会导致更大的损失。

做事情最重要的就是做事的方法,而不是事情本身,更不是其他因素。所谓做事的方法,也就是做事的策略。只有正确的策略才能保证事情顺利完成。

正确的做事策略来源于对事情本身的透彻把握以及对自身实力的

准确定位，正确的策略的制定还要依赖决策者的经验和智慧。要想成为优秀的员工，就必须在平时注意多积累经验，观察有经验的同事们的做事方法，同时还要对自己的真正能力有准确的把握，并盯紧相关领域里出现的一些新情况、新动向，做出正确的分析。这些都是保证做事策略正确的必不可少的前提。

所谓策略，也称为决策。决策，最重要的就是在企业或团队存在风险的情况下，尽力追求成功而避免失败的策略。

在一个企业或者团队中，领导者的决策起着至关重要的作用。由于领导者所处的地位或他所拥有的知识，人们自然会期望领导者能够做出对整个企业、对企业的业绩和成果带来深远影响的决策。这就是领导者工作的意义所在。

在残酷的市场竞争环境下，许多企业因为没有决策型的领导者而陷入危机，江河日下。问题在于，即使占据着领导者的位置，也不一定就能成为名副其实的领导者，因为领导者的伟大在于关键时刻能做出正确的决策。而许多领导者并不能真正起到领导作用，他们或者习惯于做出错误的决策，或者在紧要关头犹豫不决。当然，最可怕的还在于对变化视而不见，当危机到来时才惊惶失措。

领导者的决策能力并不是天生就具有的，而是要通过学习和锻炼才能掌握的。许多成功的领导者都是通过持续不断地观摩其他领导者所持的工作态度、对经济的看法以及待人处事之道，长久地思考之后才从中领悟到决策的智慧的。

团队领导者的正确决策离不开理性和理智。虽然理性不能保证一项决策取得成功，但离开理性，决策就很难成功。在商业领域中，一个优秀的领导者必须要具有冷静的理性，要站在全局的高度去思考问题，遇到新情况要冷静对待、临危不乱，这样才能确保决策的正确。

没有理智固然不是一个优秀的领导者，但是领导者也不能拘于理智，这样也很难成功。因为有机遇就有风险，风险不大，机遇也可能不大；风险没有了，机遇也可能没有了。所以，商业界有一句名言："当做一件事情有60％的把握时，可以做也可以不做；当有100％的把握时，就绝对不要去做了。"

领导者无法做到万无一失，人的决策永远不可能达到完全理性的地步。一个领导者应该把这种理性精神与对机遇的敏感结合在一起，既有理性的保障，又有创业的冲动，这样才能为企业和团队创造出机遇，促进团队的健康发展。

第六章

 团队凝聚力

狼是世界上最具有团队精神的动物，狼为了团队的利益，为了大多数狼的利益，会毫不犹豫地牺牲自己的利益，即使是献出生命也在所不惜。

第六章
团队凝聚力

团队的力量

在中世纪，欧洲的王公贵族喜欢在宫廷中圈养狼，他们认为狼是了不起的猎手，纪律严明，智勇双全。后来，为了使狼看上去更威风，人们有意识地让狼与大狗杂交，结果出现了性情变化无常、高大威猛、攻击性特别强的狼狗，它们肆意于乡村、城镇，恶名却落到了狼的身上。

今天的学者通过对狼的深入研究，观点已发生了很大的改变，他们发现狼本身具备很多独特的品质，认识到狼同别的动物迥然有别，它代表着原始的生命与野性、自由的天性以及征服世界的勇气，而这正是人类需要的。

狼群的数量差异很大，其成员的多寡，视其实力范围内猎物的种类而定。小型狼群少的只有两只狼组成，大型狼群多则可达30只左右。平均来说，每个狼群大致上是有六到九匹左右的狼所组成，并有首领负责带队。在同一个狼群里，野狼们的体态大小以及毛色肤质有很多不同之处。事实上，人们传说中的所说的大灰狼是由许多不同毛色的成员所组成的，他们的毛色差异很大，可以是暗灰色、咖啡色、褐色、银色，甚至是绚丽的黄色和红色。

由于孕育后代的通常是狼首领，所以狼群的成员也大多是狼首领的子孙。此外，狼群中还包括已经长大却尚未离群的年轻狼，以及幼狼却还在成长的少年狼。对于一个这么多子孙的大家庭，狼群首领对于它们进行有效管理，体现自己的绝对权威。

如果狼不是群体动物就无法生存到现在，同样组织性越严密的公司越是能够在激烈的市场环境中生存下来。每一个公司都是一个团队，而团队的组织纪律几乎决定了这个集体的凝聚力与战斗力。如何在竞争中生存下来事每一个公司面临的现实挑战，现在我们可以从狼群的身上获得一些很有意义的启发。

现在，网上点击率最高的军事视频之一是中国建国60周年大阅兵的视频。凡是看过的人，没有谁不为整齐划一的步伐而惊叹，甚至许多国外媒体若非亲眼所见都会怀疑这段视频的画面是经过合成处理的。当成百上千人化成"一个人"在行动时，震撼不言而喻，胜利也已不远。没有完美的个人，只有完美的团队。个人再完美，也就是沧海一粟，而一个团队、一个优秀的团队才是无边的大海。

团队的意义不仅在于"人多好办事"，还在于通过团队实现对个人力量的整合，从而凝聚成一股强大的动力。

在西点军校里，为了增强学员彼此的团队精神和凝聚力，学校特设了"巴克纳野战营"来达到实训的目的。那里的演练是紧张而残酷的，其中一项活动是把学员分成每组35人左右的几个小组，让各组在几小时之内完成组合桥梁的任务，这是必须依靠团队合作才能完成的任务。这种组合桥，每一块桥面和梁柱都有几百公斤重，光是要抬起一块桥面，就需要一大群人的力量。尽管很困难，但是大家还是能够在规定的时间和条件下完成搭建任务的。

由此可见，一个优秀团队的凝聚力和竞争力是不容忽视的。把自己的力量融入到集体之中，就仿佛是35个小矮人一下变身成为了一个大巨人。就仿佛真的只有这一个巨人在搭积木。让我们再看一个例子来体会团队协调作用的力量。

第六章
团队凝聚力

索尼公司是世界上著名企业，其之所以能有今天的巨大成就，与其"家庭式"的管理方法是分不开的。在索尼公司，每一个员工都被视为大家庭的一分子，每个员工都能够发表自己独特的观点，但是，又强调员工之间要像在一个家庭中生活一样互相配合、协调。最后，公司得到了员工们同等的回报——积极工作并对公司忠诚，于是索尼公司获得了巨大的、可持续的事业成功。

这些事实启示我们，要想成为一家卓越的企业，就必须在团队精神的建设方面有很好的建树，必须在队伍的凝聚力方面有很好的突破。因此，一个企业的文化和共同目标必须明确，而且必须让每一个员工都主动参与进来，很好地融合在一起。

今天的竞争是人才的竞争。人才竞争的内在含义，不仅仅是企业与企业员工整体素质的竞争，更重要的是企业与企业员工凝聚力水平的竞争，因此，评价一个人，也不能单单看个人的技能和素质，更重要的是看他是否具有团队精神，是否能够很快地找到自己在其中的位置并发挥一定的作用。评价一个企业，不仅要比较企业员工的素质，更要比较哪家企业员工的人心最齐。团队成员希望并需要领导者的前后一致。他们必须有一个预期：在巨大的变化来临之时，他们需要时间准备不适。如果你手下的人认为"团队"仅仅是你用于鼓舞士气的一个名词，他们相应的也会把它当一个名词看。在你需要他们团结一致克服逆境的时候，他们甚至可能无视你的存在。

如果你是一个渴望获得成功的人，又找到了一个值得为之付出努力的团队，那么就没有什么好犹豫的，尽管在其中发挥自己最高的水平吧，努力地把自己的努力和团队的信念相融合。要知道：只有统一的思想才有统一的行动力；只有统一的行动力才可能获得高效，进而成功。

🐺 团队凝聚力

狼不同于虎和豹，它是一种群居动物。狼群狩猎的时候靠集体的力量，既有明确的分工，又有密切的合作，齐心协力战胜比自己强的对手。许多大型的动物不怕单独的狼，但一群有着团队精神的和严密组织与配合默契的狼，足以让狮、虎、豹、熊等猛兽色变，足以使任何比其更为凶猛的猛兽汗颜。让这些猛兽见到野狼也得退避三舍，这就是赫赫有名的狼群杀阵。正如海尔集团董事会主席张瑞敏所说："狼的许多难以置信的做法值得借鉴。最值得称道的是战斗中的团队精神，协同作战，甚至不惜为了胜利粉身碎骨、以身殉职。商战中这种对手最恐惧，也最有杀伤力的。"我们人类必须多向狼族学习团队精神和协作精神。

那什么是团队呢？

所谓团队，是指一群互助互利、团结一致为统一目标和标准而坚毅奋斗到底的一群人。团队不仅强调个人的业务成果，更强调团队的整体业绩。团队是在集体讨论研究和决策以及信息共享和标准强化的基础上，强调通过队员奋斗得到胜利果实，这些果实超过个人业绩的总和。

古人云：人心齐，泰山移。团队的核心是共同奉献。这种共同奉献需要每一个队员能够为之信服的目标。要切实可行而又具有挑战意义的目标，能激发团队的工作动力和奉献精神，为企业注入生命活力。

第六章
团队凝聚力

团队的精髓是共同承诺。共同承诺就是共同承担团队的责任。没有这一承诺，团队如同一盘散沙。做出这一承诺，团队就会齐心协力，成为一个强有力的集体。很多人经常把团队和工作团体混为一谈，其实两者之间存在本质上的区别。优秀的工作团体与团队一样，具有能够一起分享信息、观点和创意，共同决策以帮助每个成员能够更好地工作，同时强化个人工作标准的特点。但工作团体主要是把工作目标分解到个人，其本质上是注重个人目标和责任，工作团体目标只是个人目标的简单总和，工作团体的成员不会为超出自己义务范围的结果负责，也不会尝试那种因为多名成员共同工作而带来的增值效应。此外，工作团体常常是与组织结构相联系的，而团队则可突破企业层级结构的限制。

团队精神与集体主义意识有着微妙的区别，团队精神比集体主义更强调个人的主动性，而集体主义则强调共性大于强调个性。诚信、创新是内在的、自律的，因而不可能在强制的条件下发挥出来，必须以个人的自由、个人独立为前提，在此前提下合作的人们才有可能形成一个整体。

时间已经进入高强度竞争的21世纪，世界已进入经济全球化的时代，这是一个追求个人价值实现与团队绩效双赢的时代。现代企业的经营模式，需要团队严密组织、团结协作，才能共同赢得未来。一个现代公司要在市场竞争中立于不败之地，立于强者之林，最关键的是要具有市场认可的品牌以及良好的售后服务体系，这些知名品牌产品在生产、创建和推广宣传中凝结的员工的心血和汗水，就是整个团队精诚合作、高效运作、诚实守信、勤勉敬业、创新进取精神体现。一个没有精神追求的公司团队，将是一个失去方向感的组合，必定会在残酷的现代商业社会中失去自我，迷失在前进的歧路上。狼的坚强意志，才是真正不可战胜的。

　　这是一个追求个人价值实现的时代，一个追求个人价值实现与团队绩效双赢的时代。个人单打独斗的时代已经远去，团队合作的时代已然到来。现在，我们每一个公司仍然要提出打造虎狼之师的口号，使我们的员工既要像兽中之王老虎那样有以一当十的王者风范、英雄气概、雄厚实力，又要有像群狼那样分工合作、精诚团结的以十当一的精神，每个人知道自己在团队中的位置和作用，把个人目标与团队公共目标合二为一。

　　由此我们联想到公司的发展，团队精神是公司真正核心竞争力之所在。市场竞争就是团队协作能力的竞争，许多在市场竞争中立于不败之地获得成功的公司，无不体现出公司精诚合作的团队精神。例如，通用公司奇迹般的崛起和茁壮成长，决不仅得益于它的统军人物韦尔奇，还得益于韦尔奇麾下的整个团队中每位员工的努力。这就是"人的价值高于物的价值，共同价值高于个体价值，共同协作的价值高于独立单干的价值，社会价值高于利润价值"通用公司精神的写照。

　　现代社会化大生产经营模式，需要团队严密组织、团结协作，才能共同赢得未来。一个现代公司要在市场竞争中立于不败之地，立于强者之林，最关键的是要具有市场认可的品牌以及良好的售后服务体系，这些知名品牌产品在生产、创建和推广宣传中凝结的员工的心血和汗水，就是整个团队精诚合作、高效运作、诚实守信、勤勉敬业、创新进取精神体现。

　　我们公司提倡的"诚实守信、勤勉敬业、团结协作、创新进取"公司精神，就是把全体员工聚集在公司团体精神的旗帜下，面对严峻的市场形势，坚持以科学发展观为统领，转变观念，发奋图强，努力增强公司的自主创新能力，进一步加快和推进公司产业结构的调整和经济增长方式的转变，不断提高企业经济增长率，让我们公司的品牌屹立于国际现代企业知名品牌之林，要求我们每一个员工，为了公司团体利益，为了目标最终实现，必须学会与人相互协作，这将使你变的更为强大。

那么，团队精神有什么用？

1. 目标导向功能

团队精神的培养，使店内员工齐心协力，拧成一股绳，朝着一个目标努力，对单个营业员来说，团队要达到的目标即是自己所努力的方向，团队整体的目标顺势分解成各个小目标，在每个员工身上得到落实。

2. 凝聚功能

任何组织群体都需要一种凝聚力，传统的管理方法是通过组织系统自上而下的行政指令，淡化了个人感情和社会心理等方面的需求，而团队精神则通过对群体意识的培养，通过员工在长期的实践中形成的习惯、信仰、动机、兴趣等文化心理，来沟通人们的思想，引导人们产生共同的使命感、归属感和认同感，反过来逐渐强化团队精神，产生一种强大的凝聚力。

3. 激励功能

团队精神要靠员工自觉地要求进步，力争与团队中最优秀的员工看齐。通过员工之间正常的竞争可以实现激励功能，而且这种激励不是单纯停留在物质的基础上，还能得到团队的认可，获得团队中其他员工的尊敬。

4. 控制功能

员工的个体行为需要控制，群体行为也需要协调。团队精神所产生的控制功能，是通过团队内部所形成的一种观念的力量、氛围的影响，去约束规范，控制职工的个体行为。这种控制不是自上而下的硬性强制力量，而是由硬性控制向软性内化控制；由控制职工行为，转向控制职工的意识；由控制职工的短期行为，转向对其价值观和长期目标的控制。因此，这种控制更为持久有意义，而且容易深入人心。

团队精神

当狼群为了追捕猎物而穿越辽阔大地、横越广漠雪地时,那是一幅多么令人震惊、多么壮丽的场面啊!广阔无垠的旷野上,一群狼踏着积雪寻找猎物,最常使用的队形是单一纵队,也就是一匹狼紧接着另一匹狼的一长列队伍。

狼一般过着群居的生活,狼与狼之间的默契配合成为狼成功的决定性因素。不管做任何事情,他们总能依靠团体的力量去完成。领导狼群的责任由阿尔法狼担任,其他狼则共同承担整个狼群的福利。

例如,当母狼产下一窝小狼之后,一只成年的雄狼会担负起保姆的职责,让母狼能与阿尔法狼一同参与"蜜月狩猎",暂时卸下母亲的角色,得以休息片刻,狼群中,并非每一头狼都渴望成为领导者,有些狼之比较偏好担任狩猎者、看守者,或侦查员的角色。不过,狼群中的每一匹狼,至少都扮演这某种重要的角色。

从幼年时期与成狼嬉戏的经验里,幼狼学习到团队精神和领导狼群的能力。这是它们未来可能并必须承担的重大责任。因此它们也从中了解整个狼群的发展,届时这都将是它们生命的重要职责。对于成功的公司组织而言,道理也是如此。公司中的每一位成员,不仅仅需要尽个人的本分,更必须具备善于合作,并且能够随时担负起领导职责的能力,这也是一个成功公司的生存根本。

杰克是德国汉高公司梅州分公司经理凯文手下的员工。杰克在该分支机构服务了40多年，算是元老级人物了。他业务娴熟，头脑灵活，能够胜任一般员工很难完成的工作。因此他所负责的区域是颇具挑战性的。但杰克有个管理者不欢迎的毛病：脾气特倔，爱钻牛角尖，不能服从大局。

最近的短短半个月内，杰克就出了两单让凯文头疼的事情。

杰克的相邻区域出现紧急情况，凯文指派杰克协助其同事处理。杰克坚决不从，理由是该同事以前曾经拒绝帮助他。凯文做起工作，甚至命令起执行，杰克仍然不从。事情后来通过其他花费更大的途径解决了。按照公司的有关规定，凯文完全可以炒掉杰克。鉴于杰克后来认错态度好，凯文给杰克发了封警告信。

另外一件事情是杰克未按公司规定处理一单业务，经主管提醒，仍不做改进。结果错过了可以弥补的机会，遭到客人的投诉，对公司的声誉造成极坏的影响。凯文再也无法容忍这样的员工，当天就把他开除了。

我们要保持情形的头脑，抛弃私心杂念，脚踏实地干实事，倡导团队协作精神，齐心协力，为了公司的前途，相互帮忙，相互沟通，把工作做好，只有维护了公司的利益，个人的利益不能得到保障，我们的团队才更加有战斗力。

团队精神往往像天气一样每个人都在谈论它，但常常没有人去为它做些什么。团队精神不是靠高谈阔论和深奥的推理得来的，而是将态度，共同的目标和经验融于一体并付诸实践的结果。狼群是一个团体，它们为了团体的利益，可以牺牲一切。它们知道自己是谁，它们为相互依存而活。

如今，我们的团体及其成员面临各种困难，在困惑中不知所措，

第六章
团队凝聚力

而狼群却仍旧保持着轻松愉快、默契配合、高效率行动和同甘共苦的生活模式。如果将狼群生存的法则用在公司管理模式，因为它代表一种工作方式的转变，是工业经济时代的线性分级制向新经济时代的环形结构转变的结果。

但是并不是所有的管理都需要团队建设来完成，通过在一项工作中，个人的贡献最具价值，比如走访客户的维修工程师，就无须过于强调团队的作用，相反，在一个个人贡献的价值相对较弱的工作中，特别需要强调团队的作用，团队表现的价值高于一切。

成功的团体也是如此，每位成员不仅要承担自己的义务，而且她们也有义务去承担这部分责任。可能在为难的时候，还要准备随时承担更大的责任，一个团队的生命力很可能就维系于此吧，狼不仅与同类密切合作，还可以与其他种类的生物和睦相处，这样做的目的有时是为了达到双方合意的目标。

狼的团队精神无疑为公司的集体法则制定了指导方向，没有人会在质疑团队可以更有效地获得成功这个浅显的道理。我们这个时代不仅需要孤胆英雄，我们更需要联合团体。人作为一个群体物种，正式依靠每个个体的力量才得以主宰自己的命运。

我们真正需要狼的原因，就是我们的团队精神在我们的发展过程中的蜕化。在公司与公司的竞争中，不仅是战略、财力、关系的竞争，更是一个团队与另一个团队的精神竞争。只有那些善于合作、纪律严明、富有效率的公司才可能在竞争中获胜。

21世纪，将是一个团队至上的时代。所有事业都将是团队事业。依靠个人的力量已经不能取得什么成就了。个人并不能编织出生活的网络，我们只不过是其中的一根线。我们为这个网络做的任何事情，实际上也是为了我们自己。一切都注定在一起，一切都是相连的。

当狼在一起嚎叫时，一切等级界线都消失了，它们仿佛在宣告："我们是一个整体，但是各个都与众不同，所以最好不要惹我们。"

老牧民圣地亚哥是我见过的最具传奇色彩的人物，他一生都在与狼打交道。从10岁开始一直到73岁用猎枪打死最后一只狼，他一共打死了300多只狼。虽然很多读者都和我一样对狼有着诚挚的爱，但我们不能指责圣地亚哥。在草原上，牧民和狼群是永远的敌人。虽然彼此都是对方存在的障碍，但这样的敌对关系永远不会改变。

圣地亚哥仇恨狼，因为牧民的羊群经常被狼群袭击；圣地亚哥也喜爱狼，因为在捕杀狼的过程中，他经常被狼身上的某种精神所感动。

圣地亚哥老人最喜欢听狼嚎的声音。在月明星稀的深夜，狼群发出一声声凄厉、哀婉的嚎叫，老人经常为此泪流满面。他认为那是来自天堂的声音，因为那种声音总能震撼人们的心灵，让人们感受到生命的存在。老人说："我认识这个草原上所有的狼群，但并不是在形体上能区分它们，而是通过声音——狼群在夜晚的嚎叫。每个狼群都是一个优秀的合唱团，并且它们都有各自的特点以区别其他的狼群。在许多人看来，狼群的嚎叫并没有区别，可是我的确听出了不同狼群的不同声音。"

狼群在白天或者捕猎时很少发出声音，但它们却喜欢在夜晚仰着头对着天空嚎叫。对于狼群的嚎叫，许多动物学家都进行过研究，但都不能确定这种嚎叫的意义。也许是对生命孤独的感慨，也许是通过嚎叫表明自身的存在，也许仅仅是深情的歌唱———一种艺术行为。

在一个狼群内部，每一只狼都具有自己独特的声音，这声音与群体内所有其他成员的声音不同。但是，当狼群深情地嚎叫时，它们却

第六章
团队凝聚力

成为一个最完美的整体。狼群虽然有严格的等级制度，也是最注重整体的物种，但这丝毫不妨碍它们个性的发展和展示。即使是具有最大权力的阿尔法狼，也没有权力去要求其他的狼模仿自己的声音嚎叫，也没有权力去要求其他的狼模仿自己的行为。

在狼群中，每一头狼都要尊重其他狼的嚎叫，因为那是狼个体与团队最和谐的表现。

在人类社会中，我很少能看到像狼那样把个体与团队结合得如此完美的团队。我们总是走到两个极端，要么过于追求个体的价值实现而忽视整体的利益，要么注重整体的利益而牺牲个体的利益，很难达到两者的平衡。

在一个企业或者团队中，每一个成员都要面临着这样的问题，走哪个极端都不是好的解决办法。一个优秀的员工一定要在两者之间取得平衡。同时，个体与整体之间并不一定是互相抑制、此消彼长的绝对对立。相反，优秀的员工不仅能在两者之间取得平衡，还能让两者产生互相促进的作用。

一个优秀的团队，把各种人才聚合在一起。大家会在工作中对别人进行了解，在沟通中能发现别人的许多优点。这时，聪明的员工总能发现自己的不足和别人的长处，取长补短，虚心向周围的人学习。同时，大家也会为了共同的目标而改变自己以前不好的生活和工作习惯，使自己变得更加优秀。

所谓什么是团队精神？我们是否可以说就是在一个团队里有这样一种氛围：能够不断地释放团队成员潜在的智慧；能够让员工深感被尊重和被重视；鼓励坦诚交流，避免恶性竞争；用多种岗位找到最佳的协作方式；为了一个统一的目标，大家自觉地认同必须担负的责任

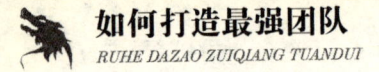

和愿意为此而共同奉献，无条件地坚决执行团队的任务。

到底什么是团队？看起来这不像一个难以回答的问题。在现代社会，团队似乎随处都可以见到，而人们也早已毫无节制地使用这个词了。可是如果我们认真思考：到底什么样的团队才能够使工作做得出色、什么样的团队管理才能够真正提高团队的工作效率时，那就不是一件轻松的事情了，这就必须要追本溯源，回到对"团队"的定义上来。

《团队的智慧》的两位国际知名作者琼·卡扎巴赫、道格拉斯·史密斯一再强调要精确地区分团队和一般性的集团：团队不是指任何在一起工作的集团。团队工作代表了一系列鼓励倾听、积极回应他人观点、对他人提供支持并尊重他人兴趣和成就的价值观念。也就是说，我们最不可忽视团队工作效率的培养，团队精神的形成，其基础是尊重个人的兴趣和观念。设置不同的职位，选拔不同的人才，给予不同的待遇、培养和鼓励，让每一个成员都拥有特长，都表现特长，而这样的氛围越浓厚越好。

但是，有个性的人才只是团队的一个最基本的条件。团队的目标就是要创造出比团队成员个人所能创造出的总和更多的价值，这也是团队存在的意义。这就需要团队的每个成员都具有团队精神。那么，何谓团队精神？我认为，团队精神就是所有团队成员都为了一个共同的目标，自觉地担负起自己的责任，并甘愿为了团队而牺牲自己的某些利益。

团队精神，简单来说就是大局意识、协作精神和服务精神的集中体现。团队精神的基础是尊重个人的兴趣和成就。核心是协同合作，最高境界是全体成员的向心力、凝聚力，反映的是个体利益和整体利益的统一，并进而保证组织的高效率运转。团队精神的形成并不要求团队成员牺牲自我，相反，挥洒个性、表现特长保证了成员共同完成任务目标，而明确的协作意愿和协作方式则产生了真正的内心动力。团队精神是组织文化的一部分，良好的管理可以通过合适的组织形态将每个人安排至合适的岗位，充分发挥集体的潜能。如果没有正确的管理文化，没有良好的从业心态和奉献精神，就不会有团队精神。

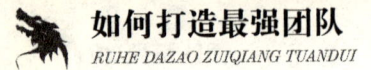
如何打造最强团队
RUHE DAZAO ZUIQIANG TUANDUI

🐺 团结精神的重要性

　　一个没有精神追求的公司团队，将是一个失去方向感的组合，必定会在残酷的现代商业社会中失去自我、迷失在前进的歧路上。狼的坚强意志可以给每一个身处团队之中的公司成员以启发，只有联合起来的意志，才是真正不可战胜的。韦尔奇领导的通用团队无比优秀是大家有目共睹的。有一天下午两点，一个德国的经销商打来电话，要求通用必须在两天内发货，否则订单自动失效。而两天内发货意味着当天下午所要的货物就必须装船，而此刻正是星期五下午两点，如果按海关、商检等有关部门下午五点下班来计算的话，时间只有三个小时，而按照一般程序，做到这一切几乎是不可能的。如何将不可能变为可能，此时通用优良的团队精神显示了巨大的能量，他们采取齐头并进的方式，调货的调货、报关的报关、联系船期的联系船期，全身心地投入到工作中，抓紧每一分钟，使每一个环节都顺利通过。当天下午五点半，这位经销商接到了来自通用货物发出的消息，他非常吃惊，吃惊再转为感激，还破了十几年的惯例向通用写了感谢信。通用公司奇迹般的崛起和茁壮成长，决不仅得益于它的统军人物韦尔奇，还得益于韦尔奇麾下的整个团队中的每位员工的努力。"人的价值高于物的价值，共同价值高于个体价值，共同协作的价值高于独立单干的价值，社会价值高于利润的价值。"这就是通用的公司精神。时代的列车行驶到21世纪，世界舞台上少了战场上的硝烟，多了商场上的

第六章
团队凝聚力

竞争,这是一个追求个人价值实现的时代,一个追求个人价值实现与团队绩效双赢的时代。

戴尔·卡耐基指出:每一个人都应该努力根据自己的特长来设计自己、量力而行。根据自己所处的环境、条件、才能素质、兴趣等,确定前进方向。不要抱怨环境与条件,应努力寻找有利条件;不能坐等机会,要自己创造条件;拿出成果来,获得了社会的承认,事情就会好办一些。从事科学研究的人不仅要善于观察世界,善于观察事物,也要善于观察自己,了解自己,进而认识自己。

我们为了成就一番事业,应该怎样认识自己呢?每个人的生命都有意义,都有缘由,如果我们不知道它的意义和缘由,或者不清楚我们想要的是什么,我们的潜能就会被无端地浪费掉。

我的一位朋友曾经对我讲过一个故事,这个故事说的是有一只老鼠跑进迷宫去找奶酪,它跑进一条通道,转过弯,越过一个障碍还是没有找到奶酪,但这只老鼠一点也不气馁,它对自己说:"我在这里没有找到奶酪,真是太好了,我终于可以去找另外一条通道了,我一定要那块奶酪,我已经闻到奶酪的香味了,它就在某处。"

于是这只老鼠跑进另一条通道,转几个弯,越过几个障碍,终于找到奶酪。当老鼠吃完奶酪之后,它静下心来想到:"如果我一走错了通道,就放弃了,我哪能吃到如此美味的奶酪呢?如果我不相信自己,不相信奶酪就在某个地方,我哪能吃到如此美味的奶酪呢?如果我对自己没有一个清楚的认识,我能够坚持直到找到奶酪为止,我怎么能吃到如此美味的奶酪呢?"老鼠想到这里,它欣悦地笑了。

这个故事告诉我们,在每一个人身上都蕴藏着待开发利用的潜能,而我们很多人没有成功,就是缺少老鼠这种不达目的不罢休的精神,所以说,只要我们能够正确地认识自己,就能感受到一个人的强大力量,这种力量可以支持一切成功,这正如张其金在《目标就是一切》一书中所写:"不要丧失自我,不要丧失信心,我们一定要认识自我,这是我能够让我走向成功的唯一理由。"

市场竞争的法则是优胜劣汰、讲究团队作战,只有像狼群一样,才能获胜。公司团队必须要像狼一样,具备合作、勇气、毅力和智能,才能不断击败竞争对手,赢得先机。同时,团队中每个人也要有独狼意识,能够在某一个领域独当一面。应该说,"狼群杀阵"和"独狼意识"是现代公司管理的一个重要的部分,如果将狼群的生存法则运用到公司中去,必将大大提高公司的整体竞争能力。

现代公司要具有狼的团结精神,不仅是个人可以像一匹狼一般顽强,同时是每一个员工都能够像狼一样——有强烈的生存意识,懂得在竞争中取胜。这种狼的精神能够贯穿整个公司的文化,并且让每一个员工领悟。

套用到公司文化上面,就是每个人都有独特的一面,在某一方面能够独当一面;同时又是一个整体,每个人以自己独特的能力为团队贡献力量,行动迅速,理念一致,这样才能取得成功。

公司最需要狼的团队精神,孤胆英雄拯救这个公司命运的时代已经彻底结束。我们现在需要的不是一个英雄,而是一群英雄。"狼群杀阵"已经是公司取胜的重要法宝,它正在取代流行上百年的管理哲学。

现代企业不仅要具有狼的团结精神,也不仅是个人要像一只狼一样的顽强,而是企业的每一个员工都能够像一只狼一样有强烈的生存意识,要有打造狼性企业的理念,创建野性拼搏精神的狼性企业文化,以"狼群杀阵"般整体配合与分工协作,用聚集效应和协同优势让羊群变狼阵,靠集体智慧和力量打造超级团队。要当好领头狼,培养良好特质,树立成功形象,并有效地执行企业的战略意图,以行动而非语言进行领导,要把精力放在关键问题上,适时发现关键点的人力资本。谋划企业狼群策略,通过竞争主动发展进攻型战略,采取"简单至上",让企业持续成长,这就必须"与狼共舞必先为狼",以变制变,持续出招,而且以速度制胜,一跃争先,懂得在竞争中取胜。这种狼的精神应贯穿在整个企业文化中,并且让每一个员工都领悟。

一个优秀的团队应该是一个有机整体,有一个共同的荣誉目标,并为这个目标努力奋斗。其成员之间的行为相互依存,相互影响,并且能很好合作,追求集体的成功。是团队中的每个成员都习惯改变以适应环境不断发展变化的要求。人心齐,泰山移,团结就是力量。团队精神可以使团队保持活力、拥有创新、焕发青春、积极进取。就像步调一致的雁群一样,齐心协力,互帮互助,并在心中产生一种力量,激励自己前进,一起飞向灿烂美好的明天。

所谓团队精神,简单来说就是大局意识、协作精神和服务精神的集中体现。团队精神的基础是尊重个人的兴趣和成就。核心是协同合作,最高境界是全体成员的向心力、凝聚力,目标是获得集体的荣誉。反映的是个体利益和整体利益的统一,并进而保证组织的高效率运转。

对于西点学员来说,他们十分尊敬那些为建立国家而英勇斗争的人们。不仅敬佩他们的勇气、忘我的投入和自我牺牲精神,而且佩服他们的远见卓识和使命感。

他们知道自己在为一个有潜力、能为人民创造良机的国家的自由和未来而战。团队共同一致的目标使人具有无限的力量。W·克莱门特·斯通说:"当你明确了自己的任务的重要性时,你会感到这是对自己的一种需要,它使你感到兴奋并热切地希望马上开始工作。"这种愿望对一个团队来说是不可或缺的。

团队精神的形成并不要求团队成员牺牲自我,相反,挥洒个性、表现特长保证了成员共同完成任务目标,而明确的协作意愿和协作方式则产生了真正的内心动力。

良好的团队管理可以通过合适的组织形态将每个人安排至合适的岗位,充分发挥集体的潜能。如果没有正确的管理文化,没有良好的从业心态和奉献精神,就不会有团队精神。

将一群人组建成一个团队需要团结,需要在利益和方向上达成共识。这种共识有助于目标的达成,因为团队所追求的目标不仅对每一个成员很重要,同时对整个团队也很重要。一个共同的荣誉目标对于每个成员来说也是一个很好的激励作用。

管理者要能为团队制定共同的目标,或者在成员中建立起一种共同的语言,达成某种共识并为此努力。倘若能经常出现下面的对话那就再好不过了——"你知道我想要什么"、"像上次那样做"、"去干吧"。

下面举一个足球队的例子:球队是一个典型的团队,由前线、中场、后卫、守门员构成,球队的目的就是要赢球。可为什么同样的球员,不同的教练,成绩会有很大的差别?原因就在于:教练换了,球队所遵循的训练方法和程序也就变了,从而影响整个球队的风格和士气。一个团队的共同目标就是要"赢",要争取荣誉。所有成员都要

第六章 团队凝聚力

认同这一共同目标，遵循为达到目标所设定的一套程序，让所有的成员都知道要做什么，以及如何协调彼此的努力，这就是方法。而这种方法如何才能顺利的施行，是需要全体成员聚在一起研究和探讨的，只有一个获得大家一致认可的可行的方案出来了，凝聚力才能得以获得最好的体现，荣誉也才能离这个球队越来越近。

对一个团队来说，要想成功就需要拥有那些重视每一步、专心致志、做出成效的人。

为了争取团队荣誉，有时需要个人做出牺牲，好的队员把团队的利益放在个人利益之上，这是完成团队任务所必需的。为了完成任务，西点学员可以先为牺牲个人的目标，来配合其他队员实现团队的共同目标。团队教给成员的不仅仅是团结和协作，还有对人生的选择，对利益的取舍，这些也都是每一个想要争取成功的人所必备的优秀品质。我们也不妨设想一下自己能为所在的团队牺牲什么，或者说付出什么。

团队是大家的团队，自己是自己的自己，我们没有理由放弃自己，我们也没有理由放弃团队，更没有理由放弃由此而获得的荣誉。

团队精神的延伸

为了让我们更好的理解什么是团队精神，我在这里引用一个比较有名的也挺有意思的实验来：

准备一个大笼子，在笼子顶部安装喷淋装置，在笼子的一端悬挂一只香蕉，再安放一架梯子通向香蕉，然后在笼子的另一端放进四只猩猩。

猩猩甲第一个发现香蕉，它开始向香蕉走去，当它的手触摸到梯子时，试验操作人员立刻把笼子顶端的喷淋装置打开，笼子内顿时下起了"倾盆大雨"，猩猩甲立即收回双手遮住脑袋，其余三只也匆忙用双手遮雨，等没有猩猩触摸梯子时，喷淋装置关闭。

"雨过天晴"，猩猩甲又开始准备爬梯子去够香蕉，当它的手再次触摸到梯子时，又开启喷淋装置，众猩猩又慌忙用双手遮雨，等没有猩猩碰梯子时，喷淋关闭。

猩猩甲似乎领悟到被雨淋和香蕉之间的模糊关系，终于放弃取得香蕉的念头，开始返回笼子的另外一端。

过了一段时间，猩猩乙准备试一试，它走到梯子跟前，当手碰到梯子时，喷淋开启，大家慌忙避雨。猩猩乙放弃拿香蕉的念头，匆忙逃回到笼子的另一端，此时关闭喷淋装置。

又过了一阵儿，猩猩丙准备试试它的运气，当他向梯子走去的时候，另外三只猩猩担心地望着它的背影，尤其是猩猩甲和猩猩乙，当

第六章
团队凝聚力

然,猩猩丙也不能逃过厄运,它在瓢泼大雨中狼狈地逃回到伙伴当中。

饥饿折磨着猩猩,猩猩丁虽然看到了三只猩猩的遭遇,但仍旧怀着一点儿侥幸向梯子走去,它也许在想:"我去拿可能不会像那三个倒霉蛋那样点儿背吧?"当它快要碰到梯子时,试验操作人员正准备打开喷淋装置,没想到另外三只猩猩飞快地冲上去把猩猩丁拖了回来,然后一顿暴打,把可怜的猩猩丁仅存的一点儿信心也从肚子里打了出来。

现在,四只猩猩老老实实地待在笼子的另一端,眼巴巴而又惶恐不安地望着香蕉。

试验人员把猩猩甲放出来,然后放进猩猩戊,这只新来的猩猩看到了香蕉,高高兴兴地向梯子走去,结果被猩猩乙、丙、丁拖回来一顿猛捶。它对挨揍的原因不大明白,所以在攒足了劲儿后,又向梯子走去,它想吃那只香蕉,同样的结果,三只猩猩又把它教训了一顿。虽然还是不明白为什么挨揍,但它现在明白了那只香蕉是不能去拿的。

试验人员又把猩猩乙放出来,再放进猩猩己,在动物本能的驱使下,猩猩己准备去拿香蕉,当手快要碰到梯子时,另外三只猩猩迅速地把它拎了回来,然后一顿暴打。猩猩丙和猩猩丁知道它们为什么要揍这只猩猩,然而,猩猩戊却不太明白它为什么要揍猩猩己,但是它觉得自己必须得揍它,因为当初别的猩猩也这么揍过自己,揍猩猩己肯定有它的道理。

现在猩猩己也老实了,试验人员把猩猩丙和猩猩丁也相继放出来,换进新的猩猩,不言自明的是,它们也被拳打脚踢地上了几"课"。

等四位"元老"都被换走之后,结果这四只新的猩猩还是一样,老老实实地待在笼子的另一端，眼巴巴而又惶恐不安地望着香蕉。

从这个实验里我们不仅能够理解什么是团队精神，还可以领悟到团队精神对一个企业的影响。

团队精神不是一句口号，也不是虚无缥缈的东西。团队精神就体现在我们身边的一些小事上，实实在在。

团队精神是我们的核心，是我们出行活动的保障，是我们要大力提倡并继续发扬的。

人们可以用不同的方式去解读团队精神，但团队精神的实质却是一个。

团队精神，是大局意识、协作精神、服务精神的集中体现。

团队精神的基础是尊重个人的兴趣和成就，核心是协同合作，最高境界是全体成员的向心力、凝聚力，反映的是个体利益和整体利益的统一。

团队精神是团队的灵魂，每一个成员都应该感受到团队精神的存在，并受其影响。

团队的凝聚力，是当个人目标和团队目标一致的时候，才能更深刻地体现出来。

团队的合作意识，是成员间互敬互重、礼貌谦逊；彼此宽容、尊重个性的差异；彼此间相互信任；成就共享、责任共担。

团队的服务精神，表现为团队成员对团队事务的尽心尽力及全方位的投入。

一个优秀的领导者，是决定团队命运和发展方向的核心。但一个团队就是一个王国，王国里没有智囊团是不行的。

一个好"国王"是懂得把自己天生的领导能力与集体中每个人的

第六章
团队凝聚力

智慧相结合的。

每个人有每个人的长处，在关键时刻，我们更要懂得怎样用人，怎样协调他们之间的关系。即使他们的能力相同，也会有更好的协调方法。各司其职，各尽其力，使得资源得到最优化的配置。下面是《三国演义》中张辽大败孙权的故事，从中我们就可看出曹操高明的领导协调能力。曹操在赤壁之战的失败，是他一生中最大的挫折，苦心经营起来的83万大军被周瑜一把火烧光，他本人靠在华容道哀求关羽才勉强逃得性命，所以在南郡安歇后"仰天大恸"。虽然他推口说："吾哭郭奉孝耳！若奉孝在，决不使吾有此大败也！"其实他是心痛自己所遭受的重大损失，这一点，每个读者都可以想到。故事发生在曹操回许都收拾人马准备报仇之前，他不能容忍孙权、刘备再扩大战果，于是留下曹仁、曹洪守荆州，张辽率领乐进、李典守合肥。他想荆州处于孙权、刘备的夹击之下，一定吃紧，因此除了派夏侯惇守襄阳，配合曹仁作战外，还给曹仁密留一计，吩咐说："非急休开，依计而行，使东吴不敢正视南郡。"

形势发展的结果和曹操的愿望差别很大。曹仁完全按照曹操的安排与周瑜作战，并且在形势急迫时撕开曹操留下的计谋，依计行事。射伤了周瑜。不想周瑜将计就计，诡称伤重而死，诱使曹仁离城出去，造成诸葛亮乘虚而入，夺取荆州。

曹操没有过多过问的张辽在合肥却是另外一种情况，第一战，面对孙权亲征，主动出击，先射杀了孙护卫将领宋谦，再用计射杀了孙权麾下的著名的将领太史慈，迫使孙权收兵。第二战曹操专门派人授意："若孙权至；张李二将军出战，乐将军守城。"张辽认为曹操的命令与自己面对的实际情况差别很大，于是说："主公远征在外，吴兵以为破我必矣。今可以兵出迎，奋力与战，折其锋锐，以安众然后可守也。"李典"素与张辽不睦"，于是不表态。乐进对打硬仗缺乏信心，于是建议全力守城。张辽说："公等皆是私意，不顾公事。吾今自出迎敌，决一死战。"激发起李典、乐进先公后私的情感，三人一起出战，在逍遥津把孙权打得大败。

我们不妨深想一下，曹仁、曹洪、夏侯惇等人在本领上并不次于张辽，他们作为曹操的兄弟，在忠心程度上应当说胜过张辽，为什么在具体的战斗中远不如张辽呢？这就是具体行动中，对成员间责任感和灵活度的最高要求。曹操反复叮咛、亲授妙计，反而束缚住了曹仁、曹洪、夏侯惇等人的手脚。曹操不大管得过来的张辽，可以自己制定自己的战略战术，结果却取得重大成功。

这说明，具体行动中，责任感的最高要求是掌握一份灵活的坚定。一个人的协调能力与事业成败有着极为密切的关系。作为一个欲成大事的人，必须有出色的组织协调能力，才能在面对突发情况时让你的计划迅速展开，坚定自己的目标和任务，灵活变通的处理具体的事务，协助整体团队获得最终的胜利。

团队之中，整体是第一位的，但是不管什么样的整体都是由个体构成的，忽略了个体的创造性和灵活性是要不得的，也是无法取得胜利的。这是优秀的领导者都应该明白的道理。

所以，一旦懂得了这个道理，现实生活中，不管对方是谁，一个领导者、上司、教师甚至家长，都会给自己的员工、下属、学生或子女提供一个让他们表现自我的机会，意识到自己对于全体的不可或缺性。作为一个领导者，高明之处应该在于，让团体中的每一个人的聪明才智和力量都能得到有效的发挥。

第六章
团队凝聚力

众人一心

狼从来不靠运气，它们对即将实施的行动总是具有充分的把握。当狼群在雪地中不得不面对比自己强大的猎物时，单列行进的狼会改变阵势，对敌人群起而攻之，直到把猎物变成为食物为止。在攻击时，每一匹狼都会尽心尽力，而不管自己是否会受到伤害。

阿尔法狼在担当组织和指挥猎捕时，总是会选择一头弱小或年老的驯鹿或麝牛作为猎取的目标，开始是狼群会从不同方向包抄，然后慢慢接近，一旦时机成熟，便突然发起进攻，若猎物企图逃跑，它们便会穷追不舍，而且为了保存体力，往往分成几个梯队，轮流作战，直到成功。

狼群的凝聚力、团队精神和训练成为他们生死存亡的决定性因素。每位成员都应通过发挥特有的才智和力量来肩负起对团体应尽的义务，都要为公司的繁荣与发展承担一份责任。因此，一批有智慧的狼如果死亡，并不会对狼的族群造成长久的致命伤害，因为，对这些伤害，年轻的狼早已有充分的准备了。

狼群中的每个成员都不希望成为光说不干的老板，它们乐于遵守自己的指责，扮演好自己的角色，事实上，它们的集体主义意识和协作精神远远胜过人类。每一只成年狼都各司其职，担负这抚育后代的重任，在它们猎捕时总是通力合作，彼此照应。更令人感动的事，遇到危机是，狼群总是用自己的尾巴的摆动、鼻子的相触来相互鼓励。

在一个公司中，所需要发扬的正是狼的这种集体主义意识和协作精神，它是人的社会属性在当今的公司和其他各社会团体内的重要体现，事实上它所反映的就是一个人与别人合作的精神和能力。

一个优秀的员工总是具有强烈的团队合作意识——团队成员间相互依存，同舟共济，互敬互重，礼貌谦逊。彼此宽容，尊重个性的差异，彼此间是一中信任的关系，待人真诚，遵守承诺，相互帮助，互相关怀，大家彼此共同提高，利益和成就共享、责任共担。

在一个优秀的团队中，每个成员都在尽心尽力地工作。在优秀的团队中工作让他们产生特有的热情和冲动。团队成员们会把自己的全部精力都投入到团队的工作上去，并且为了团队的利益而牺牲个人的利益。他们把团队的工作看成自己的事业，团队的成功就是团队每个成员的成功。

团队成员为团队付出了很多，作为团队的领导者应该让他们感受到团队对他们所做的一切满怀感激。领导者应该真正站在员工的角度思考问题，为他们解决一些生活上的困难，解除他们的后顾之忧。

奖励机制在团队中必不可少。团队的成员为团队做出了贡献，就一定要给予他们奖励。当然，奖励并不一定是物质上的，也可以是精神上的。但不管怎样，一定要让团队成员感觉到自己受到了公平的对待，受到了重视。

一个人的能力是有限的，当一项工作或人物远远超出个人能力范围时，进行团队协作就势在必行。团队不仅能够完善和扩大个人的能力，还能够帮助成员加强相互理解和沟通，把团队任务内化为自己的任务，真正做团队工作的主人，这样的团队会战胜一切困难，赢得最终的胜利。而作为这样的团队成员也会在团队协作这个过程中迅速地

第六章
团队凝聚力

成长起来。

麦肯锡公司有一次在招聘人员时，一位履历和表现都很突出的女性一路过关斩将，在最后一轮小组面试中，她伶牙俐齿，抢着发言，在她咄咄逼人的气势下，小组其他人几乎连说话的机会也没有，然而，她落选了，人力资源经理巴瓦名托认为，这个女性尽管个人能力超群，但明显缺乏团队合作精神，招这样的员工对公司的长远发展有害无益。

团队是一个有机的、协调的并且有章可循的结构合理的整体。这个整体的能力并不是他的所属成员的能力的简单相加，而是一种无论在数量上还是质量上都远远超出其每个成员的能力的新的力量。

一个高效率的团队是一个表现优秀，是内部成员和外界均感到满意的工作集体。他总是同高难度的工作人物、成员的全身心投入，通力协作以及对创新矢志不渝的追求紧密联系在一起。无论是案例分析、小组项目咨询，还是从事行业分析工作，团队精神是否能得到发扬，都是决定工作成果的最为重要的原因。

成功的团队合作随处可见，无论一支足球队、一个公司、一个研发团队，还是一个军队，成员的合作无间对于团队的成功至关重要，没有那个成功的团队不需要合作。良好的合作氛围是高级小团队的基础，没有合作就谈不上最终很好的业绩。在团队中往往更能够充分体现个人的价值，因而宽容、善于合作、具有团队精神的人取得成就的机会就更大。协作永远是使自己收益也让别人收益，而只顾自己的人不会让别人收益自己也不会收益。只有懂得协作的人，才能明白协作对自己、别人乃至整个团队的意义。一个放弃协作的人，也会被成功所放弃。

决不内耗

战斗力极强的狼群绝不在它们的同类面前争强斗气,一只狼在争斗中失败,就会立即主动投降,占上风的一方见好就收,狼群因此而不会出现过大的宿怨。看看它们的尾巴吧!从不像猴子一样地卷起,总是谦虚地垂于后腿之间。

在狼群中,并非每一匹狼都积极争取领导者的职位,但是,所有的狼都满足于自身所扮演的至关重要的角色,并不断地努力,以达到最完善的团队合作。

当然这并不是说狼群不会挑战权威、地位或等级——它们也会这么做。不过,每一匹狼的社会角色从幼狼时期的嬉戏之中,便已经逐渐发展成型,并在成长的过程中,不断地针对该角色进行学习与演练。

狼群的生存态度是基于这样的问题。什么事对团体最有益的?而并非与人类一样,常常因为无法满足个人的欲望,而恶意破坏其所属的组织团体、家庭或国家。有些人看来,团队精神似乎与理智动作没有多大的因果关系,大多数时候,他不过是一种态度的时间与应用,一种共同的目标,一种同时工作的体验。

不要忘记工作赋予你的荣耀,不要忘记你的责任,不要忘记你的使命。一个轻视工作的人,它必将得到严厉的惩罚。你是一个清洁工,就有义务忍受垃圾的气味,但是你是否在整天抱怨呢?是否思考过自己的责任了呢?

第六章
团队凝聚力

只要你还在工作，你就没有理由不认真对待工作。当我们在工作中遇到困难时，当我们试图以种种借口来为自己开脱时，让这句话来唤醒你渗水的意识吧，记住，这是你的工作！

世界上很少有报酬丰厚却不需要承担任何责任的便宜事。想要一时不负责任当然有可能，但要免除世间所有责任可得就要付出巨大的代价。当责任从前门进来，你却从后门溜走，你失去的可是伴随责任而来的机会！对大部分的职位而言，报酬和所承担的责任有直接的关系。

主动要求承担更多的责任或自动承担责任是成功必备的素质。大多数情况下，即使你没有被正式告知要对某事负责，你也应该努力做好它。如果你能表现出胜任某种工作，那么责任和报酬就会接踵而来。

凡是负责任的人，世界都会赋予它巨大的褒奖，不仅是金钱还有荣誉。负责人就是积极担负起属于你的事情，而不是被动地完成。

这就是说，当你被告知过一次后再做同类事情就不需要在被告知了。

另外一些人，他们直到被告知过两次后才去做事情，这类人得不到荣誉也得不到金钱。仅次于主动去做应该做的事情的，是有人告诉你怎么做事，立刻去做！

还有一类人，只有当他们被逼无奈是，才会去做事。这类人只会遭到漠视，收入当然十分微薄。这些人一生中大部分时间都在盼望幸运之神降临到自己身上。更次等的人，只在被人从后面踢时，才会去做他应该做的事，这种人大半辈子都在辛苦工作，却不听地抱怨运气不佳。

大家都有一套推脱责任的办法，大家都不愿面对现实，更不愿背负自己的担子。这种态度对于我们所追寻的理想，所期望的目标，所经营过程中的那番苦心，都是一种很大的打击。

推脱责任成了一部分人的思维定势，一遇到事情，就习惯地说不，这样久而久之，连他们本来能够胜任的东西也不擅长了。等待他们的，似乎只有一种结局：庸庸碌碌，无所作为。

难道我们就无所作为了吗？当然不是，除了尽职，一切本于善意，在我们小小的责任和关注之下，尽量发挥自己的力量。

是的，假使我们能做到这一步，也已经够了。我们不需要把整个世界的众人压在肩头或心头。只要我们耕耘一小块土地，担任一小部分任务，一个像一个小小的圈子，真个世界就会完美许多。假使我们英勇坚毅、竭尽心力去做，那就更好了。

如果团队中每一个人每天都能老老实实、诚诚恳恳地尽职尽责，那么许多人的成就累积起来，便极为可观，有了众多人的努力，就像千片雪花可以滚成一个大雪球一样，就能在世界上汇成一种无比的力量了。

不论是团队工作、公司业务，个人对团体的尽心是让团体前进的原动力。但如果没有人能身体力行团队精神，一个团队就只能成为一个羊群，而并非是狼群。我们需要的事公司中的狼群精神，能够为团队放弃自我的牺牲精神。

第六章
团队凝聚力

自我牺牲精神

狼群知道，为了生存，在必要的时候要付出一定的代价。一匹狼有什么呢？！它只有一条命，而这条命是狼群给的。所以狼从不会退缩。

狼是世界上最具有团队精神的动物，关于这一点，前面已经进行了充分的论述和描写。自我牺牲精神就是狼群团队精神的一种充分表现，狼为了团队的利益，为了大多数狼的利益，会毫不犹豫地牺牲自己的利益，即使是献出生命也在所不惜。

在人类还没有来到班纳斯草原居住的时候，狼群追逐着草原上成群的麝牛，它们捕食那些弱小的、衰老的或者生病的麝牛。后来麝牛被人全部消灭了，狼群没有了食物，很难生存下去，但是导致了麝牛消失的人类却带来了大量的羊群。因此，羊群成了狼捕食的对象，当然，这导致了当地牧民对狼的捕杀。

杀死一头狼，不仅可以得到奖励，还可以把狼皮卖给皮货商人。因此每个牧民都有捕狼的经历，那些精于此道的人甚至把杀狼当作自己的职业，他们因此被当地牧民称作猎狼人。关于狼的自我牺牲精神，我是从与猎狼人卢嘉·布尔迪索的交谈中体会到的。

让我们来听听他的讲述吧。他说：

有一次，我和艾迪（他的好朋友）发现一群狼，大约有二三十只。当时，我们带了足够的弹药，我认为我们至少能杀掉十只狼。那可真是一个不小的数目啊。艾迪先开枪杀掉了一只,狼群发现我们之后并没有乱,而是有序地向山谷的方向跑去。我们骑上马带着猎狗开始追击。跑了很长一段距离后,我们渐渐缩短了与狼群之间的距离。

正当我们再举枪准备射击时,有三只狼突然停下了,转回头来面对着我们。当时,我们一下子愣在了那里,不知道该怎么办。那三只狼停下的地方正是一个山脊,其他的狼翻过了山脊就不见了。过了几秒钟,我和艾迪连续开了几枪,打死了那三只狼。后来我们发现这三只狼都是非常强壮的狼,大概是狼群中的首领。这时,我们才明白它们是为了狼群能够逃脱,而牺牲了自己。

讲到这里,我看见布尔迪索的眼睛里流出了泪水,是为了他每日都要面对的敌人——狼,为了它们的自我牺牲精神而流的泪水。

我不知道在动物界是否还存在像狼一样敢于牺牲自我来保卫团队的动物。至少在我们人类中间,这种高尚的行为已经越来越少见了。当我们为了各自的利益而争得不可开交、兵戎相见时,我们是否应该向狼群学一学呢!

这的确是一个个人利益至上的时代,一切活动都围绕着个人价值的实现而展开。我们创造了一个又一个的英雄神话,并且对这些英雄顶礼膜拜。但越来越多迹象表明,个人英雄主义将不再是未来社会的主流,团队时代即将到来了。随着市场、经济制度、科研的逐步成熟完善,只凭一个人的力量已经不能包打天下了。任何人想完成自己的理想,都必须组建或者加入一个优秀的团队,通过集体的智慧来实现。

团队时代为我们提供了一种全新的生活、工作方式。团队的工作方式,可以让我们的工作量大为减少,工作效率提高。与个人相比较而言,团队的优势决定了在做相同的事情时,团队更容易取得成功,而团队的成功也就是个人的成功。但是，团队的特点决定了团队成员必须在某些方面放弃一些东西。为了团队的纪律，我们有时候要牺牲一点自由；为了团队的利益，个别成员有时候要牺牲一点个人利益；触犯团队的规章，就要接受团队的处罚或者批评。那种甘于做出自我牺牲的精神是团队时代优秀员工所必须具有的。

在生活中，我们总会发现身边的一些人过于斤斤计较，总想占别人的便宜，从来不能吃亏，吃了亏就好像割掉心上的肉那么痛苦。别人批评他一两句，或者给他提一点意见，他马上就得还以颜色，或者怀恨在心，伺机报复。这样的人几乎没有真正的朋友，最终一定会遭遇大的挫折，永远不会有真正的成功。这种人心胸狭窄，不能成就大事，只能在自己狭小的天地里度过可怜且无聊的一生。

一个体验不到辉煌人生的人是乏味的人，一个永远盘算自己的利益、不惜危害别人和社会的人，是难以被社会所重视的；一个在得失计较中苦苦煎熬、拿不起放不下的人自己也是非常痛苦的。

在一个团队中，有的时候由于处理不当或者工作失误，会使团队受到一些损失，甚至遭到一些失败的打击。本来，这是团队所有成员的责任，团队的领导者会面对各方面的压力。这时候就需要一些员工能主动站出来承担一些责任，减轻团队领导者的压力，改变团队的尴尬处境。那些具有自我牺牲精神的员工，考虑到领导者和团队的处境，会勇敢地站出来，把责任承担起来，替其他同事受过。这一方面，减轻了团队成员的工作压力，另一方面也表现了一个优秀员工应该有的素质。

克莱斯勒汽车公司的总裁艾柯卡，在20世纪80年代中期的一项调查中，被人们称为"近年来成功领导企业的最佳典范"。艾柯卡管理克莱斯勒汽车公司的成功经验，使他成为全世界企业界的风云人物，直到今天他的魅力仍然丝毫不减。大家都看到了艾柯卡成功辉煌的一面，却没有注意到他背后的精神。

艾柯卡是一个具有自我牺牲精神的人，在公司出现问题时，他经常主动承担责任。当然，这样做会为自己招来许多不必要的麻烦，但是他却一直坚持。这样，在他手下就形成了一个高度团结的工作队伍，他们不囿于既有的规范，敢于创新，敢于行动，因为他们有一个能主动承担责任的领导者。所以，艾柯卡取得了让许多人羡慕的成绩。

在一个团队当中，每个成员都要具有自我牺牲精神，这样的团队才能具有高涨的热情，良好的工作氛围。

第六章
团队凝聚力

忠诚与奉献

母狼是世界上最有母性的动物,它们会在猎食的过程中尽可能地多吃食物,然后全部都吐出来喂自己的孩子。

在这个商品的时代,人们习惯于交换一切,一切都可以明码标价,都可以用另外一种商品交换,可以用金钱购买。但难道你没有发现,这种看似公平的交换正使人与人之间的距离越来越远吗?金钱造成了人与人之间的冷漠。许多人都在抱怨这样的情况,岂不知这正是我们大家共同的行为所造成的。再一次,我又从狼的身上找到了令人感动的品质——忠诚与奉献。

狼是对它们的家庭、群体最忠诚的动物,这种忠诚超过了任何一种哺乳动物。在狼群集体捕猎时,如果有同伴牺牲,它们就不会离去,到了深夜,狼群会围绕在同伴的尸体周围哀嚎。那种狼嚎的声音听起来非常凄凉,我们能从中听出狼群对同伴的思念和爱。

据权威动物学家研究,狼群组织和人类家庭组织很相似,是按一定的法则和血缘关系组成。狼群在一起生活、觅食,互相照顾,它们用许多方式来表达彼此的关心和爱。狼嚎就是狼群互相交流感情的最生动、最主要的途径。狼群之间的关系,甚至比人类的许多家庭还要亲密。

一般情况下,一个狼群有大约七到十只狼。一头公狼担任首领,这头公狼有一个固定的配偶,它们负责繁衍后代,但哺育幼狼却是狼群共同的责任。母狼在产下幼狼之后，一般要在狼穴中呆上一段时间，以哺乳和保护幼狼。这段时间，公狼和其他的狼就会为母狼叼来食物，以保证母狼的身体健康和奶水充足。但母狼并不让家族的其他成员靠近幼狼，即使是幼狼的父亲也不能例外。它们一旦靠近幼狼，母狼就会发出愤怒的嚎叫，那代表了母狼对幼狼深深的爱。其他的家庭成员们只是将觅得的食物放在洞口，以备母狼食用。母狼短时离开巢穴是为了饮水和排泄。就像母亲经常为婴儿换尿布和洗澡一样，母狼也经常用舌头舔拭幼狼的全身，为狼仔擦洗身上的污秽。

　　大约在出生一个月之后，幼狼才第一次走出洞穴，参加狼群的活动，这时，成年狼会对狼仔发出轻微的叫声以表示欢迎。然后，保护和照顾幼狼就成为狼群共同的责任。

　　看了这些文字，我们都会感叹。这不正是我们理想中的家庭模式吗？但在我们把这样的理想付诸行动后却会产生这样或那样的矛盾。当我们的家庭成员为了某些并不太重要的事情而争吵时，狼群却在平静地生活。在一个狼群中，只有头狼和它的配偶才能有生育的权利，而其他雄狼和雌狼却连交配的能力都没有。这一方面是为了控制狼群的数量和狼群后代的质量，但从另一方面看，家族的所有成员都做出了很大的牺牲。它们没有自己的后代，它们为了狼群共同的利益而放弃了许多利益。这些都充分体现了它们对狼群家族的忠诚和奉献精神。

　　忠诚是一种难能可贵的美德，尤其是在当今社会。公司老板们希望自己的员工有很多优秀的品质，但最重要的是：对公司忠诚，肯为公司奉献。许多老板们都翘首以盼地等待着这样的员工出现。

　　现在许多人抱怨公司给员工的薪水太低，但他们没有注意到：有些人并没有太超群的工作能力，但他们却可以拿很高的薪水，而且他们会经常受到其他公司的邀请，这些公司为他们开出更高的薪水。为什么他们这么受欢迎？因为他们忠诚——对老板忠诚，对公司忠诚，对团队忠诚。即使他们受到其他公司的邀请，那里有优厚的待遇，有宽松的工作条件，但他们的老板却丝毫不担心，因为老板相信他们的忠诚，相信他们不会为了多拿一点点薪水就放弃现在的事业。所有的这些都是对他们忠诚的回报和奖赏。

忠诚需要感情和行动的付出。这些付出在一些普通的人眼里可能是很愚蠢的行为，但最终他们会发现"如果你是忠诚的，你就会成功。"这句话千真万确。忠诚的付出就是奉献，奉献不仅仅是对工作应有的付出，而且是要从心底里热爱自己的工作，并心甘情愿地为它付出。忠诚与奉献并不是用嘴说的，它需要你付诸行动。在公司和团队发展顺利时，踏踏实实地工作就是忠诚；在公司和团队的事业遭受挫折和失败时，无怨无悔就是奉献。

牧师法兰克·格兰曾经说："如果你忠实于他人，有可能会受到欺骗，但如果你忠实不足，就会活得十分痛苦。"任何人都是有感情的，包括你的上司和老板。你对公司和团队所做的一切，他们都会看在眼里，记在心里。他们并不糊涂，他们明白自己的团队中最需要什么样的员工。对于那些虽然很有才华，但并不可靠的人，他们是绝对不敢重用的，因为那样他们就会有很大的风险。老板们更愿意重用那些忠实可靠的人。

一个团队能取得什么样的成就取决于它拥有什么样的员工。没有优秀的员工，就不可能做出出色的成绩。相反，当一个团队已经形成一个良好的氛围和文化，那么就会对团队成员在无形中产生一种督促作用，使团队成员做得比原来更出色，同时也使后来者有了一个更高的起点和平台。

在一个团队中，所有的活动都要围绕一个共同的目标展开。但团队的各个部分甚至每一个人都是相对独立的，它们都有自己的目标和任务，都要独当一面。足球队的状况和企业团队的状况很相似。在足球场上，每个人都有自己的位置，都有自己明确的任务，或进攻或防守。后卫不能随便挤占前锋的位置，后腰不能跑到左边锋的活动区域，尤其是守门员更是不能擅离职守。每个位置的队员都要严格遵守主教练的战术安排，协同作战，互相配合，并给予同伴充分的信任。当球被攻到本方禁区时，将球踢到远离自己球门的位置是守门员和后卫的职责，而其他的队员也有义务去帮助后卫和守门员将球踢出危险地带。将球踢到对方的门里就是前锋和其他进攻队员的职责，而后卫们也可以适当插上进攻，但前提是不能让对方的前锋趁这个机会偷袭得手。

在一个球队中，最重要的就是队员之间的团结。虽然有的球队中大牌球星云集，但他们往往不能取得好的成绩，而往往是那些没有什么大牌球星、队员实力并不突出的球队却能让人们眼前一亮。大牌球星有的自视甚高，认为凭一己之力就可以战胜对方，所以他们不重视团队配合，不遵守主教练的战术安排，而这样的球队就会被团结的球队所打败。

企业就是团队，公司就是团队，我们所谈论的团队虽然与足球队形式不一样，但它们的确都是团队，都需要团结，都需要团队成员之间相互配合、忠诚和奉献。一个团队有完整而长远的战略规划和发展方向，而团队的各个部分、各个成员都要围绕这个整体的战略和发展方向，互相配合，并在需要时做出某些个人利益上的牺牲。每个成员

第六章
团队凝聚力

都要对团队忠诚，为团队做出贡献，这样的团队的力量是强大的，是不可战胜的。

竞争激烈的经济领域，合作更为重要，参与竞争的公司就是合作的表现形式。但合作并不一定产生1+1>2的效果，如何进行有效合作，形成一种团队精神，以达到整体效益大于部分之和的效果，是每一个公司的重要任务。

所以，在现代公司团队建设中，打造一支协作性团队无意识公司实现目标最有力的保障。马克思论述分工和协作的时候，提出协作力这种概念，这种协作力，就是一种团队精神。

狼不仅仅在内部富有团队精神，也能与其他动物合作。在我们的公司中，不仅仅要在内部起到互助合作的团队精神，也要善于与公司外的其他人合作。例如大家都熟悉的惠普公司，虽然本身就已是一个很强大的公司，但也非常注重跟其他公司的合作。

微软刚创立时公司还不是很显眼，当时，美国最大的电子公司——IBM公司正在研制一种新型的个人微机，这种新型机需要配置相应的磁盘操作系统软件，美国计价软件公司仅仅注视着，想抢到这笔生意，微软也不例外。

一开始IBM并不重视微软，而当时一家公司的CP系统在市场上非常有名气，可是不久之后，IBM突然致电比尔·盖茨，想与他进行商谈。

比尔·盖茨知道这是一次提高公司声誉、扩展公司业务难得的好机会。于是，他先花钱买到西雅图一家小公司的86-dos进行修改和扩充，，制成一种新型操作系统软件，命名为Ms-dos。

比尔·盖茨带着这种新型软件，亲自去IBM总部联系业务，亲自操作这种软件给总裁看，说明这种软件的优越之处并尽量压低自己的要价。

1981年8月12日，这是电脑行业具有划时代意义的一天，全球最大电脑生产商IBM宣布他们生产的个人电脑正式推出，而它的操作系统正式微软公司的MS-DOS。

消息一出，整个世界计算机行业为之震惊，微软公司的名声响遍了世界各地，许多公司纷纷上门洽谈生意，微软公司的业务顿时扩展了数十倍，成为美国软件业的佼佼者。

在这次合作中，虽然微软公司实际上并没有获得多少利润，但由此带来的声誉却为他们赚取了百倍的利润，更为微软公司的未来开辟了一条光明大道。这一切，均源于借助IBM这棵大树给微软带来的浓浓的生机。

在现代公司发展中，只有合作才能发展，单纯依靠某一个公司自身是不能够真正的强大起来的。然而，要想合作一定要注意选择到合适的伙伴，许多公司就是没有正确认识到两家公司合作的因素是什么，只认为合作兼并上好公司就能化危机为赢机，而忽视了条件的重要。其实，良好的伙伴关系要求合作对双方都有互补性，而真正互补有需要付出很多努力才能建立。

狼之所以会成功，就在于它们团结一心，同进同退；因为它们知道，合作就是力量，团结才能成为强者，由此才使它们的每次进攻都能够获胜。

由此在现代社会中，没有合作也就不会成功，也就没有一切。

一个人想要做成一件事情是不可能的，合作才能产生奇迹。许多人都能把这一点挂在嘴上，而真正合作起来的时候，首先他们又考虑

第六章
团队凝聚力

的是自己的利益,如果只考虑自己的利益,那么合作的前提就会失去了。

合作伙伴能够得到更多的利益才可以称得上是真正的合作,自己在此基础上就能得到最终的利益,否则两个人什么也得不到。而许多人并不能理解这一点,认为人没那么高尚,是办不到的。

"一个和尚挑水喝,两个和尚抬水喝,三个和尚没水喝"是我们中国早就有的说法,并以此作为反面教材来教育后代,要培养合作意识。但那么多年的教育,到了今天,一到国外,仍然是"一个中国人是一条龙,三个中国人在一起是只虫",我们对这种"屡教不改"的悲哀不能不深思。

有这么一个寓言故事:

从前有两个饥饿的人得到了长者的恩赐:给了他们一根鱼竿和一筐鱼让他们两个选。其中,一个人要了一筐鱼,一个人要了一个鱼竿。然后他们分道扬镳了。得到鱼的人原地就搭起篝火煮起鱼,他狼吞虎咽,鱼真正的味道也没有品尝出来,就把鱼和鱼汤一并送进了肚子。不久,他便饿死在鱼筐旁。而拿着鱼竿的另一个人继续忍饥挨饿,朝海的方向一步步坚难地走着,可当他已经看到不远处那片蓝色的海洋,他使完了浑身最后的一点力气,他只能眼巴巴地带着无尽的遗憾撒手人间。

长者又给另外两个饥饿的人同样的恩赐:同样是一根鱼竿和一筐鱼。只是他们并没有各奔东西,而是两个人商量共同去寻找大海,他们每吃一顿饭只煮一条鱼,并且在吃的时候两个人还互相谦让,谁都不愿多吃一点,觉得对方应该多吃一点,才能比自己有力气,才能帮助自己。就这样,他们终于找到了大海,并且开始过着打渔为生的生活。过了几年之后，他们各自的家庭、孩子都有了，自己建造的渔船也有了，并且还过上了幸福的生活。

合作就是想方设法让对方得到更多的利益，两个人才能把更多的财富创造出来。相对来说你得到的会少一些，但按绝对值，这样你所得到的就不再是耿耿于怀的数量。

合作意识的具备，还在于努力寻找合作伙伴，只要把合作伙伴找到了，比什么都值钱。

只要有了很好的想法和产品，发展的机会就不怕没有，不用担心实现自己的想法没有条件，寻求合作机会可以用不同的方法。

写自荐信就是一种。

当年赵章光寻求合作伙伴的故事，就可谓"山重水复疑无路，柳暗花明又一村"，经过他艰苦的探索和研究，终于把"101"脱发再生精研究出来了，但当地卫生部门和医院不能接受，认为他的"101"与"江湖骗子"的膏药没有两样。但赵章光对自己的成果很坚信。

在他开办脱发诊所被取缔之后，便用了一种非常原始的办法，那就是开始四处投寄自荐信，寻求帮助和合作。

功夫不负有心人，他的自信被中西医结合医院院长无意间发现后，大喜过望，便向当地有关部门积极地举荐。不久，便邀请赵章光北上开诊所。从此，赵章光走上了更宽广的发展之路。

团结力量大，这个道理每个人都懂，因此成功就需要团结，只有团结才会成功，狼群在遇到敌人的时候，它们都是非常的团结，所以它们才会成功，这与我们做事是同一个道理，只有团结起来才会成功。

第六章 团队凝聚力

🐺 团队合作

狼群不仅彼此合作，也会与其他动物和谐的共同合作。与其他动物合作，通常是为了达成彼此的各自所需，狼队合作伙伴不会做出任何限制，只要是为了完成共同的目标，即使是对手也可以合作。狼群与大乌鸦之间的合作，就是其中的一个例子。

大乌鸦是极其优秀的高空探索者，当他在高空发现受伤或死亡的猎物时，便会把消息的传达给狼群，充当他们的信差，并带领两个不同的组群到达猎物所在的地点。此时，野狼强壮的爪子可以为大乌鸦撕开猎物的躯体，为彼此提供充足的食物，以应付危机四伏的原野生活。

狼群为乌鸦扮演着剖开猎物的刺刀角色，大乌鸦则为狼群扮演者传达信息的侦察兵和清理食物残渣的清洁工的角色。他们不仅共同生存在自然世界里，而且似乎合作得很愉快。这种合作关系，让他们双方在适者生存的竞争考验中，成为千百年来持续领先其他动物的最优秀群体之一。

当狼与大乌鸦一起进食时，狼会象征性地驱赶身旁的乌鸦，但永远不会真正去伤害乌鸦，把乌鸦当成自己的食物；乌鸦则会在狼进食的时候啄它的屁股，乌鸦似乎也懂得这一点——二者间的追赶只是一种游戏。两种动物不仅能和平相处，而且很显然他们之间存在着依据大自然的效率法则和数千年的经验逐渐形成的错综复杂的合作关系。

狼群为了生存和发展，他们很擅长与其他动物之间的合作，这一点对公司之间的合作提供了极好的借鉴。

现代公司的竞争就是团队的竞争，就是团队协作能力的竞争。精诚合作的团队精神是公司成功的保证。在专业分工越来越细、市场竞争越来越激烈的前提下，单打独斗的时代已经过去，合作变的越来越重要。

1961年，25岁的韦尔奇带着漂亮的新婚妻子来到马萨诸塞的匹兹菲尔德，并已经以化学工程师的身份在GE的一家研究所里工作了一年，年薪是10500美元，年终还涨了1000美元，他觉得挺不错。可当他发现一个办公室里四个人的薪水居然完全一样时，他去找老板说理。结果，没有任何结果，沮丧之际，他萌生了去意。

就在这时，上一级主管鲁本·加托夫来到研究所检查工作。他与韦尔奇并不陌生，他们曾经在几次业务会议上碰过面，韦尔奇每一次都能提出一些让他眼前一亮的看法。韦尔奇就是想"脱颖而出"，而鲁本·加托夫显然已经注意到了这一点。当他知道韦尔奇将要离去时，晚饭的四个小时里竟一直在极力做着挽留工作，并发誓要杜绝公司的官僚作风对韦尔奇的影响。夜里一点钟了，他又在高速公路旁的电话亭里打投币电话，继续游说……韦尔奇和妻子已经进入梦乡，可鲁本还在工作。对于这件事，杰克·韦尔奇在自传中说：

在黎明后的几个小时，在欢送我的聚会举行之前，我决定了，留下来。从此，我再也没有离开GE。加托夫的认可——他认为我与众不同而且特殊，给我留下了深刻印象。打那以后，区别对待便成为我进行管理的一个基本组成部分。

有些人认为区别对待的做法会严重影响到团队精神，但在我看来

第六章
团队凝聚力

这是不可能的。你可以通过区别对待每一个人而建立一支强有力的团队。瞧瞧棒球队——每个人都必须认为比赛里有自己的一份，不过这并不意味着队里的每一个人都应该得到同等对待。我深刻地体会到，比赛就是如何有效地配置最好的运动员。谁能够最合理地配置运动员，谁就会成功。这一点对于商业来说没有任何不同。

成功的团队来自于区别对待，即保留最好的，剔除最弱的，而且总是力争提高标准。

当然，在处理团队与个人的关系时，团队的领导者也不能为了留住那些有能力的人才而置公司的各种规章制度于不顾。团队毕竟是一个讲究集体力量的人员综合，如果忽视了集体的力量，同样不能达到预期的目标。

狼群杀阵是一个团队真正意义上的整体配合，分工，协作，共同面对目标，发动一致的行动。这是许多公司培训是梦寐以求的结果，而这在狼的身上却充分体现了出来。我们可以通过管理仿生学，从狼群中直接学过来。

在公司中，一个个人才就像一棵棵晶莹圆润的珍珠，公司不但要把最大最好的珍珠买回来，而且要有自己的一条线，能够把这一颗颗零散的珍珠串起来，共同串成一条精美的项链。如果没有这条线，珍珠再大，再多还是一盘散沙，他们起的作用不过是以一当十的匹夫之勇。那么，这条线是什么呢？就是能把众多珍珠凝聚在一起，步调一致，为了共同目标而努力的团队精神。

一个公司要想在激烈竞争中壮大下去，首先要选定发展的方向，明确自己的目标，这样就要求每一个员工也要有自己的小目标，各个击破，最终向公司的大目标靠近，盲目只会走向死亡。

员工是一个团队最为宝贵的财富。团队为员工提供了施展自己才华的机会和舞台，团队为员工提供了实现理想的机会。但作为团队的一员，员工一定要时刻铭记自己的职责和使命。员工只是团队的一员，即使再受重视，再有才华，也不能以自我为中心。团队的性质决定了每个员工只是团队的一部分，而不是整体。员工的所有工作都应该是以实现团队的目标为中心的。

要成为一个优秀的员工，就必须要有明确的分工与合作意识，要有团队精神。

团队之间相互合作才能够使得个人和事业都有所发展，而且还会提供出更多无限的机会。在与团队合作的过程中，每个人都能分享到他人好的一面，并将这些"好的一面"汇集成一股"团队力量"，最终保证团队目标的实现。所谓"团结就是力量"，"团结起来力量大"，讲的就是这个道理。合作还能够形成紧密的意志力

何为"结合的意志力"？就是指把每个人的个人意志力集合起来，就会形成一个共同的意志力，这个"共同的意志力"就是"结合的意志力"。一个组织要想实现自己的目标，取得事业的成功，首先必须使组织中每个成员的意志力形成为一个共同的意志力，即"结合的意志力"，如果每个成员"各吹各的号，各唱各的调"，你东我西，各行其是，这样是绝对也不可能获得成功的。"钢铁大王"安德鲁·卡内基把他在钢铁业取得的巨额财富，都归功于结合的意志力。即公司上下每个成员都基于一个明确的目标，各自奉献出自己的经验与学识，共同打下钢铁市场。而卡内基的主要工作则是让他们通力合作，实现共同的目标。合作能产生出新的更大的意志力。

合作不仅能形成"结合的意志力"，同时还能够产生出新的更

第六章
团队凝聚力

大的意志力。"结合的意志力"只是单个意志力的总和,而"新的更大的意志力"则会远远超过单个意志力的总和,我们常说的"1+1>2",所讲的也正是这个道理。

我们需要知道,人的大脑就如同电池一样,在能量损耗之后,电池就不再会发光,大脑就会萎缩,人就会变得无精打采,畏缩不前。这时,就必须要"充电"。充电有很多方法,最有效的方法就是与智慧聪敏、精力充沛的人经常接触,互相交流,以此互相充电。当两个以上的人同心协力、互相交流时,团体中的每一个成员都能够在潜意识之中吸取其他成员的学识和能力。这种效果立即可见,它能够激发出更多的智慧、更大的力量、更丰富的想象力和第六感。通过第六感,新的灵感就会浮现出来,自然而又快速地与你思考的主题结合起来。如果合作的整个团体,专注地探讨共同的主题,灵感就会源源而来,好像有一种外在的助力。大家的心就会像磁石一样,就能够吸引新的观念与思想,从而激发出新的智慧和新的力量,由此产生出最大的意志力与凝结力。

合作是21世纪的一个重要的成功策略,在科技进步、专业分工日趋细微的今天,任何一个天才都难包打天下,任何一项重大的成功都离不开集体的智慧。未来学告诉我们,对于如今的21世纪的失败已经不再是败于大脑的智慧,而是败于人际和人机的交互上。

这个时代已不再是"小作坊"的天下,合作是发展的根本需要。孤单力薄的个体如何能干预现代化的"舰队"竞争呢?团结起来,组织现代化的"联合舰队"参与时代的"马拉松竞赛"。这是一种当今社会生存竞争的根本需要,同时也是人类发展竞争的需要。

一个人的成功是与别人的合作分不开的,每一位成功者最爱说的一句话是:"我能有今天,离不开大家的支持,成绩应归功于大家。"这虽是一句自谦之词,但也深刻地道出了成功的一条秘诀,生活中需要合作的事太多太多,让我们牢牢记住这句话:"合作就是力量"。

团体不意味着完全的依赖,自立自强的信念并不与团体利益相冲突。最优秀的团体也是因为拥有最优秀的个体才更加优秀的。摆正自己在团体中的姿态,坚信自己能给予团队最高的价值。

在今天,团队精神已经成为每个渴望成功的人必备的素质,也成为各企业的核心。一个有高度竞争力的企业不但要求有完美的个人,更要有完美的团队。无数的个人精神,凝聚成一种团队精神,才可能战无不胜。团队精神的核心——协同合作;团队精神的境界——凝聚力;团队精神的基础——个性创造。团队精神是看不见的堡垒;团队意识是同心合力、团结共进、群策群力、众志成城。

在许多方面,法国杰出的政治家和军事统帅拿破仑被西点军校的学员们奉若神明,尤其是其在团队精神方面所体现的表率作用更被视为典范,而发生在拿破仑身边的很多故事也是每一个具有团队精神的西点学子所借鉴的。

拿破仑年轻的时候,一次到郊外打猎,突然听见有人喊救命,他快步走到河边一看,见一男子正在水中挣扎,这河并不宽,拿破仑端起猎枪,对准落水者,大声喊道:"你若再不自己游上来,我就把你打死在水里!"那人见求救无用,反而更添一层危险,便只好奋力自救,终于游上岸来。

拿破仑当了皇帝以后,一天清晨,在花园中散步,迎面被身上背着很重的物品的士兵挡住去路。这时宫廷的侍卫长忙喝令这个士兵给

第六章
团队凝聚力

拿破仑让路，拿破仑忙阻止说："不要这样，请尊重负重者。"并给负重士兵让开一条路。

拿破仑拿枪逼迫落水者自救，是想告诉那个落水者，自己的生命本应该是自己负责的，唯有负责的生命才是真正有救的生命。"请尊重负重者"，在拿破仑看来，地位的高下是不重要的，重要的是生命肩头的分量。每个人作为独立的个体存在于这个世界，都有应该承担的责任和应该履行的义务，努力的自我改造，不断的追求更高更强。

同样的道理，在企业中，团队里面的一个员工遇到一件棘手的问题时，他往往会找到他的上司或者直接把问题抛给他的上司。当然，领导与员工相比，他们同时处理一件事情，领导的确要比员工有着先天的优势，所以很多的领导也乐意帮助员工去处理他们遇到的问题。但这确实是一个愚蠢的做法，尽管这样的做法会有眼前的效果，但他却也扼杀了员工的斗志。长久以往，会使这个人逐渐丧失独立性，丧失他本应该在团队中承担的责任。对于军队而言，没有哪个社会组织能比军队更加强调队员自力更生的能力的，也没有哪个组织比军队更加重视团队精神。这种表面上的矛盾很容易理解：每一位士兵首先必须尽可能地足智多谋，才能为自己的团队出谋划策——而不是依赖团队。

尽管团队需要合作，但也有很多是必须独立完成的，从他们对集体所作的贡献来讲，也是团队不可或缺的部分。无论在社会的哪一层，团队都绝不是个体成员的避风港。西点中的团队，无论是在演习还是战斗中，都是积极进取的，他们不断向前推进。班组和排里的西点学员或许会相互掩护，但他们不会完全依赖于队友或团队的保护。另外，团队也鼓励进攻，因为每位学员都不愿在自己队友面前表现出畏惧的情绪。如果一个员工是由于集体的原因未能完成目标,那还不如让他单打独斗呢!

管理学中著名的"木桶原理",是说一个团队总是以最低的那个为尺度。优秀的团队绝不允许自己的队员中有庸才的出现,因此,要使自己的团队成为优秀团队,首先就要让自己优秀起来,做最强团队中最强的个体。

狼族的协作精神

狼有着积极上进的协作精神。这种高效的团队协作性，使它们在攻击目标时无往而不胜。独狼并不是最强大的，但狼群的力量则是空前强大的，所以有"猛虎也怕群狼"之说。

狼族精神体现了"敏锐的嗅觉，不屈不挠、历不顾身的进攻精神，协同作战的团队精神"。由此我们联想到了公司的发展，团队精神是公司真正的核心竞争力所在。现代公司的竞争就是团队之间的竞争能力，就是团队协作能力的竞争。精诚合作的团队精神是公司成功的保证。我们人类必须多向狼族学习协作精神。

一个缺乏团队精神的公司是很难在竞争激烈的市场中取得胜利，残酷的现实使得每个人的力量进一步在社会中弱化。个人英雄主义的时代已经终结，一个公司只有依靠所有员工的努力，才能够做大，做强。如果只强调个人的力量，你表现得再完美，也很难创造很高的价值，所以说，没有完美的个人，只有完美的团队。

竞争激烈的现代公司最需要狼的团队精神，孤单英雄拯救这个公司命运的时代彻底结束，我们现在需要的不是一个英雄，而是一群英雄。狼群杀阵已经是公司取胜的重要法宝，他正在取代流行上百年的管理哲学。

公司在某种意义上是团队的代名词，但这并不意味着是否是一个幼小的整体。只有具备群狼精神的团队才真正具有杀伤力，否则只是一群乌合之众，并不具有战斗力，相反，他们反而使得团队更没有凝聚力，不如个体来的有力量。

一个人没有团队精神将难成大事；一个企业如果没有团队精神将成为一盘散沙；一个民族如果没有团队精神也难以强大。

单打独斗的时代已经过去，我们需要一个高效的团队；公司的核心竞争力是经过有效磨合的团队。崇尚英雄、依靠个人的力量实现宏伟目标的时代已经过去，个人再完美也只是一滴水，要使一滴水不至于干涸只有把它放到大海里面，而一个团队、一个优秀的团队就是大海。

前英特尔公司总裁兼首席执行官司安迪格鲁夫说："一个公司，一个政府以及人类社会的大多数组织活动不但是由单个的人参与的，更是由一定的团队集体行动完成的。"松下幸之助说："松下不能缺少的精神就是协作，协作使松下成为一个有战斗力的团队。"卡耐基说："放弃协作，就等于自动向对手认输。"朗讯CEO陆思博女士说："协作对于今天的公司而言，就是生命。没有协作精神的员工会对公司极不负责任。"

因此，对于公司的团队来说，一个团队要建设好，需要每一个方面，每一个环节都做得好，才能保证团队的力量，相反，如果团队建设中的任何一件小事，任何一个细节做不到位，都会影响团队整体的威力。

众人划桨开大船！微小的公司只要内部员工团结起来，就能够在竞争激烈的市场上获得地位，击败那些看似庞大的跨国公司。

现代公司最缺乏的是统一的意志，每一个员工总是认为自己是最优秀的，在肯定自己的同时，不自觉地否认了别人。我们需要的不是一群乌合在一起的"纸老虎"，而是一群团结在一起、极富杀伤力的狼。

作为一个员工，要想取得成绩，只发挥以一当十的干劲还不够，

第六章 团队凝聚力

还必须提高自己的团队合作能力，是整个团队发挥以十当一的功效。

团队协作模式对个人的素质有较高的要求，成员除了应具备优秀的专业知识以外，还要有优秀的团队合作能力，这种合作能力，有时甚至比成员的专业知识更加重要。

狼无疑给现代公司的发展模式指明了一个方向，员工们也就拥有了一个值得学习的自然界偶像。许多管理学者试图从群狼的身上为现代管理找到一条捷径，让每一个员工能够自由自主地工作。这种努力现在已经变成了现实，现在野狼的精神只要运用到公司的团队管理中，就能发挥其巨大的效益。

当团队主宰公司命运时，事实上野狼的精神就成了员工奋斗的源泉。高效运作的复杂组织时时刻刻离不开分工协作，相互配合已经提升到管理的最高层次。我们需要一种新的公司精神，一种可以团结所有员工的整体精神，而这只有狼可以给我们帮助。

任何一个企业，任何一个公司，任何一个团队，都会存在人员的流动，这是再正常不过的事情。相反，如果在很长一段时间内没有人员的流动，就会在内部造成一种沉闷的气氛。没有了竞争，没有了压力，人们就自然会变得懒惰，这是自然规律。因此，在一个团队中，新鲜血液的补充必不可少。

为什么美国能在短短两百多年的历史中，就发展成为世界上唯一的超级大国？无论是在经济、政治、科技、军事，还是在文化、教育、环保等领域，美国都深深影响了整个世界。这是任何人都不能不承认并且应该深入思考的事实。可能，不同的人会给出不同的答案，因为每个人观察和思考的角度都不一样。但有一点却是得到全世界的认同的，那就是它的开放性。

美国是世界上最开放的国家，它吸引了来自世界各地的各种肤色、各种类型、各种风格的优秀人才，虽然这同样会带来许多隐患，但美国人从来不会关上大门，从来不会拒绝任何能促进美国发展的新鲜事物。美国具有强大的消化吸收能力，美国人总能把世界各地的东西融会到他们自己的文化当中去。

一个健康优秀的团队，应该广泛吸收各种不同类型的成员。领导者应该敢于把那种虽然与自己有不同工作理念，但的确能为己所用的人才吸收到团队中来。我们的社会变得越来越多元化，几乎任何一个命题都有相对成立的反命题。任何一种具有封闭性的思想和行为都会误导我们的判断，限制我们的发展。开放性应该成为我们时代最为重要的信念。

一个企业之所以强大，原因是什么呢？

这个原因就是员工之间的合作、合作、再合作。一个员工必须学会和别的员工进行合作，因为每个员工都是团队的一员，像狼群一样进行团队生活，才能发挥出最大功效。不论是一个人想在社会上有所作为，还是一个员工想在企业中有所贡献，团队精神都是必不可少的。

对于一个由狼性员工组成的团队而言，每一个员工都有自己的优势和长处，在这个团队里，他们可以充分展现自己的个性，发挥自己的能力，为团队创造业绩。同时，与其他团队成员进行优势互补，发挥团队的最大威力，制造出1+1＞2的效果。充分发挥团队成员之间优势互补的作用，让全体团队成员尽可能地发挥各自的才能，使整个团队产生整合后的聚变，具有超级战斗力。

在职场中，能够挥洒自己的独特个性，使团队能够优势互补，也是一个优秀员工的体现。在这个竞争激烈的时代中，首先面临的是职业生涯的起步阶段。这一阶段大约是3~5年时间。从本质上说，这还是一个学习阶段，只不过学习的是工作方法及规则等。在这一阶段，多数人满怀希望，雄心勃勃，但现实往往让他们感到很失望，成就感几近于无。

此外，还要面对较长的工作时间及较低的报酬。那么，职场新人怎样才能胜出呢？个性，指的是一个人的特殊才能，是一个人的发展优势。一个人不可能什么都行，但必须有一样能超出众人，这在职场中胜出是很重要的。

每个人只要踏入职场，就不可避免地要与许许多多的同事打交道，这些同事性格各异，价值取向、做事风格等也不尽相同。虽然与跟自己一起共事，有可能因为看事观点不同、做事方法不一而发生摩擦，甚至产生冲突，但如果善于求同存异，双方互相取长补短，建立起互补型的同事关系，一切问题便能迎刃而解。

就像在战争中一样，成员之间只有互为依靠、协同作战，才能以最小的损失赢得最大的胜利。在职场中，一些单位往往会将不同性格的人安排在一个团队内，达到工作时性格互补的平衡。

俗话说，"三个臭皮匠，赛过诸葛亮"。"臭皮匠"们胜过足智多谋的"诸葛亮"的制胜法宝就是相互协作、互相补充。在美国硅谷，流传着这样一个"规则"：由两个MBA（工商管理硕士）和MIT（麻省理工学院）博士组成的创业团队几乎是获得风险投资人青睐的保证。当然，这也许只是个捕风捉影的说法，但蕴含着这样一个真理：一个优势互补的创业团队对于企业是举足轻重的。

柳传志曾经把联想集团解释为"一个人与别人相比，比人家弱，合在一起就比较强"的企业。联想汉卡的成功就是联想人"合在一起"的优势的体现,直接从事研究的有一个近10人的小组,柳传志还专门请来倪光南,发挥他在中文信息处理技术方面的特长,完成将汉字系统向PC移植的工作,把汉字系统集成到一块芯片上,不到半年,研制成第一块汉卡;然后,还有数10名具有研究员、副研究员职称的专家带领一支上百人的队伍,分别负责采购、生产、销售、培训和维修等环节,这才保证了联想汉卡的全面成功。联想培养人才也特别注重协调作战能力的训练。1994年,联想成立了总裁办公室,将一些在各方面有良好可塑性的人才集中到总裁办,这些人中有一线业务部经理,有职能管理部门的经理。凡总裁需要决策的项目都会事先拿到总裁办讨论,因为这些成员将来极有可能要管理整个公司,现在提前把大家聚在一起议事,逐步在脾气秉性和价值观上融合,在能力上能够相互补长,形成有机高效的协作方式,组成一个团结有力的工作班子。

战国时代,齐国公子孟尝君养食客三千,各色人才集聚一堂,一有任务便各显其能,有效合作,甚至"鸡鸣狗盗"之徒也善加利用。有一次出使秦国时,突然事情有变,秦国欲加害于他,他手下有一人善偷,就盗来通行秦国的重要牌证,到达秦国边关时,天还未亮,关门不开,后面追兵渐近,形势危机,手下一人善口技,就学鸡鸣三声,守关士兵以为就要天明,便打开关门,孟尝君得以顺利出关,逃过一劫。很显然,孟尝君个人的显赫离不开他拥有的这支优秀的团队。

现代人力资源提倡的是:系统开发,协调发展,选贤任能,适才适能,扬长抑短,群体相容。不同年龄,不同专业,不同个性,不同性别的组合可以互补增值,团结就是力量,1+1＞2,这就是优秀团队的核心思想。一个优秀的员工,会把自己所有的优势发挥出来,以便团队达到优势互补。

第六章 团队凝聚力

🐺 沟通是团队的润滑剂

善于交流沟通的狼用嚎叫、用鼻尖相互挨擦、用舌头舔、采取支配或从属的身体姿态,使用包括唇、眼、面部表情以及尾巴位置在内的复杂、精细的身体语言来传递信息,或利用气味来传递信息。

狼是自然界最善于交流的动物之一。对狼来说,交流的艺术在于密切注视各种各样的交流方式,狼之间复杂精细的交流系统使它们得以不断地调整战略战术以获得成功。

狼群交流沟通的方式十分多元化,它们使用每一种能够运用的方式。它们的表情非常多样,甚至嘴唇、眼睛以及尾巴都能表达它们的情感;在狼群的行动中,不同的动作也表明了它们的喜怒哀乐。

让我们再来看看塞顿的描写吧。

从某种意义上说,狼没有语言。它们的沟通方式可能很有限,是几种吼叫、咆哮和咕哝,这只能表达最简单的情绪。但是,它们有好几种其他方式可以表达思想,还有一种非常特别的信息传递方式——狼电话。在它们的活动范围内,分散着许许多多公认的"中心"。这些"中心"可以是石头,是交叉小路的一角,或者是一个水牛头骨。实际上,任何一条主路上的一个比较显眼的物体,都可以被当作"中心"使用。一只狼在那里呼叫的时候,就像一条狗在一个电报点那样,或者是像麝鼠在某一小块泥浆处那样,把它身上的气味留下来,并且根据这个地方的情况,了解其他有什么样的动物最近来过这里,做过什么事情等等。它可以知道它们是什么时候来的，去什么地方了，还能判断出它们当时的情况：是否被追捕，是否饥饿，是否已经吃饱了，或者是不是病了。通过这个登记系统，一只狼就可以知道它的朋友在什么地方，也知道它的敌人在什么地方。

许多人都在动物园看见过狼，甚至有的人还在草原上或者森林中见过狼。这种机会已经非常难得了。所有见过狼的人都知道，狼最吸引人的地方就是它的那双眼睛。当我们以游客的身份去观看老虎、狮子或者猎豹时，它们即使是在铁笼中的囚徒也那么高傲，对观看者不屑一顾。但当游客观看狼的时候，狼一般都会静静地与游客对视，直到游客不敢再盯着它的眼睛而走开为止。

每个人都能从狼的眼睛里读出不同的东西，孤独、寂寞、渴望或者其他的情绪。其实，眼睛是狼群最有效的沟通工具。狼可以通过改变瞳孔的大小来表达愉快、同情、恐惧、惊奇以及其他一些情绪。

当狼群与自己的孩子交流时，它们表现了自己慈祥的一面，根本不去计较什么辈分，它们要让幼狼感觉到平等。这时，幼狼会爬到它们身上，甚至与它们厮打，无论幼狼做什么过分的举动，它们也不会生气。

对于狼群来说，交流沟通就是它们生存的保障。狼群有着严格的社会组织和等级制度，它们是世界上最团结的动物，所有这些都要求它们有完善的沟通系统。这也正是狼群生存的优势。

沟通就是传达、倾听、协调，是团队的领导者必须具备的基本素质。通用汽车公司前总经理英飞曾经说过："我始终认为人的因素是一个企业成功的关键所在。根据我40年来的管理工作经验，我发觉所有的问题归结到最后都是沟通的问题。"

第六章
团队凝聚力

有时候，说话的语调比要说的话本身显得更值得信赖。因为说话的语调往往潜意识地反映你对某事或某人的真正态度。语调式沟通可以通过说话声音的高低、快慢及声音所表达的情感来实现。此外，一个人也可以通过暗示来与他人沟通，或者通过身体语言、姿势语等非语言方式进行沟通，轻拍对方的肩膀会比十几句称赞的话表达得更直接和更有意味。

沟通不仅是领导者个人能力、魅力的体现，也关系到整个公司的效率。关于领导者的沟通能力，美国著名的化工企业杜邦公司总裁夏皮罗曾经说："工商领袖在人际关系和沟通这项课题方面是第一号人物。如果把工商领袖的责任列一张清单，没有一项对企业的作用力比得上适当的沟通。"

团队领导者的首要责任，就是要以简单、明了的言词说明企业的独特之处，整个企业日后何去何从，某方面发展的重要性，以及大家如何通力合作等问题，而这一切都有赖于有效的交流沟通。

沟通是两个或者两个以上的人或者团体之间传递信息、交流信息和加强理解的过程。这种社会性的沟通，特点在于每一个参与者都是积极的、主动的主体。沟通的目的在于相互影响、改善行为。

美国著名的节目主持人林克莱特一天访问一名小朋友，问他说："你长大后想要当什么呀？"小朋友天真地回答："我要当飞行员。"林克莱特接着问："如果有一天，你的飞机飞到太平洋上空所有引擎都熄火了，你会怎么办？"小朋友想了想说："我会先告诉坐在飞机上的人绑好安全带，然后我挂上我的降落伞跳出去。"当在现场的观众笑得东倒西歪时，林克莱特继续注视这孩子，想看他是不是自作聪明的家伙。没想到，孩子的两行热泪夺眶而出，这才使得林克莱特发觉这孩子的悲悯之情远非笔墨所能形容。于是林克莱特问他说："为什么要这么做？"小孩的答案透露出一个孩子真挚的想法："我要去拿燃料，我还要回来！"

你真的听懂对方的话了吗？你是不是习惯性地打断别人的话？我们许多人都会犯这样的错误：在对方还没有来得及讲完话前，就按照自己的经验打断别人，大加评论和指挥。可是，你是否想过讲话人的感受？如果换成是你，你是否会感到自己没有受到应有的尊重呢？这样的沟通肯定是没有效果的。

科学研究表明，人除了睡觉的时间以外，必须花费70%的时间在人际沟通事务上。管理的阶层越高，所花费的沟通时间就越多。一般沟通时间中，9%以书写方式进行，16%以阅读方式进行，30%以口语沟通完成，其余45%必须花费在倾听别人的意见反映上。

交流沟通是我们生活工作中最重要的工作方式，一切工作都是建立在人与人之间。因此，要想展开高效率的工作，有效的交流沟通是员工必须学会的基础功课。

第七章

 合作共赢

　　狼群最害怕的就是人类，尤其是草原上的牧民，所以如果它们能从自然界得到足够的食物，它们一般不会白天去袭击牧民的羊群，因为，牧民手上有它们最害怕的枪，经过许多血的教训之后，狼群已经知道了枪的厉害。狼群对牧民的羊群发动袭击，一般都选在晚上，因为到了晚上，牧民手上的枪就基本上失去了作用。

第七章
合作共赢

🐺 合作是成功的开始

　　狼是一种很值得学习的动物，它的团队精神令人敬佩。当狼在遇到敌人的时候，它们首先会想到用集体的力量来对付敌人，它们的合作精神非常好，而且它们在遇到某些事情的时候，会用分工的形式合伙来做，这样事情完成的会更快而且更好。其实在我们的生活与工作当中做事也是同样的道理，人多力量大，也只有这样才会成功，因为合作才是成功的开始。

　　合作是什么呢？简单地说，合作指的就是两个或两个以上的人或群体，为了实现一个共同的目标，在某项活动当中联合协作的行为。中国有句俗话，"三人同心，其利断金。"一个人的能力再大，也只是单枪匹马，只有众志成诚才能移山填海，获得最终的胜利。在我们的工作与学习当中，每一个人的能力与特长各不相同，同时还必有强弱高低之差别。然而作为一个集体，是根本不会拒绝每一份力量的，因为他那巨大的能量来自于每一份点滴之力的积累。

　　一个"合"字多少深意。懂得合之道的学生，能团结同学；懂得合之道的长者，是兴家之瑰宝；懂得合之道的商人，方能财源滚滚。

　　合作本身代表一种机遇。经常与他人合作，一个人就能发现自己新的能力。如果自我封闭，身上的潜力永远也发挥不出来。要想提高自己的生活质量，为自己创造更多的机会，就要广泛的结交朋友，与他人互动。毕竟，没有一个人能在孤身的环境中发挥自己全部的能

量。下面的例子就很好地说明了这一点。

1986年，中日两国决定合拍一部反映中国教育现状的电视短片，一位正在念大学三年级的女学生通过自身的努力，被工作人员选为电视片中女主人公之一。说实话，这位念中戏表演专业的女生，身材还可以，可长相就太一般了，尤其是那两颗虎牙特别难看。剧组领导曾经想到要让她到口腔医院拔牙，后来因为担心开机而作罢。将近一个月的戏终于拍完了，她得到了200元的报酬。几乎没有多少人看过这部名为《暑假里的故事》的教育短片，更没有赢得几个人对她所扮演角色的肯定。但这次却成为这位大三女生演员生涯中最初的打磨，也正是由于这次的表现而使她第二年就进入了电影《红高粱》剧组，从此一炮走红。她就是如今在国际影坛上大紫大红的巨星巩俐。

这就说明，一个成功的人决不是靠单枪匹马闯出来的，他需要有人助他一臂之力。优秀的合作精神可以带来广阔的前景，独木难成林，一个人的能力再强也是有限的，只有善于与人合作，才能弥补自己的能力不足，达到自己原本达不到的目的。

我们的一生之中，总会闪现一两个难得的机遇，出现一两个难得的人，这就构成了难得的合作。有些人你没有感觉在依靠，其实无时无刻不在依靠，他就是合作者。其实，大家从事相关联的工作，守护不同的环节，但却有着相同的志趣和目标，这就要求双方精诚合作，互相配合，所以说，合作是一荣俱荣的关系，人"合"才能万事兴。

与什么样的人合得来，有什么样的朋友；与什么样的公司合作，出什么样的效益，与合得来的朋友合作，创万事兴旺的大局面。找到一个适当的人去合作吧，也许那就是你优秀的起点，成功的起点。

当自己拥有一定能力的时候，找一个合适的机会，找一个合适的

第七章
合作共赢

合作对象，这些都是成功必不可少的前提条件，也是拥有一个优秀起点的基本保证。

俗话说："家和万事兴"。对于合作也是一样的，只不过这里的"合"包含了更多的深意，对个人的要求不能有任何的折扣，否则，这种合作是没有多大意义的。

合作本身无非是双方或者几方的人一起讨论并完成某项事情，在这个过程之中，善于合作的人就能利用对方不动声色的完成自己的目的，而不懂得合作的人，只能白忙一场，竹篮打水一场空了。

怀着一颗努力向上的心，打造出一个适合与人去合作的自己，找到一个志同道合的人，一起去寻找成功的喜悦吧。

在美国唐人街曾流传着这样一句话："日本人做事像在'下围棋'，美国人做事像在'打桥牌'，中国人做事像是'玩麻将'"。"下围棋"是从全局出发，为了整体的利益和最终的胜利可以牺牲局部棋子。"打桥牌"的风格则是与对方紧密合作，针对另外两家组成的联盟，进行激烈竞争。"打麻将"则是孤军作战，看住上家，防住下家，自己和不了，也不能让别人和。这种做派显然是不好的，尤其是自己作不出来成绩，也不让别人出成绩，更是严重影响发展。

因此，我们倡导合作，只有社会中的人们善于与别人合作，才能够使得社会快速，健康地向前发展。

汉高祖刘邦在平定天下之后，便设宴款待群臣，席间，他对群臣说："运筹帷幄，决胜于千里之外，朕不如张良，治国，爱民和用兵，萧何有万全的计策，朕也不及萧何，统帅百万大军，百战百胜，是韩信的专长，朕也甘败下风。但是，朕懂得与这三位天下人杰合作，所以，朕就能得到天下。反观项羽，连唯一的贤臣范增都团结不了，这才是他失败的原因。"

所以，为了在竞争中取胜，合作成为了人们唯一的选择。

每一个人都要富有合作精神，合作才能产生力量；合作是领导才能的基础，合作是开展所有组合形式的开始。一群人为了达到某一特定的目标，而把他们自己联合在一起。拿破仑·希尔把这种合作称之为"团结努力"。

合作对于一个人是十分有必要的，它可以让你事半功倍。正所谓是独木难支，当你想要有所作为的时候，只有与其他人亲密合作，才能既快又稳攀上山顶的最高点，感受"会当凌绝顶，一览众山小"的豪情。

一个人的力量即使再大，也是有一定的限度的，合作越来越显出了它的重要性，合作无处不在。乔汉马修阿丹说，"帮助别人往上爬的人，往往会爬得更高一些。一个能与同伴合作的人，将会飞得更高、更远，而且更快。"这就充分说明，如果你帮助其他人获得他们需要的东西，你也理所当然地从别人那里得到你想要的东西，而且你帮助别人越多，你得到的也就越多。合作的可贵之处在于，可以使合作双方不停地向目标前进而不至于跌入失败之中。

在这个世界上，一个人的力量实在是很小的，只有通过合作，才能拥抱成功。一人之力是站于海岸遥望海中已经看得见桅杆尖头的一只航船，需要风浪的推动；一人之力是立于高山之巅远看东方已经光芒四射喷薄欲出的一轮朝日，需要朝霞的映衬；一人之力是躁动于母腹中的快要成熟了的婴儿，需要母体的滋养。

合作是通往成功的指路灯。丹麦天文学家第谷用了近30年的时间精密观察行星的位置，积累了大量精确而又可靠的资料。然而只因不

第七章
合作共赢

善于理论思维和科学整理，因此，未能在其当中有所重大的发现。临终前第谷将资料转交给助手开普勒，并告诫他按这些资料编制星表。第谷的精确观察与开普勒的深刻研究相结合，到最后终于引出行星运动三大定律的发现，从而揭开了天体运动的秘密。如果没有合作，这一行星运动三大定律将从何谈起呢？

合作是铺向成功路上的基石。战国时期的蔺相如多次立功，而且使得完璧归赵，被赵王所委以重用，他在担任赵国宰相时，廉颇老将军居功自傲，十分不服气，并处处刁难于他。蔺相如为了国家的整体利益，对廉颇老将军处处相让。在当廉颇老将军最后明白了蔺相如的初衷后，顿感到十分惭愧，并亲自到宰相府负荆请罪。到后来，他们在处理国家事务中便精诚合作，终使赵国日渐兴旺，将相和这个故事也被人们从古到今传为了历史佳话。没有合作，哪来国家兴旺？

公元前318年，楚、赵、魏、韩、燕五国组成联军共同进行抗击秦国的侵略，然而，在其过程当中由于人心涣散，不团结，只想自己的眼前利益，不能够很好地靠好合作，最终导致了失败。若各国在当时精诚合作，充分集中起来各国的兵力、物力和财力，是一定能够打败秦国的。

合作是开向成功的列车。在这个世界上不论做什么事，合作才能够成功，合作才会有力量。例如一个人的身体，眼睛要看，耳朵要听，脚要走路，手要拿东西，嘴要说话，功用虽然不一样，然而合作是不可缺少的。只有相互合作，做事才能成就。

人的手掌有五根手指头，如果只靠一根指头根本无法提物；如果五指"合作"并用，才能成为一个拳头，而更有力量、更灵活的去做事。

又比如一根木柴，不易烧得出火；一大把木柴放在一起，就能发出熊熊火光。世间上的一切成就，也必须是众缘和合，必需把众多的力量集合在一起，才能众志成城。所以，不要嫉妒别人，不要排斥别人，唯有大家合作，才能得到彼此的方便与顺利。

有一间房子里，住了瞎子、哑巴与跛子三人。在一天，房子忽然失火了，在这情急之下，瞎子请哑巴驼负跛子，由跛子指引哑巴找到出口，瞎子跟随在后，三人终于"合作无间"地顺利逃出火宅。这个故事，即在说明人只要肯合作，就没什么办不了的事情，就没有成就不了的事。

若大的宇宙之中，地水火风，因缘而合，才能使万物生长、土木瓦石，条件具全，才能兴建房子。矿物经过分子合作，才能合成化学、合成石油、合成树脂、合成纤维等新产品；音乐表演要透过合奏、合音、合唱，才能发挥音域的宽广和谐之美。商业经营，也有所谓的合股、合资、合伙、合作。小沙石要"集合"才能堆砌成山丘；小水滴要"合流"才能汇聚成江河大海。合，才能大；合，才能高；合，才能好；合，才能成。

合作固然重要，但是一定要懂得分工合作，各司其职，才能够分层负责。在一个团体之中，主管要懂得授权，授权就是分工；部属要懂得团结，团结就能够合作。分工与合作考验彼此的默契，就像"两人三脚"，必须默契十足，使之动作一致，如此才能在缺陷中充分地发挥出互补的功能。

第七章
合作共赢

合作就是力量

在狼群最伟大的品质就是它们的合作精神，我们几乎可以将狼群的行动看成是"合作"的隐喻。

当我将这本书写到这里的时候，我对狼已经产生了难以割舍的感情。在我的眼里，狼就是世界上最伟大的动物。在对狼进行研究的过程中，我一次又一次地发现它们身上的优秀品质，这真是让人激动的事情。

我们来看看狼捕猎时的场景。狼群在围猎时，有严格的战术和作战纪律。每头狼都有自己的任务，任何狼都不能擅离职守。有些狼要做先锋，去骚扰猎物；跑得快的狼去围追或者到前面堵截；强壮的狼去猎杀强壮的猎物；弱小的狼去猎杀相对弱小的猎物。

羚羊是草原上跑得最快的动物，但它们却常常成为狼群捕食的对象，而速度比它们慢的马群却很少被狼当作捕食的目标。狼为什么能够捕获到跑得快的羚羊，而很少捕获跑得慢的马群呢？

原来马是群居动物，它们也有像狼一样的团队合作意识和团队精神。它们知道如果马群不紧密地团结在一起，它们就很可能成为狼群的食物。每当有食肉动物来袭击时，成年而强壮的马就会头朝里、尾巴朝外，自动围成一圈，把弱小的和衰弱的马围在中间。只要敌人一靠近，外围的马就会扬起后蹄去踢敌人。一旦被马踢到，即使不死也会受重伤，所以很少有食肉动物愿意去袭击马群，即使是最具合作意

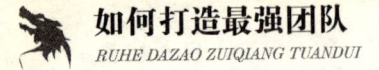

识的狼群。

相比较之下，食肉动物们就更喜欢把灵巧快速的羚羊作为捕食对象。羚羊没有互相保护的团队精神，当遇到敌人袭击时，羚羊群就会四散逃跑。分散开的羚羊即使跑得再快，也逃不过敌人的围追堵截，而成为敌人的美餐。

合作机会靠创造，好的合作又创造出新的机会，此善之报，循环往复下去，到达目的地。

茫茫人海，能遇到一个有共同追求又愿意一起干一番事业的人不容易，在这样的人和机会出现的时候，双方当然会期望一种双赢的合作。而双赢合作就是创造性合作。

很可惜，当合作过程中发生分歧的时候，太多的人浪费太多的时间精力在打击批评、玩弄手段、文过饰非或是曲解对方。这就仿佛一脚踏着油门，另一脚踩着刹车，车子还能开得稳吗？分歧发生时本当及时刹车，但许多人反而猛踩油门，施加更大压力，为自己找更多理由来自圆其说，这都是不够合作的表现。不论是仗势欺人，损人利己，或企图讨好别人而损己利人，都不可能产生创造性合作。

由此可知，创造性合作必须尊重差异。

每个人都是独立的个体，对一件事情有不同于他人的看法也是很正常的事情。而人们在这样的时候却往往坚持己见，一意孤行，处处要别人顺从与附和。他们不了解，人际关系最可贵的正是接触不同的观点。

一致并不代表团结，相同也不意味齐心。团结才能互补，合作应该尊重差异。让我们用最简单的计算来说明这个看似复杂的问题：1+1=2。可有人却做到了：1+1=4。这就是协同作用：整体大于各部分之和。一次成功的合作不会以压抑个性为代价，相反，成功的合作十分尊重成员的个性，重视成员的不同想法，真正使每一个成员参与到工作中，风险共担，利益共享，相互配合，完成共同目标。

与人合作最重要的是，重视不同个体的不同心理、情绪与智能，以及个人眼中所见到的不同世界。自以为是的人总以为自己最客观，别人都失之偏狭，其实这才是画地为牢。反之，虚怀若谷的人承认自己有不足之处，而乐于在与人交往之中汲取丰富的知识见解，重视不同的意见，因而增广见闻。此所谓三人行，必有我师焉。

至于完全矛盾的两种意见同时成立，是否合乎逻辑？问题不在于逻辑，而是心理使然。有些矛盾的确可以并存，同一景象会引起互相矛盾的诠释，而且都言之成理。假如两人意见相同，其中一人必属多余。与所见略同的人沟通，毫无益处，要有分歧才有收获。

科学家曾经做过一个实验，发现当雁群成倒"V"字形飞行时，要比孤雁单飞节省70%的力气，相对地也就等于增加了70%的飞行距离。雁群的确够聪明，他们选择拥有相同目标的伙伴同行，这样可彼此互动，更快速、更容易地到达目的地。由此可见，创造性的合作，不仅对团队进步非常重要，对个人也十分重要。

与此同时，你属于自己但不等于要特立独行，合作作战永远需要。

"有很强的沟通能力并善于与他人合作"是一个人自身素质的重要衡量指标。合作精神是现在社会生存的不二法则，是成功的必要条件之一。

生活中能与人和谐相处，工作上能都与同事友好合作，一起为共同目标而努力，就能够将你独特的优势在工作中淋漓尽致地表现出来，自然会引起老板的注意，进而获得更好的发展机会。

合作机会靠创造，好的合作又创造出新的机会，此善之报，循环往复下去，到达目的地。由此得出，一个善于合作、有良好竞争意识的人，会经常获益。

一个个体要想在工作中快速的成长，就必须依靠合作，必要的时候借助他人的力量来发展自己，提升自己，在与人合作的过程中学会如何处世、如何做人，如何让自己永处于不被淘汰的位置，这样才有可能早日获得成功，并蝉联这种成功。

如果说合作是方式、是手段，双赢是目的，那么提升自己的人生价值才是最终目标。让我们在创造合作机会的同时，一起去创造美好的明天。

当今时代，合作已经成为人类生存的手段。

每个人都要学会借助他人的智慧完成自己人生的超越，于是整个世界都充满了竞争和挑战，也充满了合作的快乐。

年轻人想要获得人生的第一桶金乃至今后的成功，必须要学会合作。这里包含了与人共处的人生哲学。就像梭罗说过的一句话："独自一个人走，今天就能出发，和另一个人同行，就要等他准备好。"首先要先了解自己，发现别人的优点，尊重别人，平等对话，相互交流，达成共识。

为更好地适应生存的需要，我们应该学会"牵手"——这里指的是双方合作。年轻人要想建功立业，必须学会"牵手"，一方面可以弥补自己的不足，另一方面可以形成一股合力。

有人帮就会有更大的力量，只有与人合作，才会众志成城，战胜一切困难，产生巨大的前进动力，说合作是生存的保障实不为过。所以，养成良好的合作的习惯，就关系到你事业的成败。

第七章
合作共赢

　　这就好比地上的一盘散沙，尽管它金黄发亮，也仍然没有太大的作用。但是如果建筑工人把它掺在水泥中，就能成为建造高楼大厦的水泥板和水泥墩柱。如果化工厂的工人把它烧结冷却，它就变成晶莹透明的玻璃。

　　单个人犹如沙粒，只要与人合作，就会起到意想不到的变化，变成不可思议的有用之材。

　　年轻人要学会与人合作，掌握这种才能，从而领导自己的事业不断向前。不是所有人都能有效地与人合作，善于合作人的人，天生就是一个领袖人物。他能引导其他人进行合作，或者引导他们团结在自己周围，完成一项共同的工作，他善于鼓舞他人，使他们变得活跃。通过他的协作，他完成了单靠自己无法完成的工作。在他的协作下，以他为核心的这些人给社会提供了更加有效的服务。

　　有些人天生是服从者，他们不知道一件事情牵涉的范围有多大，不知道该如何面对和处理棘手的问题。但他们也有与人协作的愿望。只是他们的协作是一种消极的协作。他们会说："你看，我适合干什么，只要你安排了，我就会尽心去做。"这样的人永远只能是人下人，因为他们总是在指望别人给自己一个位置，把自己的人生当做别人人生的"附件"。

　　所以，通过是否善于合作，可以区分出一个年轻人是不是一个可成大事的人。

　　善于与人合作的人常有以下几方面的特点：

　　1.学习力强。学习力掌握着我们的未来。懂得从所有的细节和人身上学习感悟，并举一反三。有这种谦卑的态度，才能真正学到东西，不断取得进步。

2.行动力强。行动力强的人经常尝试，既是尝试就可能犯错误，犯错误不要紧，一定要善于总结然后再行动。

3.懂得付出。想杰出就要先付出。没有点奉献精神是不可能创业的。凡事斤斤计较只是小商小贩在意的事。

4.有强烈的沟通意识。沟通无极限但是有技巧。沟通无处不在，每一次都是一种获得。每个人的思想都是一个宝库，开开门进去看一看就是一种新的眼界和获得。

5.谦虚待人诚恳大方。要学会谦虚，不要时常在别人面前炫耀自己的长处，这样就无形贬低了别人抬高了自己，结果被人看不起。

6.有很强上进心。现在的社会最大的个人危机就是没有危机感没有上进心。世界是每一个人的，但是人生是自己的。别人可以放弃自己，自己绝对不能放弃自己。

人生在世，要与人为善，宽容大度；要配合默契，热情有度；要真诚待人，以此来赢得大家的信任、尊重和友谊，获得更多的朋友。

以上六条是人际交往最基本的原则，只有不违背这些原则，你才能在人际交往中成为一个成功者，顺利获得别人的助力，最终成就一番事业。这也是每一个成功者给我们的启示和忠告。年轻人要牢记这些忠告，在与人合作中获取自己的理想和未来。

如果每个人都能够把合作看作是一份上天赐予的机缘，那么你的办事心态肯定是截然不同的，曾经有一位成功的女企业家说过："双方合作好比婚嫁。嫁的一方给嫁妆，娶的一方给聘礼，并保持喜悦的心情，这样才是一次赏心悦目的合作。"这个比喻很有意思，还简单明了，其实，就像她说的，"执子之手，与子偕老。"这不光适用于夫妻间对美好生活的向往，也是生意场上合作者之间所期望的稳定愿望。

第七章 合作共赢

合作力量大

从狼群为追捕猎物而穿越辽阔大地，横越广漠雪地的单一纵队，或狼群与乌鸦之间的合作中，我们可以窥见极富团队精神的智慧影子——野狼。而我们熟知的卓越公司如沃尔玛公司、英和石油公司、微软公司等也极富有团队精神，并构筑了自己独特的公司文化。

狼的胸怀似乎超出了人类的想象，团结一切可以团结的对象，共同抗争自然界。我们的公司是否能从狼群的合作中领悟到一些重要的公司法则呢？公司合作的概念的外延是十分广范的，公司的合作对象并没有我们设定的范围，而且不同的时刻、不同的地点，可以发生不同的变化。

群狼是一个集体，同时也是一个个独立的个体。狼有群体生活的一面，但是狼被称为孤独之狼，也不是没有道理，尽管有集体生活必须遵守的纪律，可是在个体当中，个人的独特性仍然应该受到尊重，并且加以保存。这样的集体与个体行动不悖，互相成全，或许是今日公司组织最迫切需要的榜样。

而狼群对游戏的喜爱，恐怕也是饱受压力的现代员工最为羡慕而且向往的一点。不管年纪多大，成年狼从游戏中所得到的乐趣，就和小狼一模一样。狼群认真捕猎，认真游戏，同时借着游戏来锻炼身体，磨练沟通与合作的能力。

《团结就是力量》这首歌想必大家都听过吧，相信在当今的时

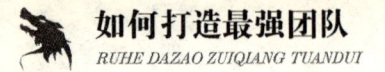

代，团结就是力量，合作也就可以成功。

想必每个人在上学的时候，学校里面所举行的一些活动都参加过吧，譬如说：赛跑、跳远、跳高、拔河、篮球或足球比赛等，为的就是增强我们的体质，可是这里面最重要的因素，有谁又想到了呢？

在刚步入初中的时候，参加军训是每一位学生都避免不了的，人的一生还能参加几次？应该不会把第一次的军训忘记吧！也许在军训里面有许多的活动，也许像拔河比赛大家都参加过，大家都知道，做这样的游戏最需要的就是团结，只有团结的那份力量是不可阻挡的，那一份凝聚力是无法战胜的，这样的活动可能会输，这是什么原因造成的呢？是对方人高马大吗？这当然也是不太可能的，因为像这种活动，一般来说都是非常公平的；是对方势力比我们强吗？是的，他们的凝聚力像是粘了502胶水一样的粘在一起，是拉也拉不开的，所以他们才会赢。不管分到哪个班，不管分到哪家公司，形成一股凝聚力、搞好团结合作的关系是最重要的，只有这样做了，才会取得合作的成功。

在很久以前，有一个大富翁有15个儿子，他们整天不是吵架就是打架，谁也不帮谁。富翁看到此情景，觉得非常难过，他左想右想，怎样才能让这些儿子相亲相爱呢？直到有一天，富翁正在吃晚饭的时候，他一边用筷子夹菜吃，一边就把一个好办法想出来了！是怎样的一个好办法呢？

富翁跑到商店买回去了一大把筷子，然后他把儿子全部叫到自己跟前，富翁说："来！来！来！我给你们一人一只筷子，看谁可以把筷子折断。"于是儿子们全都笑着说："那有什么难的！"大家都把筷子折断了！富翁又拿出来15只筷子说："来！来！来！我看你们谁可以一次把15只筷子折断！"

"我是老大，我先来！"大儿子拿起15只筷子就开始用力折。"呼！呼！呼！"任凭大儿子怎么折也折不断，"换下一个！"二儿子、三儿子、四儿子……15个儿子全都试过之后，可是把这15只筷子一次折断没有一个儿子做到！

"你们瞧！只有一只筷子的时候，谁都可以把筷子折断，可是当15只筷子结合在一起，就不容易折断。你们要知道，人的力量就像是筷子，虽然一个人的力量很小，如果把一个一个人的力量结合起来，就是一个无比巨大的力量！"

15个儿子听后父亲的话，都知道自己错了，他们再也不吵架、打架了！大家相亲相爱，互相帮助，全家人过得比以前开心多了！

第八章

善于沟通

狼尊重每个对手,狼在每次攻击前都会去了解对手,而不会轻视对手。狼就像一个智慧的军事家,每次在攻击对手之前,它们绝不会掉以轻心,即使对手只是几只瘦弱的羊。狼群的小心谨慎,是其他动物永远都学不会的,它们为了保证自身的安全和狩猎的成功,每次捕食都要经过漫长的等待。在这漫长的等待中,它们要忍受饥饿的折磨。但狼群却从不莽撞出击,它们一定要等到完全掌握了对手的实力,在对手最意想不到的时刻才开始攻击。

第八章
善于沟通

🐺 狼性沟通

一匹成年的狼对一只幼狼讲话时，会把头降低到和幼狼一般高，然后发出崽的呜咽般的声音。实际上，它在说："好吧，我是个大家伙，但是现在我们一般高。我理解你，我们有共同的情感，我们是同一群体的成员。"

狼是自然界最善于交流的动物之一。对狼来说，交流的艺术在于密切注视各种各样的交流方式，狼之间复杂精细的交流系统使它们得以不断地调整战略战术以获得成功。

狗与狼是"近亲"，两者在体型和习性上都有不少相似之处。但德国科学家发现，狗与狼之间没有"共同语言"，两者具有各自特定的交流方式。动物学家说，狗是通过不同的吠声来进行情感交流的，但对于狼而言，它们更多地借助面部表情来交流沟通。研究人员发现，狼共有60种不同的面部表情，可以用来向同类传达信息，并表明它们在等级森严的群落中各自的地位。

狼与狼之间如此有效而又清楚地交流的一个原因，也许就是它们很少内讧搏斗到真正置对方于死地的地步。

善于沟通

狼的沟通交流能力是毋庸置疑的，而擅长观察是狼族的沟通秘诀。无论是在攻击还是被袭击时，它们都会自学地观察同伴的眼神及肢体语言，倾听同位的嚎叫，洞察敌方的意图，以期和同伴达成战略上的共识。

沟通是两个或者两个以上的人或者团体之间传递信息、交流信息和加强理解的过程。这种社会性的沟通，特点在于每一个参与者都是积极的、主动的主体。沟通的目的在于相互影响、改善行为。

很多人往往在意识到职业沟通的需要时才开始这么做，但这时已经晚了。特别是在就业市场不景气的情况下，这种职业沟通的耽搁和滞后给求职者带来的往往是比自己能够意识到的要严重得多的伤害。有专家提醒说，就业趋势在某些方面将会发生变化，要想抓住机遇，你就应该积极地进行职业沟通。

职业指导马修·摩伦建议说："不要等到需要的时候才开始进行职业沟通。"并且一旦开始了职业沟通，就不要停止和放弃。

另外一位作家兼职业指导贝弗利·凯伊说："对于IT人员来说，保持职业沟通是非常重要的。"这需要勤奋、耐心和把沟通融入到自己日常生活的决心。

一、睁大眼睛寻找沟通机会

不管你的就业状况如何，你都需要随时进行职业沟通。自认为自

第八章
善于沟通

己很外向的摩伦会在离自己家不远的咖啡店里主动把自己介绍给陌生人认识，然后同他们保持经常的联系——这些人当中甚至包括他十几岁时打工的那家麦当劳的经理。对此，他解释说："我认为职业沟通是职业发展需要的最简单而又最重要的一项技能。"

不要仅仅依赖业内的一些活动来进行职业沟通。接受采访的专家们都一致认为，参加大型的普通贸易展览、通过在线广告应聘工作、给陌生的公司打电话以及向各家公司的人力资源部投递简历，实际上都是在浪费时间。

专家们认为，应该注意与那些有助于你职业生涯发展的人进行沟通，同他们建立并发展关系。光辉国际的高级合作伙伴亚当·查理森负责为硅谷的软件公司招聘销售和市场营销人员。他说，在大多数时候，如果你能够深入的挖掘一下自己现有的接触面，你就会发觉给陌生的公司打电话实际上是不必要的。"只要用心，你总是可以找到能够把你介绍给你想要认识的人的人选。"

二、开阔眼界

有时候，你需要走出自己现在的圈子，就像摩伦所做的一样。他走访了30家公司，要求与它们的IT经理面谈，亲自递交自己的简历。他遭到了很多的拒绝，但还是想办法见到了一些重要的人物。这样的经历帮助他建立了很多有价值的职业关系。

像摩伦这样的人在IT领域里并不多见。很少有IT专业人员愿意自己推销自己，如果不是为了完成工作任务的话，他们几乎不会走进陌生的公司，接触完全陌生的人并同他们进行简短的交流。

应该感谢电子邮件，它为我们提供了通过一些简单的接触数据库组织技能来取得进步的机会。例如，通过Microsoft Outlook，摩伦把自己接触过的人归类到了不同的文件夹当中，例如客户、销售商或朋友。下面是他在沟通组织方面的一些秘诀：他创建了一个名为"下一步接触目标"的文件夹，里面包括的是他打算在接下来的一个月里进行联系的人。

他把所有需要回复的重要电子邮件都拖入了名为"立即回复"的文件夹当中。

只要一有空闲时间，他就会发内容相同（简要说明自己想要做什么）的电子邮件，观察每一个收件人的反应，以此来了解他们的性格。

他会经常向自己接触过的人询问他们的最新消息。

他说："每个人都希望别人关注自己的存在"。按照他的观点，那些你经常关注的人更容易接受你的自我推销。

想要保持职场上的人际沟通，建立强大的人际关系网，一个办法就是按照专家建议的那样，在办公室的墙上贴上提醒自己每天都要努力进行职业沟通的内容。

三、职场必备的品质

不管你通过电子邮件或是电话同他人进行沟通交流的能力有多强，你都仍然必须学会在各种正式和非正式的场合抓住进行职业沟通的机会。摩伦建议说："如果你还不具备这样一种品质，那么一定要赶快培养。要尝试着在不谈技术的情况下与他人进行交谈。"

摩伦认为，要通过培养兴趣爱好或是读与技术不相关的书、做与技术不相关的事来为自己寻找更多的交谈话题。这样在与他人进行交谈时你才能更加积极、更加投入。

至于如何解决害羞的问题，凯伊提供了一个很简单的方法：握手、索要商业卡片、离开。然后，通过电子邮件来向你刚见过的人介绍更多关于你自己的信息,让他了解你的目标。

电信咨询顾问肯·里文宁建议说,如果你能够事先知道将要和谁谈话,那么可以做一些调查研究工作。他自己就经常对将要接触的人进行研究,看看他们的名字是否在某篇杂志文章里出现过、他们是否参加过某些专门的人际交流活动或是他们的个人网站是否介绍了某些详细的兴趣爱好。如果能够了解到他们的性格爱好,黑文宁就会发电子邮件给他们,提出他们感兴趣的话题,让他们谈自己的观点。

有的人可能会对此感到不以为然,但黑文宁却认为这样做显示的是一种才干。当他同管理人员见面时,他会直接提出这些管理人员平时在工作中所接触的技术或应用的战略来进行讨论。他会给他们分发自己的商业卡片而不是简历,同他们进行双向交流。这会使他们对你产生兴趣。

四、开拓沟通领域

怎样与人沟通是重要的,与谁沟通也是重要的:不要仅仅把自己接触的圈子局限在IT领域。黑文宁本人就会参加当地商会的会议,他甚至建议同在教堂工作的人进行沟通。

摩伦说,要努力去结识自己公司的IT部门之外的人,通过各种方法,不要忘了自己家人的同事可能也会对你有所帮助。最后,还要同以前的同事、下属以及客户保持联系,也不能忽视VC公司,因为这些公司通常都有从事招聘工作的人力资源方面的合作伙伴。

同各家公司的管理人员进行面对面的接触之前,你可能需要先通过电子邮件来同他们进行沟通,需要等上几个月的时间。但是,在有了前面的沟通之后,如果你提出见面的要求,大多数管理人员是能够在喝咖啡的时间挤出五分钟给你的。如果他们对你说自己所在的公司

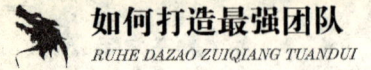

至少在未来的半年之内没有招聘计划,你该怎么办?微笑,告诉他们到时你会再来跟他们谈。

第八章 善于沟通

🐺 注重交流

狼是最善于交流的动物之一。在草原上,群狼对猎物发动攻击时,彼此间通过一个简单地眼神就可以心领神会。对狼来说,交流的艺术在于密切注视各种各样的交流方式,狼与狼之间复杂精细的交流系统,是他们得以不断调整战略,战术已获得成功。

生活中,有人冷眼旁观,有人望眼欲穿,有人有眼无珠,有人眉开眼笑……由此可见,眼睛无时无刻不在表现着人类的内心情感。

社会生活中,形形色色的人复杂而多变。在交往中,给人以深刻印象的大都是说话时敢于直视的人。你会发现,他们大都自信,且离成功很近。

从一个人的眼睛,可以清清楚楚地分辨一个人的品格高下、心术正邪。沟通时看着别人的眼睛而不是前额或肩膀,表明你很看重他。这样做能使听者深感满意,也能防止他走神,但更重要的是,你树立了自己的可信度。如果谈话时,对方完全不看你,便可视为他对你不感兴趣或无亲近感。

人们常说,眼睛是心灵的窗口,透过一个人的眼睛,可以看出此刻他在想什么。常见有人怀疑对方说谎话时,对他说:"看着我的眼睛!"此时若对方没说假话,就会迎着挑衅者的目光看过去,反之就会目光躲闪,或干脆眼观别处,不予回答。因为一个人的眼睛不能掩盖心里的邪恶念头,心胸纯正,眼神就清澈、明亮;心胸不正,眼睛就昏暗、有邪光。每个人都有一颗特殊的"心灵"，打开"心灵之窗"去面对世界，你会觉得这个世界是多么的美好。

古圣人孟子曾经指出，观察一个人的善恶，再没有比观察他的眼睛更好的了。听一人说话时，注意观察他的眼，这个人的善恶能往哪里隐藏呢？

具体来说，观眼识人主要包括下列内容：

（1）眼睛闪闪发光，表明对方精神焕发，是个有精力的人。

（2）目光呆滞黯然，说明这是个没有斗志而索然无味的人。

（3）目光迥然，表明这是个有胆识的正直的人。

（4）主动与人交换视线的人，说明他的心地坦率。

（5）不敢正视或总是回避别人的视线，表明此人言不由衷或有所隐瞒。

（6）目光忽明忽暗，说明他是个工于心计的人，或者他已经对所谈的内容显得不耐烦了。

（7）目光飘忽不定，表示这是个三心二意或拿不定主意抑或紧张不安的人。

（8）在人们发怒或激动的时候，眨眼的频率就会加快。

（9）两眼安详沉稳，是内心沉稳有主见的表现。

（10）眼神清亮如水的清澈明澄，表示此人端庄、豁达、开明。

（11）眼神浊，如污水的浊重、昏沉、的状态，表示粗鲁、愚笨、猥琐、鄙陋。

（12）两眼似睡非睡，似醒非醒，这是一种老谋深算的神情。

如果你注意看正在说话的人的眼睛或视线，将会发现很有趣的事情。留意一下初次见面的人在看着我们时的眼神，就能了解到这些人

第八章 善于沟通

有不同的性格，怀有好意或敌意的，漠不关心的，随着他心理状态的变化，眼睛也会随之变化。

当你看着对方的眼睛时，对方把视线悄悄地往下移，可能是因为他意识到，你在年龄和社会地位上都是他的长辈、上司，或者意识到，你是他的强大对手，与你谈话时，多半会带有一种紧张感。性格内向不善于拒绝的人，倘若视线左右游移，则表明他心中有想拒绝对方之意，且无意识中表现出对对方不怀好意的信息。

了解这些不同的眼神和视线所传达的信息，有助于掌握人际交往的主动权，知道何时该进何时该退，何时该沉默不语，何时能侃侃而谈。对于渴望成功的人而言，这些信息无疑是极为有用的。善良之人，目光温和、平静；邪恶之人，目光狠毒、尖锐；聪明之人目光灵活不乱，愚笨之人目光呆滞；坦诚之人目静如水，狡猾之人，目光闪烁……透过这一扇扇心灵的窗户，我们可以窥探众人的内心。

一个成功的人，大多拥有一双炯炯有神的眼睛，眼神中充满自信的光芒。与人交谈时，自然直视对方，眼神柔和而清晰，给人舒服温暖的感觉。很多人由此获得对方的好感，无形中为自己的人际关系增添了砝码，为自己的成功打下良好的基础。

从今天开始，从现在开始，我们要学会"臭美"，时常的照照镜子检查自己的眼神和微笑吧。感染别人的前提就是感染自己。

沟通是成功的源泉

狼是最具社会性的肉食性动物,它们的沟通形式相当多元化。狼群试用每一种它们能够运用的方式,长吠、鼻触、舔;采取各种姿势,例如支配或屈服的姿势;使用错综复杂的身体语言,包括嘴唇、眼睛、脸部表情,以及尾巴的位置;或者试用气味留下信息。

狼的眼睛会在黑暗中发光,狼的眼睛是最敏锐的沟通工具。狼群利用眼睛肌肉的细微运动如改变瞳孔的大小,可以表达惊讶、恐惧、理解、愉悦以及其他情绪。事实上,视觉的沟通速度远远快于听觉的速度,因此,狼可以在最短的时间内通过沟通,极其有效地变化它们的猎杀行动,使被狩猎的动物防不胜防。

因为狼一直面对生与死这两种极端的环境,因此有效的沟通,关系着狼群的生存。攻击时,情况瞬息万变,狼群利用复杂的沟通习惯,持续调整其攻击策略与计谋,以达到目的。同样,遇到其他大型食肉动物攻击时,群落通过沟通,一直向敌人发动攻击,并且默契配合。

在没有信任下的沟通,有时候是有用的,担心人却必须完全简历在清楚的沟通智商,包括公司及其他组织都需要通过开放的沟通来解决问题。不开放、不坦诚的沟通,指挥室的问题更加恶化。狼很少互相攻击,置对方于死地,这其中有一个相当重要的原因,就在于他们彼此之间具备有效且清楚的沟通能力和方法,如果人类像狼一样努力

第八章
善于沟通

培养并运用有效的交流技能,我们能避免多少暴力、误解和失败?

在团队建设中,有利于沟通的多说则是达到团队默契的重要一环,一个团队如果沟通不好,不仅达不到默契、无法做到协调一致、达不到预期的效益,甚至可能造成负效益的情况。

汤姆第二天就要参加小学毕业典礼了,为了把这一美好时光留在记忆中,他高高兴兴上街买了条裤子,可惜裤子长了两寸。

吃晚饭的时候,趁祖母妈妈和姐姐都在场,汤姆把新买的裤子长两寸的问题说了一下,饭桌上大家都没有反应。饭后大家都去忙自己的事情,这件事情没有再被提起。

妈妈睡得比较晚,临睡前想起汤姆明天要穿的裤子还长两寸,于是就悄悄地一个人把裤子剪好叠放回原处。

半夜里,狂风大作,窗户"哐"的把姐姐惊醒。姐姐醒来后,突然想到汤姆新买的裤子长两寸,于是披衣起床将裤子处理好后才安然大睡。

祖母每天早醒给汤姆做早饭上学,也想到汤姆的裤子长两寸,于是趁水未开的时候将汤姆的裤子做了处理。

结果,第二天早晨,汤姆只好穿着短四寸的裤子去参加毕业典礼了。

一个团队仅有少说多做是不够的,要进行充分的沟通,在沟通的基础上明确各自的任务和职责,然后才能分工协作,才能把大家的力量形成合力。否则的话,团员只管低头拉车,各走各的路,永远也不会形成团队合力,也就无所谓效益,甚至有可能形成负效益。

现在,我们谈到团队建设,经常说的是默契,要求团队成员之间的合作要达到默契。其实,默契是一个非常高的标准和要求,需要在有效沟通的基础上，经过长期的磨合才有可能实现。

在公司中，团队精神的基础有许多因素组成，但几乎无一例外，第一项是信任，第二项就是交流。经验告诉我们，有时候没有信任可能也有交流，然而没有表达情绪的交流则不可能有信任。公司中的员工可以通过开诚布公的沟通和交流来解决问题，没有沟通他们就会出现机能障碍。

我们渴望理解，管理者希望员工能够体谅他们的难处，同样，员工希望管理者能够体会他们的苦衷。但这一切在许多公司中并没有被解决，而事实上很好解决，只需要一个有效的沟通途径。

许多管理者一味沟通只要人际交往时不隐瞒、真实地表达本意就行了，其实这是很不够的。确实，不以诚相待就根本谈不上良性沟通，但往往真知灼见合理碰撞时也会不欢而散。因此，沟通不仅需要真实，也需要技巧。所以说，沟通是一门艺术，艺术就需要技巧。现代公司尤其需要沟通，才有驾驭组织和协调的能力，才能团结人、凝聚人。

从目的上讲，沟通时磋商共同的意思，即队员们必须交换和适应相互的思维模式，知道每个人都能对所讨论的意见有一个共同的认识。说简单点，就是让他人懂得自己的本意，自己明白他人的意思。只有达成了共识才可以认为是有效的沟通。团队中，团队成员越多样化，就越会有差异，也就越需要队员进行有效的沟通。

团队没有交流沟通，就不可能达成共识；没有共识，就不可能协调一致，就不可能有默契；没有默契，就不能发挥团队绩效，也就失去了建立团队的基础。

所以，有效沟通是建立高效团队的前提，沟通是一切成功的源泉！

第八章
善于沟通

🐺 善于沟通

狼是动物中最善于沟通的，它们的沟通部分是出于生存的需要，但重要的是出于对团体的热爱。除了狩猎，狼群在嬉戏时，更喜欢相互交流。狼与狼之间是没有什么秘密可言的，它们相互之间坦诚相见、绝对真诚。解决相互间的矛盾就是通过沟通和嬉戏，即使偶然间的打斗也会在事后烟消云散。

在团队里，要进行有效沟通，必须明确目标。对于团队领导来说，目标管理是进行有效沟通的一种解决办法。在目标管理中，团队领导和团队成员讨论目标、计划、对象、问题和解决方案。由于整个团队都着眼于完成目标，这就是沟通有了一个共同的基础，彼此能够更好地了解对方。即便团队领导不能接受下属成员的建议，他也能理解其观点，下属对上司的要求也会有进一步的了解，沟通的结果自然得以改善。如果绩效评估也采用类似办法的话，同样也能改善沟通。

在团队中，身为领导者，善于利用各种机会进行沟通，甚至创造出更多的沟通图景，与成员充分交流等并不是一件难事，那得是创造一种让团队成员在需要时可以无话不谈的环境。

对于个体成员来说，要进行有效沟通，可以从以下几个方面着手：

一是必须知道说什么，就是要明确沟通的目的。如果目的不明确，就意味着你自己也不知道说什么，自然也不可能让别人明白，自然也就达不到沟通的目的。

二是必须知道什么时候说，就是要掌握好沟通的时间。在沟通对象正大汗淋漓地忙于工作时，你要求他与你商量下次聚会的事情，显然不合时宜。所以，要想很好地达到沟通效果，必须掌握好沟通的时间，把握好沟通的火候。

三是必须知道对谁说，就是要明确沟通的对象。虽然你说得很好，但你选错了对象，自然也达不到沟通的目的。

四是必须知道怎么说，就是要掌握沟通的方法。你知道应该跟谁说、说什么，也知道该什么时候说，但你不知道怎么说，仍然难以达到沟通的效果。沟通时要用对方听得懂的语言——包括文字、语调及肢体语言，而你要学的就是透过对这些沟通语言的观察来有效地使用它们进行沟通。

针对需要的沟通，并不是谄媚的方式就能达到的。要了解对方的需要，必须先学会如何去倾听对方言语中，真正想表达的意思；并掌握时机，给予最理想的反应。良好的互动，才是沟通艺术的真谛。

练习热烈而坚定地握手：这对男性和女性同样适用，采取主动伸出你的手。同时还需要记住别人的姓名：别人自我介绍时，留神倾听，然后立即重述他的姓名，对方会感激你愿意知道他的确实姓名。

你在说话时，目光要与对方接触，当别人在说话时，你也直视他的眼睛。抱着我要让对方高兴，他才与我交往的态度；赞美对方，提出他感兴趣的问题，帮助他放宽心情，侃侃而谈，他会高兴与你交往。

让对方觉得自己地位重要，全神注意对方的兴趣，对方会认为你是善解人意，关心别人的同伴。开会或赴约要收拾，如果因不可抗拒、无法预知的因素迟到，应先打电话告诉对方，坦诚说明延误的原

第八章
善于沟通

因,以及何时可以赶到。

设身处地为他人着想:学着感觉并接受别人的需要和彼此的奇异之处,也尝试由别人眼中看自己。若能看到别人眼中的自己,你在沟通方面会容易得手。

在团队沟通中,言谈是最直接、最重要和最常见的一种途径,有效的言谈沟通很大程度上取决于倾听。作为团体,成员的倾听能力是保持团队有效沟通的旺盛生命力的必要条件,作为个体,要想在团队中获得成功,倾听是基本要求。在对全美500家最大公司进行的一项调查发明,做出反应的公司中超过50%的公司为它们的员工提供听力培训。

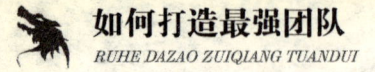

减少冲突

群狼借标记来划分自己的属地,或以咆哮声来向其他动物清楚地宣示属于自己的领域范围,或者在树干,石头或其他可能的任意界限物上撒尿,以气味昭示领域信息。狼嗅到这种由其他狼群发出的信息后,就会主动自觉地离开这块领地,就像人们不会非法闯入私人住宅一样。

一旦狼群发现自己的领域被入侵者威胁时,他们将会转变成为捍卫族群领域的狂野守护者。他们会使用针锋相对的仰天长嗥来展示自己的强壮,以期得到有效的沟通。因为狼很善于交流,所以很少引起内讧搏斗到真正置对方于死地的地步,从而避免了很多暴力、失败和伤亡。

狼群的沟通,使得他们能有效地减少彼此的冲突。如果人类能像狼群一样认识这一点,我们能减少多少矛盾和误解啊?的确,有效的沟通是一种艺术。正因为我们常面临到沟通的问题,所以我们要朝着方面去发展,并学习各种技巧。

沟通带来理解,理解带来合作。如果不能很好的沟通,就无法理解对方的意图,而不理解对方的意图,就不可能进行有效的合作。这对于管理者来说,尤其重要。一个沟通良好的公司可以使所有的员工真实地感受到沟通的快乐和绩效。加强公司内部的沟通,既可以使管理层工作更加轻松,也可以使普通员工大幅度提高工作绩效,同时还

第八章
善于沟通

可以增强公司的凝聚力和竞争力。

对于公司来说，有效的沟通能把内部的矛盾化解为零，把上下、左右的关系调整到最佳状态。其实，沟通不仅是管理者最应具备的技巧，也是公司最需具备的基本体质。只有无阻力的沟通，才有公司无阻力的未来。

一般来说，管理者要考虑的事情很多很杂，许多时间并不能为自己完全掌控因此经常会忽视与部署的沟通。更重要的是，管理者在下达命令让员工去执行后，自己并没有亲自参与到具体工作中去，因此没有切实考虑到员工所会遇到的具体问题，总认为不会出现什么差错，导致缺少主动与员工沟通的精神。所以，员工尤其应该注重与主管领导的沟通。作为员工应该有主动与领导沟通的精神，这样可以弥补主管因为工作繁忙和没有具体参与执行工作而忽视的沟通。

高效沟通是优秀的管理者必备的技能之一。管理者一方面要善于向更上一级沟通，另一方面管理者还必须重视与部属沟通。许多管理者喜欢高高在上，缺乏主动与部属沟通的意识，凡事喜欢下命令，忽视沟通管理。对于管理者来说，挑毛病尽管在人力资源管理中有着独特的作用，但是必须讲求方式方法，切不可走极端。挑毛病必须实事求是，在责备的同时要告知员工改进的方法及奋斗的目标，既让员工愉快地接受，又不致挫伤员工积极进取的锐气。

沟通是双方的事情，如果任何一方积极主动，而另一方消极应对，那么沟通也是不会成功过的。

所以，加强公司内部的沟通管理，一定不要忽视沟通的双向性。作为管理者，应该要有主动与部署沟通的胸怀，作为部属也应该积极与管理者沟通，说出自己心中的想法。只有大家都真诚地沟通，上方密切配合，那么我们的公司才可能发展的更好更快。沟通是每个人都要面临的问题，也要被当作每个人都应该学习的课程，应该把提高自己的沟通技能提成到战略高度——从团队写作的角度来对待沟通。唯有如此，才能真正打造一个沟通良好、理解互信、高效运作的团队。

公司内部顺畅的协调沟通是一个公司能够顺利发展壮大的必要条件。沟通方式的畅通、沟通内容的综合利用都能为公司管理创造更和谐的环境，转化为推进公司管理的资源。

通过和加盟商的沟通，我们可以获得最为准确的市场反馈，可以把握住最准确的市场动态。当一条畅顺的沟通渠道建立之时，准确的市场信息反馈也就不难获得了，同时也减少了很多潜在矛盾的萌芽。

第八章
善于沟通

🐺 达成共识

狼的沟通，使得它们能有效地减少彼此的冲突。对狼来说，交流的艺术在于密切注视各种各样的交流方式，尤其是身体语言。它们的观察力被磨砺得如此敏锐，以至于它们甚至可以注意到同伴行为中最微妙的变化。

对于公司，有效的沟通，能把内部的矛盾化解为零，把上下左右的关系调整到最佳状体。经验告诉我们，有时候没有信任可能也有交流，然而没有表达清楚的交流则不可能有信任。公司和其他组织，团体可以通过开诚布公的沟通和交流来解决问题，没有沟通他们就会出现技能障碍。

用丰富语言沟通的人类，要比狼群的沟通方式多得多，然而正因为语言如此丰富，人与人之间反而无法像狼群般真诚相待。其实要想与别人真诚地沟通，就必须先给别人留一个好印象。

为说明这一点，你可以试试，设想一个使你感到特别不舒服的人。这个人看来真是不理解你或跟你谈不到一起，你肯定会感到难以与这个人合拍。

上帝给了我们两只耳朵一张嘴，就是要我们多听少说。交流中最大的问题，就是错误的认为交流已经完成了。绝大多数的公司管理人员都说，与员工经常沟通能改善员工对工作的满意度并增加收益。

然而，这些人当中只有不到四分之一的人说自己的确进行了这样的沟通，你也是这样言行不一致吗？其实，行之有效的交流是一门艺术，我们每个人都能培养和改善交流。你是鼓励人们就你的交流技巧向你做坦诚的反馈呢，还是想当然地认为自己的交流技巧很不错？

在我们人类的沟通中，更多时候还要注意自己和他人的身体语言，捕捉对方身体语言中的信息，注意自身身体语言与口头表达的一致。如果二者矛盾，就会产生尴尬的局面。

在沟通过程中，真诚聆听是准确接受和理解信息发送者意图的关键步骤。每个人的表达方式和沟通内容，受其文化背景、知识结构、能力、经验等因素影响，尤其当沟通对方来自不同文化背景，采用的语言又不是统一的时候，更统一出现误解，所以，只有清楚地掌握对方的真实意图，方能采取有效的和积极的反应，否则将不可避免地出现错误。

现代公司都非常注重沟通，即重视外部的沟通，更重视与内部员工的沟通。有了沟通才有凝聚力。公司于员工的立场难免有不能共通之处，只有善用沟通的力量，及时调整双方利益，才能够使双方跟好地发展，互相推动。有许多公司，沟通只是单向的，即只是上级向下级传达命令，员工只是象征性地反馈意见，这样的沟通不仅无助于决策层的监督与管理，时间一长，必然挫伤员工的积极性及归属感。所以，单向的沟通必须变为双向的沟通。

高质量的沟通应建立在平等的根基之上，如果沟通者之间无法做到等距离，尤其是主管层对下属员工不保持一视同仁的态度，期间所进行的沟通一定会产生相当做多的副作用；获得上司宠爱者自是心花怒放、怨言减少，但与此同时，其他的员工便会产生对抗、猜疑和放弃沟通的消极情绪，沟通工作就会遭遇很大抵抗力。

第八章
善于沟通

保持同等的工作距离，不要和你的直接上司，下属产生私人感情，将是沟通平等化、公开化的重要所在。作为公司管理者要善于沟通，要平等地沟通。

第九章

 管理哲学

> 狼并不想做什么兽中之王，狼没有太大的野心，因为它们知道自身的实力和局限，它们对自己有充分的了解，它们从不打无准备之仗。因此它们没有不切实际的想法，它们是最脚踏实地的动物，它们所做的一切仅仅是为了生存。

第九章
管理哲学

🐺 **管理哲学**

对每一个人而言，野狼是一个很吸引人的主题。通过了解野狼的生活，学习狼群的智慧，人们得以更多地了解自己与这个世界。利用野狼作为个人与组织的象征，不仅可以让人学到处事哲学，更可以在这个过程中，享受宛若置身于荒野、与狼共舞的奇妙体会。这些从狼群生活得来的经验，处处都流露着每个组织期盼的发展的管理哲学观。

狼在一生中从不畏惧艰辛，永远敢于挑战命运。事实上，野狼的精神，就是胜利者精神。这本书介绍了"狼的十大生存哲学"，所揭示"纪律严明、团结一致、态度冷峻、坚毅果敢、决不妥协、策略为上、求同存异、生死相随、沟通交流、不断学习"仿生管理经验，更是我们在公司管理方面可以效法的，将"狼的生存哲学"运用于实践，必将提高公司团队整体的竞争力。

我们的公司传承体系正在令人吃惊的衰落，而狼群仍一如既往，把对后代的养育保护、教导和指引始终放在首位。它们知道自己的希望在下一代身上，因而便采取相应的行动。显而易见，我们有太多的东西有待向狼学习。

狼群仍然始终如一地将教育呵护抚养幼狼成长，视为整个族群的首要任务，当公司管理者在对新员工漠不关心和过分苛刻两极间摇摆时，狼正以一种慎重心态，冷静而平和地赋予下一代，基本能告诉它们，狼群未来的存续与发展，全部维系在下一代的身上。

公司要想高效率健康地发展，离不开人与人之间的合作，而这种合作需要信任与忠诚为基石。在大部分人类行为领域，忠诚被看作是一种美德。但是在现代公司中，忠诚经常由于一时之便被丢弃。艰难的时代经常会恶化公司生活中最糟的一面，那些花费多年时间诚恳招揽到的员工往往在困难出现的最初时刻就跳槽。

但是，管理学者彼得·德鲁克认为，员工若能在公司困难的时期留下来，可能会在长期经营中受益，尤其是在低迷时期，通过培养员工的忠诚度，公司能提高生产力，当然这样的员工往往会担任一些重要的职位。许多资深的公司员工似乎忘了在危机时代忠诚是多么可贵。公司有长久的回忆，而员工的回忆却变短了。

狼的世界里，适者生存的大自然法则永远持续运行着，就像最虚弱的美洲驯鹿为狼所捕获一样，最虚弱的狼也会消失，人类中的猎人似乎不了解这个最基本的法则，他们总是想方设法猎杀最大最强壮的动物，使他们可以获得最炫耀、最令人印象深刻的猎物。

人类猎捕的野生动物数量上有其限制，而猎捕最优秀的品种方面却毫无约束，这是与自然生存法则背道而驰的。有谁听过猎人说："好吧，我们到野外去杀虚弱和生病的动物。这样可以提升品种的品质，而且不会使他们减少。"然而，这正是狼在捕猎时所遵循的法则。人类是否有可能变得更为理性呢？

我们现在正面临着许多困境，也许我们无法从自己身上解决，或许我们可以像狼学习。只有当我们谦虚地学习自然界的生存法则时，我们才再一次掌握了自己的命运。向狼学习，向自然界强者学习，这是一条亘古不变的自然规律。

第九章
管理哲学

🐺 管理更新

谁还怕凶恶的大野狼？直到现在，这个答案仍然如同往昔，是所有人。人类对狼的恐惧，仍然通过神话或童话的形式流传至今。例如，格林童话的小红帽，就常常被引申，用以警告初尝禁果的青少年。故事中，随着与野狼的交谈，小红帽一步步地走向堕落的生命路途。其中的狼是邪恶的象征，代表着引诱人类堕落的恶魔。

有时候，我们也会将狼视作战争或欺诈的象征。例如，二次大战时，德国纳粹肆虐于大西洋、造成不可计数损害的潜艇舰队，名为群狼袭击队，共同攻击作战，以多欺少的潜艇攻击群，希特勒的背信与欺瞒的行为，被全世界的人视作豺狼般的谎言者。对于阴险的伪善者，我们称它为披着羊皮的狼。

时至今日，我们有幸可以揭开这些属于狼群的迷思，并以此改变人们对这种美丽而神秘生物的观感和恐惧。我们开始试着以美洲土著居民的眼光重新审视狼群，如同土著居民般地尊敬它们的勇气，智慧与不可思议的狩猎技巧。土著居民常常把狼是做英雄，用披狼皮的方式，祈祷狼神附身，并得以继承狼的伟大智慧和能力。

今天，我们并不需要以身披兽皮的方式才能学到狼的智慧，只需要接着狼群的生活百态引导，就可以轻松学到这些智慧。对每一个人而言，野狼会是一个很吸引人的主题，透过了解野狼的生活，学习狼群的智慧，我们也就能够更加了解自己与这个世界，更好地把狼群智

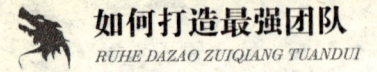

慧运用到公司组织管理当中去。

利用狼作为象征的原因，人们喜欢狼，我们能够从它们的身上学习到许多知识，而这些恰恰是我们人类所缺少的。现在，狼的主题就是探索狼的团队精神与合作智能。经理人关注狼的生存法则，事实上也反应了一个现实。高层管理人员、股东和董事会已经对英雄式的领导提出了质疑。

不管如何质疑，大多数夸国公司仍是一个重英雄而轻团队的组织。波士顿咨询公司总裁汉斯保罗博客那也曾认为，世界上绝大部分公司都没有基于管理流程的战略模型，大型公司的战略是总裁战略，总裁的话就是战略，跨国公司的管理是总裁管理，总裁的命令就是管理。

但IBM总裁萨姆·帕米萨诺曾有一个颇有趣的论断，小型公司依靠老板，中型公司凭借管理，大型公司信仰文化。对于不少跨国公司而言，团队合作不畅至少跟公司文化有直接关系。帕米萨诺曾把团队合作不畅的问题所在归结为三个层面。

首先是方向不明。这种方向不明又有几个现实因素，比如缺乏纪律，缺乏协调，缺乏组织性，缺乏合作精神。CEO们提出一个设想时，经理们可能点头附和，但团队常常缺乏和如何实施的共同看法。

其次是无效交流。有不少管理团队在交流的重要性方面光说不练，形成了一种妨碍真诚的沟通与合作的工作方式。比如和任何人际交往一样，高层团队中也经常出现破坏性的行为如公开羞辱团队成员。这类行为显然会导致恐惧和防范，从而严重影响团队活力。

最后是无力进行自我更新。由于惯性思维，封闭隔绝以及个人技能的不足等原因，高层团队很少对公司或产业以外的信息给予足够关

第九章
管理哲学

注,同时,高层管理很少花时间去思考他们所获得的信息,从而不能确定真正的战略重点。

相比之下,深处动物世界的狼群却具备一个优秀团队的所有特征,他们纪律严明,等级森严,方向明确,不断学习,特别是在捕猎时,狼也被公认为是群居动物中最有秩序、最守纪律的族群,它们善于交流,最关键的是,狼拥有极强的自我更新能力。

事实上。狼群中也不乏英雄。但如何看待在团队里的个人英雄?惠普总裁、惠普商学院院长卡莉·菲奥瑞纳曾对此问题发表看法,她认为要看对公司有没有好处。一个人的能力、作为都是和公司挂钩的。所以,个人英雄对公司有很多好处,尤其在公司起飞阶段,当公司形象建立后,就要通过雇人来表现。

要英雄?还是要团队?这是一个难题,但狼群杀阵却给出了一个另类的答案,英雄与团队可以兼得。

今天各种关系复杂的公司组织中,管理者与员工之间存在着微妙的关系。如何处理这些人际关系决定了这些公司的最终成败。许多时候,管理者与员工之间的信任和尊敬都被金钱和敌意所取代。在公司中,员工们不定期跳槽,而管理者则不断地解雇下属。

在各种工作场所中,经常可以听到不同层次的员工这样抱怨:"做这个所为的'专业'工作毫无意义,公司关心的就是钱。"在公司的管理中间也存在同样的感觉:"哪还有什么忠诚之类的东西——在都会员工们工作后,他们便会为了一个月多挣几块钱和一丁点儿优先认股权便弃你而去,甚至投奔到你的竞争对手那里。"

我们在表彰员工时所希望实现的一些目标经常不能达成,原因就是我们总是试图用钱的方法来实现这些目标。而狼的品质则提供了一

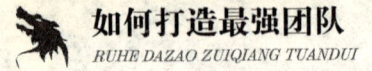

个表彰员工的机会，一种巩固可取的价值观念和一个开明的经营管理的方法。

狼的忠诚、交流、合作、坚韧是公司所有员工必须学习的精神。狼是教导公司员工们默契合作的无价之宝，没有一种动物能像狼一样让人敬佩，值得学习。不管你是谁，也不管你处在什么职位，都能从狼身上获益匪浅。

天堂和地狱并不遥远，它就在我们身边：相互协作就是天堂，彼此争斗就是地狱。为了团队的利益，为了目标的最终实现，作为一名合格的员工，必须学会与人相互协作。这也将使你变得强大，并融入团队而从团队中获益。

第九章 管理哲学

行动说明一切

先开枪，后瞄准。

许多机会都是在议而不决、决而不行之中而白白浪费掉的！

有行动不一定有好结果，但不行动就一定不会有结果。

狼在搏捉猎物时，一旦做出决定，就会立即行动，绝不拖延。因为它们知道，要想生存，就要比对手快一步；而要比对手快一步，就需要快速的行动。

站在一个以执行为习惯的员工的角度来讲，立即做自己该做的事情是他们有效执行公司目标任务的具体表面。富兰克林说过："把握今日等于拥有两倍的明日。"本来是今天该做的事却把它拖延到明天，而即便是到了明天也无法把那件事做好的人，占了就有将近一半以上。应该当天的事当天就做完，不然就不能够做大事，同时成功的机率也会很小。因此应该抱着"必须把握今日去做完它，一点也不可懒惰"的思想去努力才行。"把握住现在的瞬间，从现在开始做起。只有勇敢的人身上才会赋有天才、能力和魅力。因此，只要做下去就好，在做的历程当中，你的心态就会越来越成熟。能够有开始的话，那么，不久之后你的工作就可以顺利完成了。"这是德国伟大诗人歌德说的话。

然而在许多公司里，总有这样的员工。毋庸置疑，做事拖拖拉拉的员工绝对不是一个称职的员工。倘若你故意拖延逃避，你就可以找出非常多的借口来为自己辩解为什么事情不可能完成或做不了，而为何该做那件事情的理由却少之又少呢？将"太昂贵、太花时间、事情太困难"各种借口合理化，要比相信"只要我们够努力、够聪明、衷心期盼，就能完成任何事"容易得多。我们不想许下承诺，只想找个借口去应付它。假如你已经意识到自己经常为了没做某些事而制造借口，或者想出千百个理由来为没能如期实现计划而辩解，那么就从现在开始去面对现实，好好对自己进行检讨，不需要解释，应该立即动手去把它完成。

上级把目标任务下达以后，假如员工不去执行它，那么这个目标任务的下达将会没有一点意义。目标任务完成的重要前提条件就是马上行动。比如对于一个勤奋的艺术家来讲，如果他不想让任何的想法逃掉，那么在他产生了灵感的时候，他会马上把它记录下来——即便他是在深夜也会这么做。他的这个习惯十分自然、毫无费力。其实一名优秀的员工就是一名艺术家，他会像艺术家记录自己的灵感一样，对自己的工作充满热爱，遇到任务会立即去行动。

员工不执行任务带来的直接后果就是拖延，而拖延是最具破坏性、最危险的恶习，它会使人丢弃主动的进取心。令人可悲的是，拖延的恶习有一定的累积性，所以能够明显地看出，行动正是唯一的解决良方。

员工完成任务的一个重要因素就是立即做自己该做的事情，可是在许多公司有些人在要开始工作时会产生不良的情绪，倘若能把不好的心情放开，心态就会变得越来越成熟。而在情况好转的时候，就会认真地去做，这时候就已经没有什么好怕的了，而距离完成工作的日子也就会越来越近。总之就是说，最好的方法就是现在就马上开始去做。尽管只是一天或一个小时的时间，还是不能白白浪费掉。这才是一个员工真正积极主动的工作态度。

团队行为在一个组织中同样决定着一个公司整体计划的完成。许多团队之所以没有成功，其中一个原因的所在之处就是在公司中有一种员工典型的完善主义者，他们认为没有人能比他们做得好，所以不懂得授权给别人。他们觉得自己比他人懂得的都多，所以会拒绝别人的建议，不要求任何协助。他们会无限地拖延工作的时间，因为他们需要更多的时间让这件事更完美，而忽略了别人的需求。他们以为只要他们一直在做事，就表示还没有完成，只要还没有完成，他们就可以避免别人的批评。完美主义会让他们感觉到，自己比别人更优越，即使他们什么都没做。

对于一个称职的员工来说，在任务下达以后不应该有任何借口去拒绝执行，因为总是会有很多事情需要去做，假如你正受到怠惰的束缚，那么就不妨从遇到的任何一件事下手。无论是做什么事都并不重要，最重要的是你丢弃了无所事事的坏习惯。换一个角度来讲，倘若你想逃避某项任务，那么你就应该从这项任务着手，立即去执行这项任务。不然，这件事还是会不断地困扰你，让你感觉了无生趣而不愿意动手去执行它。

公司的业务员如果应该给客户打一个电话，可由于拖延的习惯，这个业务员没有打那个电话。那么这个业务员的工作可能会因这个电话而延误，同时公司也可能因此而蒙受损失。

无论做什么事情都应该立即行动，做事情不能推延时间，因为时间一长，就容易形成一种惰性。就比如说为了按时上班，假定你把闹钟定在早晨6点。可是，当闹钟响起时，你依然有浓浓的睡意，于是会

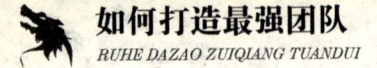

将闹钟关掉，又回到床上去睡。如果你一直这样下去，就会养成一种早晨不按时起床的习惯，同时你也会为上班的迟到而寻找借口。

立即做员工自己该做的事情！这句话是最惊人的自动起动器。无论什么时候，当你觉得拖延的坏习惯正悄悄地向你靠近，或当这个坏习惯已经缠上你，令你不能够动弹的时候，你都应该用这句话来让自己变得清醒一些。

第九章 管理哲学

没有任何借口

狼在接到指令后，从来不会为自己找任何借口，它们总是默默地不断向前进，始终坚信自己一定会到达成功的彼岸。因此，才造就它是自然界中效率最高的狩猎机器。

找个借口是世界上最容易办到的事。狐狸吃不着葡萄，它就找出一个完美的借口：葡萄是酸的。结果狐狸的可怜被我们所讥笑，但我们却又为自己不自觉地找借口。"要是我有机会读大学，我早就成了风云人物。"这找的是没受到高等教育的借口；"我要是身体好，早就下海经商，说不定成了百万富翁。"这是找身体差的借口。"如果我年轻20年，我会创办自己的公司，也许早就可以横行天下。"这是找年龄的借口。"要是我运气好一点，哪里还会是一般员工，总经理的位置是我的。"这是找运气的借口。总而言之，找借口是件毫不费劲的事，而且可以为自己轻描淡写地找到合适的理由。于是，我们可以心安理得，可以安于现状，可以为自己解脱。但这样的借口又不太确切。李嘉诚是香港的亿万富翁，他的最高学历只是初中，而且还有一年没读完。美国前总统富兰克林·罗斯福患小儿麻痹症，下肢瘫痪，但他却连任四届美国总统。"蚊帐大王"杨百万，66岁才开始摆小摊做生意。盛田昭夫从经营电器做起，经历过数不清的挫折和失败，最后终于把"索尼"推上世界名牌的宝座。自己找借口是他们所不屑于做的，无论是失败还是成功，最终他们成了风云人物为世人所瞩目。由此，我们说借口是美丽的谎言，是一种"掩耳盗铃"的行为。年轻人思维活跃，比较善于找借口，但这并不一定是好事。"生不逢时"是一种抱怨；"不会处世"是一种悲观；"缺少资金"是一种开脱……归结为一点：自己很难成才就是因为将客观原因看得太重了。事实上，困难永远都有，挫折也在所难免，关键是怎样对待。最理智的选择就是不找借口！不断问别人学习，不断充实自己，不断总结经验教训。不断探索实践，这样才会有成功的机会。狐狸的故事一代一代地流传，被无数人引以为鉴，但也有人重蹈复辙，那些警觉者值得称道，重蹈覆辙者徒留下悲哀！

　　古代名将项羽被称为"西楚霸王"，具有非比寻常的勇气，他在一场关键性战役中，以寡敌众，若硬打硬拼必败无疑，为求胜算，他用船把士兵载往敌岸，将武器卸下之后，便下令把船全部烧掉。在正式攻击之前，他神情严肃地对士兵们说："船已被烧毁，这你们都看到了，所以我们这一仗是非胜不可，因为我们已没有退路。目前我们只有两种选择：胜利或者死亡。我希望大家自己权衡生死，做出选择。"因为后路已被断绝了，战斗中士兵们都拼力向前。最终他们取得了胜利，这就是历史上有名的典故"破釜沉舟"。

　　"没有任何借口"，就是要将一切退路都断绝掉，倾注全部的心血于你的事业中。倘若我们想在最危险、最不利的情况下依然能保持不败，我们必须自动将船只烧掉，把后路切断，只有这样去追求我们的目标时，我们才能做到心无旁骛。

　　在美国西点军校，有一个广为传颂的悠久传统，学员遇到军官问话时，只能有四种回答："报告长官，是"、"报告长官，不是"、"报告长官，不知道"、"报告长官，没有任何借口"。除了这四种回答以外，一个字也不能多说。

美国西点军校创建200年来奉行的最重要的行为准则之一就是"没有任何借口"，它是西点军校传授给每一位新生的第一个理念。它强化每一位学员想尽办法去完成任何一项任务，而不是为没有完成任务去寻找借口，即使是借口看似很合理。秉承这一理念，在西点军校毕业的无数学员，都在不同的领域取得了非凡成就。

在现实生活中，一定不要找借口！我们缺的正是那种想尽办法、尽其所能，而不是去寻找任何借口的人。在他们身上，体现出一种服从、诚实的态度，负责、敬业的精神，和完善的执行能力。

工作、生活中，我们经常将各种各样的借口脱口而出：

"那个客户太挑剔了，我没有办法让他得到满意。"

"我可以早到的，就是因为下雨了。"

"在规定的时间里我没有把事做完，是因为……"

"我没学过。"

"我的时间不够。"

"现在是休息时间，半小时后你再来电话。"

"我没有多余的精力。"

"我没办法这么做。"

实际上，在任何一个借口的背后，都有丰富的潜台词在隐藏着，只是我们不好意思说出来，甚至根本就不愿说出来。借口让我们暂时逃避了困难和责任，获得了些许心理的慰藉。然而，借口的代价却无比高昂，与其他任何恶习相比，它带给我们的危害也是不容小觑的。

在日常生活、工作中，听到的借口往往主要有以下几种表现形式：

他们作决定时根本就没有征求过我的意见，因此这个责任应当不

在于我。

大多数借口总是把"不"、"不是"、"没有"与"我"紧密联系在一起,"这事与我无关"就是潜台词,不愿承担责任,把本应自己承担的责任推卸给别人。一个员工假如没有责任感,就不可能获得同事的信任和支持;同样,上司的信赖和尊重也不可能获得。一个团队中,是不应该有"我"与"别人"的区别的。如果人人都寻找借口,必定无形中提高了沟通成本,把团队协调作战的能力大大削弱了。

"这一段时间我很忙,我尽快做。"

找借口导致的一个最直接后果就是让人很容易养成拖延的坏习惯。我们很容易就会发现在每个公司里都存在着这样的员工:每天他们看起来都非常的忙碌,仿佛尽职尽责了,然而,他们把本应一小时完成的工作变得需要半天的时间甚至更长。因为对他们来说,工作只是一个接一个的任务,他们寻找各种各样的借口,拖延逃避。任何一个管理者对这样的员工都是头痛不已。

"之前我们从未那么做过。"或是"这种做事方式在我们这里不适合。"

寻找借口的人都是墨守陈规的人,创新精神和自动自发工作的能力是他们所缺少,所以期许他们在工作中做出创造性的成绩是一件白费力气的事情。借口会让他们躺在以前的经验、规则和思维惯性上舒服地睡大觉。

"我从未受过任何的培训来干这项工作。"

这其实是为自己的能力或经验不足而造成的错误寻找借口,这样做显然是十分不聪明的。借口能让人逃避一时,却不可能让人如意一

第九章
管理哲学

世。没有人天生能力就超凡，正视现实才是最为明智的选择，以一种积极的心态去努力学习、不断进取。

"赶上竞争对手我们从未想过，别人在大多数方面都超出我们一大截。"

借口给人带来的危害非常严重，它让人消极颓废，假如养成了寻找借口的习惯，当遇到困难和挫折时，首先，不是积极地去想办法克服，而是去找各种各样的借口。其潜台词就是"我不行"、"我不可能"，这种消极心态把个人成功的机会都剥夺了，最终导致人一生碌碌无为，什么事也没有干成。

"没有任何借口"是指不能为没有完成任务去寻找任何借口，就算是借口仿佛很合理。它体现出的是一种完美的执行能力，一种服从、诚实的态度，一种负责、敬业的精神。敬业、责任、服从、诚实是它的核心。它是无数商界精英秉承的理念和价值观，很多著名企业都将其奉为标准。这一理念是提升企业凝聚力、建设企业文化的最重要的准则。秉承这一理念，大部分著名企业建立了自己杰出的团队。"没有任何借口"看起来仿佛很绝对，没有公平可言，然而人生就是这样，并不是永远公平的。成功的企业必须让员工知道：不管遭遇什么样的环境，都必须学会对自己的一切行为负责！要让员工养成毫不畏惧的决心、坚强的毅力、完美的执行力以及在限定时间内把握每一分每一秒将每一项任务完成的信心和信念。

对优秀员工来说，不成熟的表现之一就是怨天尤人。诿过于人就不可能从跌倒的地方重新站起来，不能从错误中吸取对成功有益的教训。这样，就不仅不能把自己改进，还会为此陷入一个容易犯错、责怪他人、不思进取、重蹈覆辙的怪圈。

一个员工，假如他想做得称职，或成为事业的成功者，就应当将没有借口才是执行力的表现铭记于心，不管是做任何事情，都不要忘记自己的责任，不管是在哪一个工作岗位，都要对自己的工作负责，工作就是不找任何借口地去执行。倘若你想要更成功的话，请你从现在开始，对自己百分之百的负责。

格兰特纳是美国的一位成功学家，他曾说过这样一段话：如果你有自己系鞋带的能力，你就有上天摘星的机会！一个人，他能否做好事情的关键，是由他对待生活、工作的态度所决定的。首先改变一下自己的心态，这是最重要的！在工作中，许多人寻找各种各样的借口来为遇到的问题开脱，并且养成了习惯，这是很危险的。

一支部队、一个团队，或者是一名战士或员工，必须具有强有力的执行力才能完成上级交付的任务。接受了任务就意味着做出了承诺，而完成不了自己的承诺是没有任何借口可找的。可以说，执行力的表现就是没有任何借口，这是一种很重要的思想，它将一个人对自己的职责和使命的态度完全体现出来。

在工作时，有这样一种员工，他们拒绝任何不成功的借口，只抱着必须获得成功的自信，抱着把一切困难都战胜的决心；也有一种员工在工作时，就抱着各种各样的借口，没有既定的目标与志愿，还缺乏必须制胜的坚强决心。这两种员工的差别是根本性的。

我们不是为了谋生才去工作的，工作是我们要用生命去做的事。工作就是付出努力。世界不存在卑微的工作，只有卑微的工作态度，而我们完全决定着自己的工作态度。

在现实生活中，有能力的人并不在少数，而任何一个企业渴求的最理想的人才就是那种既有能力又忠诚的人。那些忠诚于老板、忠诚

第九章
管理哲学

于企业的员工，都是努力工作、没有任何借口的员工。他们的忠诚会让他们达到我们想象不到的高度。

将对借口的态度改变，把寻找借口的时间和精力用到努力工作中来。因为工作中没有借口，人生中没有借口，失败没有借口，那些寻找借口的人不可能会成功！

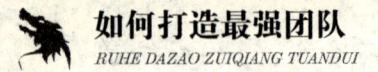

不找借口

理智地寻找合适的生活方式是人生最大的智慧。很多的员工整天不把精力用于把工作做得更好上，而是大多数时间在抱怨公司的机制和领导的能力不好。可以说，最流行的一种情绪就是不满和埋怨。

事实上，别人不是你工作没有进步和没有突破的原因，也不在领导，而是你自己能否有创造性地安排自己的生活方式。你自己进取心是由自己的思想所决定的。若是一件事不想做，你就总会找到一个借口，你若想做，就会找到方法。

有一个大学生自认为是个人才，然而分配到单位工作以后对工作却不是全心的投入其中，只是想着如何晋升。却没干出一点实际的成绩，到头来到只能眼巴巴地看着别人往高处去，自己也放弃了学习和努力了，一天到晚就只会埋怨，最后因为不用心工作而下岗了。事实上，他本来也是一个优秀的人才，可是，抱怨的情绪和寻找借口的习惯毁了他。真正使他受害的不是单位的机制和领导，而是他自己总是给自己找借口。他没有为自己找到解决的方法，还将提升自己能力的学习机会浪费了。导致这样的结果，也怨不得别人。那个人后来又找了一份工，但还是总认为是别人不好，工作也丝毫不见起色，因为埋怨是一种极大的浪费。一味地寻找借口的注定要失败。只有把寻找借口的那种态度抛弃掉才会真正拥抱成功。

寻找借口和整天埋怨别人的人是自毁前程的，他们的自我意识太强，与周围显得格格不入，缺乏合作精神，总是冷眼旁观，最后变得无所作为，那是自食其果，被淘汰出局也是注定的结果。只有那些肯付出的人才能获得奖赏和荣誉。

不管你在任何地方工作，你都要对自己的老板忠诚，对工作忠心耿耿，不干则已，要干就要全力以赴。不要找任何借口，要想做到最好，就必须全心投入地去做。因为要得到一些东西就要先放进一些东西，没有不劳而获的事情，任何机遇的获得都是要付出努力的。

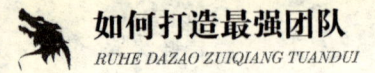

强化执行，领导有方

当你在为自己的执行力感到力不从心时，动物界的强者——狼，用最简单、最通俗的方式告诉了我们一切关于强化执行、领导有方的核心法则。

有效执行的狼性法则，狼的自下而上之道，就是有效执行的真谛。执行是企业核心竞争力的重要内容，是连接组织的战略与目标实现之间的桥梁，是实现企业战略目标的保证。执行不是简单地把任务完成，而是一套非常具体的行为，还必须要有一套完整的过程——战略、人员、运营流程。战略流程把企业的发展方向定义了，人员流程把战略实施过程中的人员因素定义了，而为人员开展工作提供明确的方向的是运营流程。企业成功的保证是执行力能够帮助企业建立和维系自己的竞争优势。

构成企业竞争的基本因素是执行。没有执行力就不可能会有竞争力。世界首富比尔·盖茨坦言："在未来十年内，我们所面临的挑战就是执行力。"用执行力做保证是任何一个优秀的战略决策都需要的。企业的运转方向被战略决定着。即使一个企业的目标与构想再宏伟，计划再周密，措施方案再完美，如果没有强有力的执行，只能称得上是纸上谈兵。企业成功的关键是能否将战略执行到位。如果再好的战略不能被转化为具体的行动，就无法把实际的效果带来。美国管理学者托马斯说："一个合格的战略，如果没有有效的实施，会导致整个战略的失败。"无数成功的企业，对战略决策无一不是坚定不移地执行。2001年美国企业经营管理协会将执行力评为经管人员必须掌握的技能之一。

　　企业的成功始于执行。无论任何一个成功的企业，使自己的战略目标实现，都是以有力的执行措施作保证。美国通用电气公司前总裁杰克·韦尔奇说："不懂执行的管理者，一定是最糟糕的领导者，他将把公司带入歧途。"

　　《执行》的作者对执行提出了若干执行要素和执行流程，特别要求的是企业的领导人要正确把人员流程处理好，如果没有好的人员流程的话，那么再好的战略、再好的运营流程也难以实现。今天如此辉煌的海尔，如果没有进行创业初期的严格管理，没有从最简单、最原始的13条管理规定开始抓执行力的提高，没有全体员工树立"有规必行"的观念，那么他们的管理也不可能会从无序到有序，企业不会一步一个台阶地发展成为中国的明星企业，同样也不会跨入世界500强的行列。

　　提升安全素养，增强员工的执行力。

　　首先，要着力把员工的执行意识培养出来，空谈误事，实干兴企。身为经济组织当中的一员，参与安全生产实践是企业的每位员工都有责任和义务主动参与的，创造性地把本岗位赋予的职责给完成。在这其中，每位员工不仅要通过执行制度来完善制度，还要善于让自己对着镜子，经常性地反思一下自己，问问已经做了什么，应该做些什么，还能做些什么，自觉地让自己养成执行的意识，实现由"外界施压、被动接受"向"自我加压、自我管理"转变。

　　其次，要把员工的执行技能提高，一方面要"因岗施教"。不同岗位的员工所需的执行技能不同，由于先天差异性，从事同一类工作的员工，其执行技能差别不可避免地存在。因此应偏重于中、高层员工管理方面的技能培养，应更多地侧重于基层员工技术技能的培养。另一方面，要"着眼长远"的培训员工的执行技能。必须把员工执行技能的培养力度进一步加大，采取更为有效的措施，在提高不同岗位的关键性技能方面有新的突破。

第三，要提升员工的执行意愿。员工的执行意愿很大程度上取决于员工对企业的满意度，而员工是否对企业满意，又主要取决于对合理需求员工是否得到满足。把员工的执行意愿提升上去，要从提高员工对企业的满意度开始。通过把人本观念渗透到企业改革发展的全过程之中去，从精神、物质、利益等多方面的维护入手，建立健全具有竞争力的员工薪酬分配体系和激励约束机制，不断改善员工福利，最大限度地把员工的积极性和创造性调动，把员工执行的自觉性和主动性提高，培育形成安全文化中的执行文化。

好的执行力要求企业领导以身作则。

在管理过程中企业领导要想获得好的执行力，必须坚持以身作则，特别是要把两个关键性的问题解决好，注意把两种不良的倾向克服了。

1.关于"1+1＜1"的问题

由于有的企业领导成员受自身心态、素质、观念等方面的制约，为了把自身的权力体现出来，千方百计地笼络一批管理者，不讲客观依据的处世，只根据个人的好、坏来判断工作的是与非，对人不对事，搞宗派主义。虽然下属暂时能较顺利完成自己安排的事情，但很难得到落实的是他人安排的事情，管理执行力出现问题是必然的事。

殊不知在此情况下培养起来的下属,仅感兴趣的是领导的"权力",领导有权时,达到自己的目的能利用领导手中的权力,其执行力比较到位,甚至可以越位执行;但领导一旦把权力丧失掉或其权力不能被其所利用时,就会消失殆尽其执行力。这就要求企业的领导成员高标准、严要求,杜绝宗派主义和小团体意识的出现,自己带头把团结合作搞好,否则管理成员会无所适从,形成一种合力是不可能的事,还会严重地影响到领导在员工中的形象,影响执行力的发挥。

2.关于"1+1＞1"的问题

企业领导成员要充分把每个班子成员的积极性调动一下,让班子成员的力量远远大于班子里每个成员的力量,不要作"一把手为主,其他人陪衬"的"孤家寡人",要做团队的奠基石,对管理执行力的影响这也是至关重要的一点。要做到这一点,就必须把管理成员物质激励和精神激励问题解决,物质激励不必多说,让班子成员工作起来精神饱满也就是所谓的精神激励,明确班子成员的责、权、利。这些一旦明确,管理成员的主人翁责任感就会非常强烈,特别是通过制度规定下来的班子成员的责、权、利,更会有效。只有有效地把每个人的作用发挥出来,培养管理执行力才能有效,企业才能形成一种良好的氛围,实现"三心合一",即:普通员工的责任心,中层员工的上进心,高层员工的事业心,达到"三心"的最佳组合。

3.要注意克服个人主义和老板英雄主义的滋生

人所共知的就是企业老板在企业发展中的贡献,但随着企业的发展,老板的个人主义和老板英雄主义随之而诞生,长期下去,企业员工的老板恐惧症就会出现。由于老板掌管着企业的一切大小事务,自然就由老板个人来承担责任,老板在管理上是孤胆英雄,在责任上也成了孤家寡人。从表面上看，企业的管理执行力做的比较到位，企业老板是敢于承担责任的人，实质上有许多领导打着老板的旗号招摇撞骗，让企业老板去扛自己做的一些违规违纪的行为，负责任的打工仔却换成了老板，责任的逃避者成了其下属，而此时的执行力也大打折扣了，甚至无执行力可言。最可怕的是此时企业老板再不醒悟，继续感觉良好，甚至对不同的意见视而不见，独断专行，刚愎自用，企业崩溃将为时不远。

4.要注意制止"危险文化"的滋生、发展

随着"老板恐惧症"的深化，那些不负责任的管理者就会与日俱增，大大降低管理效率，在企业内部开始蔓延"报喜不报忧"和"办公室政治"等文化，企业内部管理者之间的扯皮现象增多，企业内耗迅速上升，管理执行力流于形式，很多企业工作无法落实到位，由于企业内部的企业"老板"应付的精力增加，对企业外部的竞争企业领导已无暇顾及，因此企业导致失败。

5.好的执行能力需要明确管理层的责、权、利

对执行力的影响较大的是管理层责、权、利是否明晰，权力、利益是不同层次的管理者应拥有的，应与其相承担的责任密切相关。"约束大于激励"的管理理念是有的企业主要领导提倡的，在管理过程中，可以理解的是，担心给予个人的权力过大，而难以把管理局面控制住，有意识地形成一种监督机制。但在现实生活中，有的企业领导人为了能够达到控制的目的，派专人进行"一对一"的监督，对做任何事的使用者都不放心，还要求监督者把被用者的一切行为及时汇报，"放权"在表面上实施了，但实质上还是不信任，对放权根本就谈不上，并美其名曰"用人要疑，疑人也要用"。事实上，这种尴尬的局面，由于监督者汇报的情况和被使用者汇报的情况有一定的出入，信息不对称是经常会出现的，矛盾就产生了，被使用者对自己的工作无法坚持，于是逆反心理就会增强，此时的执行力为"零"。

责、权、利不清会使管理者出现大量的越位行为，为迎合领导个人和监督理念，部分管理者不把心思放在工作上，而对主管领导身上存在的问题不惜时间和精力去挖掘，以求得的是对个别领导个人的忠诚和迎合时尚，长此以往，"歪嘴"的人员就会增多，如若领导不加以调查分析，很多管理者就会成为领导的"刀下之鬼"是必然的事情，即使一时躲过，由于监督者有"众口铄金"的功能，对使用者领导也会产生质疑。使得主管领导无法安心工作，执行力减弱，误解就会增多，工作无法正常开展的是监督者这种越级汇报、越级反映的不恰当的做法。企业领导有必要把所有管理者应尽的责任界定一下，对于各级管理者一定做好本职工作也很有必要提倡，要及时发现、及时提拔有能力的人，对那些经常越位而搬弄是非的管理者要告诫他们保持一颗平常的心态，多与群体融合，明确分工合作，共担风险和责任，形成坚忍不拔的团队。

6.好的执行力要有好的管理机制

随着企业的发展，规模的不断扩大，如果那种用类似车间主任管理车间那样，去管理企业已经彻底行不通了，要在管理模式和管理机制上下功夫，要落实制度管理的基础。如果企业领导人做企业的话，那么第一位就是信誉，但只有信誉是远远不够的，还必须要有一定的制度保障才行。因为员工需要的管理制度是一个更加开放、透明的，需要建立一个顺畅的内部沟通渠道，形成规范的、有章可循的"以制度管人是更重要的，而非人管人"的管理制度，增加内部管理的公平性。在企业持续发展阶段缺乏"人本管理"并不可怕，而缺少行之有效，人人平等，可怕的是贯彻始终的制度管理，它会导致管理流程混乱。因此，企业只有通过严格的制度管理，把"人管人"的旧框架给打破，实行"制度管人"的管理方式，才能将管理职能化、制度化，明确管理者的责、权、利，从而避免"多头领导"，把管理效率和管理执行力提高。

关键是制度制定后要执行，即便再好的制度，如果没有人去执行或执行能力不到位的话也是没有用的。在管理只喊口号不做事是必须要反对的。有的企业制度制定得比较完善，并把制度编制成册，或经常在外面贴一些制度性的标语，可是往往在执行过程中就变了样，不知道这样做究竟为的是给企业内部员工时时提醒以求深入人心，还是摆个样子给外人看的。因此，达到管理的目的并不是制度制定后，关键是通过制度管理把有序的管理给实现，使管理有法可依，并在管理过程中不断完善相关的制度。在这样的前提下，对工作指标员工会以制度为准绳保质、保量地完成，以强化各级管理人员的执行力，真正做到"日清日结"。

值得注意的是，在管理机制上企业领导人对自己的思维模式有必要改变一下。其一，在管理理念上，从单纯的人力资源中把优秀的管理人员解脱出来，赋予与其企业利益均等的权利和义务，让管理人员融入企业，使其的价值观念与企业协调一致。要相信：忠诚的优秀管理者，完全是企业塑造出来的，如果企业里没有产生更多忠诚的优秀管理者，只是由于企业领导人对这一问题在潜意识里还没能足够的重视。其二，企业领导人要把企业社会化，即：企业不仅仅是领导的企业，并且更是员工的企业，社会的企业，企业要想走向发展壮大，这种意识企业领导人就要自始至终具有。既如此，企业领导人就要实现每个人受重视的渴望，大胆放手地用人，把放心与放权的关系解决好，适时给予人才施展才华的舞台和机会，使其自豪感与成就感经常连续地产生，充分体现人才的自我价值和在企业的位置，充分地实现执行力的最大发挥。企业领导人重视、信任人才是授权，并把其管理执行力发挥的最佳途径给实现出来。

如果一个企业有好的管理模式，好的管理机制，好的带头人，明晰的责、权、利关系，员工的积极性、主动性、创造性就会得到最大的发挥，就会强化管理的执行力，就会突破管理的"平台"，这是企业提高管理效率，走向长寿的重要手段。

7. 100%执行

头狼往往担任着突击、诱敌的任务，这支勇敢而精锐的特种部队，在狼群猎杀和撤退的任务中起到至关重要的作用。狼王的指令是威严和高效的，一声长啸也许就是一支敢死队冲锋的指令，往往意味着属下在战场上整夜的搏杀。正是因为狼有了没有借口的习惯，当它在听到狼王的指令后，才有了100%的执行力，这也是狼性的纪律。

在工作中，与老板观点向左是每个人都会经常遇到的，怎么办？理性的做法是：积极、坚决地去执行。也许对这种做法很多人会持否定态度。那么，请我们对以下的问题和事实先以客观的心态思考。

对于企业的资源状况谁最了解？当然是老板，只有老板对自己的企业才是最了解的，而必须以现有资源为基点的是企业的一切运营行为。曾经，一个销售经理发现了一种极具潜力的市场需求，对于这块市场需要开发一种新产品来占领。于是，他满怀热情地奋斗了一个月，撰写了一份《新产品开发可行性报告》，但是，提交给老板后却被认为难以实施而搁置了。虽然他的工作表现被公司肯定了，并且还给了他物质奖励，但他对此还是很不满意，因为他认为开发、生产这种新产品的难度很小，公司不应该把这样的市场机会给放弃。事实上，虽然开发这种新产品的投入不太大、难度也不太大，但是要保证产品品质稳定，培养技术工人还需要较长的时间，并需要对原材料库存和整个产品结构进行重新调整，并且，公司那个时候更需要稳定来改善内部基础建设。所以，那个销售经理本身并没有错，只是当时的企业状况不适合他罢了。这种时候，最有发言权的就是老板，所以，对于公司的决定员工必须用积极的心态坚决地执行。

对于企业的利益谁最能维护？老板，肯定是老板。销售人员总是感觉竞争品牌的广告宣传力度大，或是竞争品牌的价格便宜，为了销量，销售人员总是期望公司多投广告、产品价格更便宜。事实上，企业必须把一定的赢利指标达到了，才能维持健康的资金链循环，企业的运营才能稳定的持续，才有可能实现其它的利益。所以，对公司的决定员工必须用积极的心态坚决地执行。

策略最正确的是谁？老板，最有可能是老板。因为经过事实的检验，成功的素质他已经具备了，所以，他对的可能性远远大于员工。也只有少数人能发现真正的机遇和挑战。1984年，张瑞敏召开全体员工大会时，当场把74台不合格的冰箱给砸碎了。当时，很多员工对此很不理解，认为把几十万的冰箱变成废品多浪费呀，虽然质量不太合格但相对来说也能用，便宜一点卖掉或是当成福利发给员工也是很好的呀。如果，没有"老板"的英明果断，可能市场早已把海尔淘汰了。2000年，正当海尔高速发展、成为行业典范的时候，张瑞敏对自己又造了一次反——对全公司进行"业务流程再造"，当时，有多少

第九章
管理哲学

人对他的这种做法不理解，但如果没有这一次的改造，海尔又怎能把再一次的飞跃实现了呢？是啊，往往当时认为不对的东西，也许过后就会发现它是那么的正确。所以，当你还不理解的时候，对公司的决定也应该用积极的心态坚决地执行。

很多策略无所谓绝对的对与错，只是所走的路不同而已。对于很多看似失败的策略，实际上失败的原因是没有得到很好的执行。由于观点和利益的冲突而形成的"内耗"是企业最大的浪费。人总是习惯性对自己极其相信，而对他人则轻视，学理科的轻视学文科的，学文科的轻视学理科的，市场部的轻视技术部的，技术部的轻视市场部的……人人相轻，企业内耗就多了。内耗一旦多了，就不会顾全大局；不顾全大局，就学不会妥协；不会妥协，就会扯皮和阳奉阴违——在这样的内耗中企业也就完蛋了。所以，企业需要来做决定的还是老板，一旦做出了决定，无论你是否认同，对公司的决定都必须用积极的心态坚决地执行。

其实，老板需要的是员工为他提供的信息，而不是决策。你给老板提供的信息越清晰、准确和充分，老板产生错误决策的机率就越小。如果这样的信息你也提供不了，那你又怎能证明自己是对的，而老板是错的呢？如果谁对谁错你也无法判断的话，对公司的决定那就更应该用积极的心态坚决地执行。

当然，老板也是人，是人就会有错的时候，但公司的决定你也必须用积极的心态坚决地执行，因为老板有能力承担决策风险和结果，而你不能。但是，在讨论时你有义务充分论证你的看法，力争把老板错误的观念改变了，避免老板做出错误的观念。如果老板无法被你说服，你就坚决地执行，并在执行过程中，及时、不断地反馈真实的执

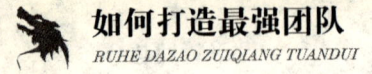

行情况，为老板修正决策提供确切的依据。

因此，员工都必须坚决的执行老板的决定。

"百分百执行"所包含的忠诚负责、勤奋敬业、积极主动、坚强自信等深刻内涵，体现了一种高超完美的执行能力。

第九章 管理哲学

等级森严

狼群赖以生存、得以发展的法宝是其严格的等级结构和权威性，细细审视，原来狼群的社会结构与现代公司的组织结构有着诸多的类似之处。学习狼的智能，我们也能在现实生活中得到智能、勇气与不可思议的狩猎技巧。

普遍真理是不受环境约束的，狼群的团队精神和生存法则已被时间的考验所证实。在多少个世纪里，人与狼曾和平共处，彼此以敬畏而不是恐惧的目光看待对方。双方都尊重对方的社会秩序和狩猎技巧。人与狼是保持地球上错综复杂的生态平衡的一对伙伴。他们明白大自然并不是他们的一部分，恰恰相反，他们是大自然的一部分。

后来，人开始相信自己高出狼一筹，不再需要狼了。他们甚至不再尊重狼生存的权利。各地的入门提供赏金，鼓励猎人毒死、射杀以及诱捕狼。不论是处于嫉妒、恐惧还是无知，人们总是千方百计地想要消灭狼。虽然数量减少了，但狼群还是克服重重困难生存了下来，成功地保住了他的家庭组织和社会结构。

与公司组织结构的相似之处是，狼群的组织结构也由领导者、管理中层和基层成员构成。狼群的领导者主要是由一对属于是最高阶级的阿尔法公狼和母狼担任，并有一对次高级的贝塔公狼和母狼担任组织的管理中坚，其余基层组织的狼群，都属于社会组织最低阶级的欧米佳狼。

在整个狼群中，阿尔法公狼会不断地展现它们的权威，绝对不允许狼群内的任何狼挑战它的地位。阿尔法公狼通常以咆哮、怒吼、追逐、撕咬以及坚实等方式来支配其他阶级的狼。这些形式的教训将会深刻的烙印在狼群其他成员的记忆中。

欧米佳狼的阶层最低，一旦狩猎行动或是其他行动出了差错，它们都会承担责任。阿尔法阶级的狼对它们总能轻松地呈现权威，而此时的欧米佳狼则会温顺地将整个身躯仰卧于地，以示臣服，或是夹着尾巴逃跑。当自己捕获猎物时，欧米佳狼总要把进食的机会让给其他狼，而自己总是最后才得到食物的成员。在整个组群中，它们也是最容易被其他猎捕者捕食的对象。

在狼群中，较高阶层的狼绝不会通过尾巴翘起的程度来满足自己虚幻的权威，它们需要更为直接的利益分配，而狼群的分食制度正好可以满足这一点，当狼群捕获食物后，头狼先食，其次是身强力壮者，最后是弱小者。二次分食不够，便组织再次进攻，只有这样，那些没吃饱的饿狼才会拼命向前。狼群的生存机会就这样最大限度地留给了强者，从客观上保证了适者生存。

既然狼群中的等级地位对每一匹狼都那么重要，那么这究竟是如何形成的呢？为了得到问题的答案，动物学家埃斯奇·彼得逊教授通过十几年鹿狼相伴的观察生涯，终于发现，狼群中的等级制度，在它们幼年的时候就已经确立，出生一个月的狼崽，在游戏时的打斗中逐渐地确立去了自己的狼群中的地位。

另外，当一个新的狼群形成后，每一个狼群都有自己地属地，大致的范围从25平方英里到100平方英里都有。甚至，在辽阔如加拿大或阿拉斯加地区，属地的范围更可达1000平方英里之广。

第九章
管理哲学

公司虽然没有像狼群一样森严的等级制度，但也有着最基本的上下级关系。上司是公司事业的核心力量，他们的地位是神圣不可侵犯的，尊重上司是所有组织的要求。在工作中，一定要认清自己的地位与身份，在自己力所能及的范围内尽力做好属于自己的事情。

彼此地位身份不同，处理问题也有不同的方式，即使上司有所偏颇，你也应该冷静下来，找机会慢慢把问题分析清楚，而不应一时冲动是矛盾世纪，使事态扩大。其中最重要的事作为上司，他要维护自己的尊严、权威，就像你也要极力维护自己的尊严与权威一样，你如果当面指责，或者是越级行事，直接向你的上级的上级来反映情况，这样绝对不会得到任何人的认可，最终智能是被开除的下场。

随着提倡开明、先进、沟通与相互了解时代的到来，人们不免重新审视狼语气狼群的组织结构。在现代公司中，仍然不能取消严格的职位等级，但是这样并不代表每一个员工没有发展与提升的空间，公司为每一位有能力的员工制定升值路线，并且领导还会协力帮助员工，给他们指明发展的道路。只要你在其政谋其位，尽心竭力地完成工作任务，发挥自己的潜能。物竞天择，适者生存，是金子迟早都会发光的。

身为下属，最忌讳的就是冲撞上司、挑战权威。上司对你发脾气的时候，脾气发得对，你就必须承认错误，并且做出改正的承诺，而不是为错误进行辩护。上司最希望的事你能知错认错，把给工作造成的损失弥补回来。假如他的脾气发得不当，你可以用恰当的容易让人接受的方式给他指出并且向他把事情解释清楚，你这样与他达成谅解后还可以为他提供一些解决问题的建议。

狼群以其严格的等级结构和权威性得以维系和发展，而我们的公

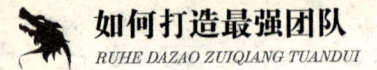

司组织结构虽有严格等级，但还是欢迎和鼓励有识之士发展并晋升，公司保证了每一个精英的流动性。同时，现代公司依然需要严格的等级制度，这是公司发展的一个必备条件。

在我们反对官僚制度的同时，我们有没有考虑过等级制度为我们的公司治理做出过伟大的贡献呢？等级制度对于公司是非常重要的，公司的销量，员工的利益，都需要一个客观的分层制度来保障。

一个良好的公司必须有良好的运行机制，在这样的公司里服从观念是深入人心的。一个优秀的员工也必须有服从意识，因为上司的地位，责任是他有权发号施令，同时上司的权威，整体的利益，不允许部署抗令而行。一个团队，如果下属不能无条件地服从上司的命令，那么在达成共同目标是，则可能产生障碍。反之，则能发挥出超强的执行能力，使团队胜人一筹。

第九章 管理哲学

🐺 组织严密

著名管理学者阿奎利斯·埃克斯在其所著的《豺狼的微笑》一书中说，狼是群居动物中最有秩序、纪律的组群，排行第19位的狼，除了尊敬狼首领之外，也十分尊重排行第18名的狼。狼是有纪律、速度并甚至精确目标的动物，狼也是深懂得与别的狼共处遵守本分的合群动物。所以，他希望人们都能像豺狼一样有速度、效率纪律，而完成精确的目标。

狼群是群居动物中组织性最严密、最讲究秩序的族群，它们的社会组织遵循着一定的社会阶级模式，其最重要特征就是等级制度非常明确。当现代人过分追求绝对平等时，得到的将是虚幻的权利，但是丢掉的是我们的稳定与效率。

事实上，狼能够看到不同的世界，它们能比我们看得更深入，而且，还能够现行预测它们的下一步行动。这些似乎有些不可思议。狼群的沟通，使得它们能有效地减少彼此的冲突。对于公司，有效的沟通，能把内部的矛盾化解为零，把上下左右的关系调整到最佳状态。沟通不仅是管理者最应具备的技巧，也是公司最需具备的基本体质，只有无阻力的沟通，才有公司无阻力的未来。

任何一个公司都有制度，但有人认为，只要制度健全就不会在公司管理中出现任何问题。其实不然，因为制度永远是强制性的，沟通才是人们本性的体现和需求，任何组织乃至任何一个公司都不可能改

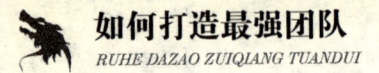

变和忽视人们企求沟通的基本需要，这样不仅能提高管理绩效，同时也防止了冲突的发生。

在狼群里头，狼彼此之间的咆哮、撕咬、追逐、打成一团的情形时常出现。但是，真正的打斗从未在自己的狼群内出现过。狼群爱好和平，沟通胜于暴力战斗，因此它们会借标记来区分自己的属地，或以咆哮声清楚地向其他动物宣示属于它们的领域范围。一但狼群领域被入侵者威胁时，他们将会转变为捍卫族群领域的狂野守护者。作为一家公司，为了维护自己的品牌，需要的也是上下一心，全力合作，保护自己神圣不可侵犯的公司利益。如果你是公司中的一员，心中所想的就是时时刻刻坚守自己的责任，维护公司的利益，想方设法让自己所在的公司更加强大。

阿基勃特是美国标准石油公司的一名普通职员，但他无论在什么场合中签名，都不忘附加上公司的一句宣传语，每桶四美元的标准石油，时间长了，同事朋友们干脆给他取了个"每桶四美元"的外号，他的真名反而没人再叫了。

公司董事长洛克菲勒听说了此事，便叫来阿基勃特，问他："别人用'每桶四美元'的外号叫你，你为什么不生气呢？"阿基勃特答道，每桶四美元不正是我们公司的宣传语吗？别人叫我一次，就是替公司免费做了一次宣传，我为什么要生气呢？

洛克菲勒感叹道，时时处处都不忘为公司做宣传，我们需要的证实这样的职员。

五年后，洛克菲勒卸下董事长一职，阿基勃特成为标准石油公司的下一任董事长，他得到升迁的重要原因就是之前坚持不懈的为公司做宣传，从来不忘记自己的责任。

第九章
管理哲学

　　公司为我们提供了工作机会，我们就应该加以珍惜，不要苛求别人给你绝对的公平，只要做好公司交给你的每一件事情，靠自己的努力终究会换取到属于你的尊严与荣誉。

　　狼群的社会结构与公司内部的分工有着极其相似之处，对公司内部的职位进行分类是对员工进行有效管理的首要工作。职位，是公司赋予每个员工的植物，工作任务及其所承担的责任。职位是员工的职务。工作任务和责任的统一，是公司员工发挥作用的基本依据。

　　然而，许多员工根本无视自己的职位，心比天高，最终也许只会命比纸薄。一屋不扫何以扫天下，小事不做又如何能够成就大事？每一个职位都有属于你的任务，自胜才能胜人，如果连属于你的工作都无法圆满的完成，纵使你有真本事又有谁能够相信？事实是最有利的工具，心真的比天高，那就必须用事实来证明自己的实力。

　　与狼群的社会结构有所不同的事，公司中的职位并不是一成不变的，随着工作任务和职位的变化，职位本身也将发生，变化。凡是有若干时间需要有专人执行并承担责任，就是一个职位。员工与职位不同，员工是执行工作任务，承担工作责任的人，先有职位后有员工，员工应有职位来确定。职位不依附员工而存在，倘若员工离职，其职位仍然存在。

　　管理部门在对公司职位进行分类是，要以客观存在的事实为依据，将公司中所有的职位，按其工作的资格及条件，人物的繁简难易程度，责任的大小，承担本项工作的资格及条件，加以分析比较，并根据一定的标准，把每一个职位都归入适当的等级档次，以作为劳动报酬和任用、考核晋升、调配、奖惩员工的基本依据，这与狼群的社会分工相同。

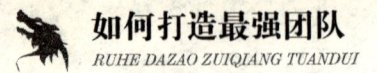
如何打造最强团队

纪律严明

具备狼群精神的公司组织很容易击败那些历经百年的超大型公司，一群有组织的狼可以战胜自然界的所有对手。公司精神应该改写成狼群法则，团队精神永远是一个组织获得胜利的前提。当公司像狼群一样行动时，还会有不能获得的市场吗？

杰克曾去某家大公司应聘部门经理，公司老板告诉他说先要试用三个月。然而老板却把他派到商店做销售员。一开始，杰克不能接受，但最终他还是熬过了试用期。后来，他搞清楚了老板把他调到基层去的原因：他开始时对行业不熟悉，不了解公司的内部情况，只有从最简单的做起，才能全面了解公司，熟悉各种业务。

杰克应聘的是部门经理，公司老板却让他从基层做起，尽管这样，他最终还是坚持做完了。事实证明，他的选择是对的，他经受住了老板对他的考验，熟悉了公司业务，全面了解了公司，对公司的规划有了明晰的了解，积累了经验，这些都为他今后的工作奠定了基础。试用期后，他正式就任部门经理，领导员工实现了优秀的业绩，为公司的发展做出了巨大贡献。六个月后，由于业绩出众，杰克获得了升迁。紧接着，杰克在处理公司事务时游刃有余，一年之后，由于总经理调走了，他也自然而然地成了总经理。

有时，你会发现，老板总是"刁难"你，这是因为他器重你，他想考查你的忠诚度。一旦考查证明你忠诚不二，你就将被重用。当然，无论是出自内心的给予，还是情愿让老板"刁难"你，忠诚都是

第九章 管理哲学

一种感情和行动的付出，有付出就一定有回报。

这是一家生意不错的旅游公司。老板出差期间，有人秘密地把公司几乎是全部的客户资料出卖给了竞争对手。旅游旺季到来之时，这家旅行社以往的签约顾客居然一个都没有来。旅行社陷入了前所未有的危机之中。

没有人知道是谁干的。客户服务部的经理引咎辞职，尽管她是无辜的。

当面对所有的员工时，老板觉得自己对不起公司的员工。

"我很遗憾公司出现了这样的事情，"老板说，"现在，公司的资金出现了周转困难，给你们发完两个月的薪水，在你们找到新的工作之前，这些钱可能还够用。我知道，有的人想辞职，要是在平时我会挽留大家，这个时候大家想走，我会立刻批准，因为我已经没有挽留大家的理由了。"

"老板，您放心，我们是不会走的，我们不能在这个时候离开，我们一定会战胜困难的。"一个员工说。

"是的，我们不会走的。"很多人都在说。

这家旅行社并没有倒闭，甚至比以前做得还要好。

老板说："我最应该感谢的是我的员工，他们的责任和忠诚给了我动力。在我要放弃的时候，也是他们的责任和忠诚帮助公司战胜了困难，我为他们骄傲。"

一位人力资源部经理说："当我看到申请人员的简历上写着一连串的工作经历，而且是在短短的时间内，我的第一感觉就是他的工作换得太频繁了，频繁地换工作并不能代表一个人工作经验丰富，而是更说明了一个人的适应性很差或者工作能力低，如果他能快速适应一份工作，就不会轻易离开，因为换一份工作的成本也是很大的。"